KB190736

영혼의 순례자를 위한 시와 소설

발을 씻는 빌라도

영혼의 순례자를 위한 시와 소설

발을 씻는 빌라도

지은이 / 박상근

발행일 / 2024년 9월 30일

편집·인쇄 / 디자인엠포
등록 / 제572-2016-000018호

ISBN 979-11-88898-17-6

발을
씻는
빌라도

영혼의 순례자를 위한 시와 소설

박상근 지음

DesignM4

삶은 흔적을 남깁니다. 그 흔적이 쌓여 역사가 됩니다. 그래서 누구도 역사의 책임에서 자유로울 수 없습니다. 개인의 삶이든, 한 국가의 역사이든 마찬가지입니다. 비록 인간의 한 생애가 나그네 삶인 것은 인정하더라도, 어디서 왔다가 어디로 가는지조차 알지 못하는, 목적도 의미도 없는 인생은 결코 변명이 될 수 없습니다. 우리 모두 삶의 의미와 목적을 찾기 위한 구도자로서의 나그네 길을 걸어갑니다.

그 인생의 모든 삶을 깎고 조각하여 최상의 언어를 찾아야 하는 시인의 운명이 제사장 같은 것이라면, 삶을 분쇄기에 넣고 갈아서 참된 생의 의미를 찾기 위해 자신을 몽땅 불살라야 하는 소설가의 삶은 번제물 같은 것인지도 모릅니다. 글을 쓰는 과정은 거칠고 외롭습니다. 때로는 험난한 광야 길을 걸어야 하고, 때로는 거친 파도와 싸우는 항해사가 되기도 하고, 때로는 잔인한 햇살만 내리꽂히는 길 없는 사막을 걸어야 하기도 합니다. 고달프고 외로운 길이지만 그 여정은 멈추지 않고 계속되리라 기대해 봅니다.

이제 겨우 67년의 생을 살아온 인생의 풋내기가 삶의 의미를 제대로 발견하기에는 뼈아픈 한계를 느낍니다. 어리고 무지한 언어의 장난질을 감히 세상에 내어놓으며 두려운 마음을 감추기에는 하늘이 너무 넓습니다. 그러나 이 모든 작품들은 이제 모든 독자분들의 것임을 고백합니다. 글은 작가의 손을 떠나는 순간 더 이상 작가의 것이 아님을 알기에 모든 독자분들에게 깊은 감사와 빚진 마음을 전합니다. 글을 쓰는 동안 끊임없이 되새김질했던 세 가지 정신이 있었습니다.

첫째, 인생이란 무엇인가?
둘째, 신앙이란 무엇인가?
셋째, 가족이란 무엇인가?

그리고 마지막으로 평생을 따라다니는 질문 하나가 있습니다. 우리는 그 모든 삶의 상황에서 어떤 책임이 있는가?

이 질문들이 인생의 모든 질문에 대한 해답은 결코 되지 못할 것입니다. 그러나 적어도 우리에게 공통으로 주어진 삶의 의미와 가치를 찾는 길잡이 역할은 하지 않을까 하는 작은 소망이 있습니다. 여기 실린 졸작들을 읽으실 때 지팡이 삼아 함께 길을 찾아주신다면 무한한 영광으로 생각하겠습니다.

저의 지나온 한 생애의 가치를 무한히 빛나게 해주고, 끝없는 헌신으로 내 삶의 토양이 되어준 아내 종희에게 깊은 감사를 드리지 않을 수 없습니다. 당신이 없었다면 오늘의 내 삶이 결코 존재할 수 없었음을 고백하며, 하나님께서 모든 눈물과 헌신에 뜨겁게 갚아주실 것을 소망하며 무한한 감사를 표합니다. 또한 함께 거친 광야 길을 걸으며 동역자가 되어 주고 이제는 아빠의 훈장이 되어준 아들 성효에게 수고 많았다고 고마움을 전합니다. 존재 자체가 아빠의 기쁨이 되어주고 늠름하게 자신의 꿈을 이루어가고 있는 사랑하는 딸 은영이에게도 감사의 마음을 전합니다. 그리고 뛰어난 총명함과 강한 의지력으로 새로운 삶을 당당하게 개척해나가고 있는 큰딸 지원이에게도 고마움과 뜨거운 격려의 마음을 전합니다.

아울러서 부족한 종을 늘 지지하고 사랑으로 격려해주시고 믿고 따라준 모든 성도님들에게도 심심한 감사와 뜨거운 존경의 마음을 전하는 바입니다.

국어 교사 출신의 날카로운 비평가의 눈을 가지고 졸작들을 먼저 읽고 과분한 찬사를 해주시며 1차 교정을 봐주신 청주성서신학원 원장 김성수 목사님의 아낌없는 수고에 깊은 감사를 드립니다. 또한 이 책이 나오기까지 거듭된 교정과 배열에 큰 수고를 하여주신 '디자인 엠포'의 예은경 간사님께 또한 깊은 감사를 드립니다.

2024년 7월, 뜨거운 한여름의 폭염 속에서 살아온 모든 순간이
하나님의 은혜였음을 더욱 뜨겁고 간절하게 느끼며...

차 례

인생과 자연과 신앙

1부 _ 마음의 징검다리

5월의 광주

T. S. 엘리어트에게 잔인한 달이
4월이라면,
우리에게 잔인한 달은
5월이다.
엘리어트의 4월이 연녹색이라면,
우리의 5월은 피 빛이다.
그 5월의 한 가운데 빛고을 광주가 있다.

망월동 뒷산에 광주가 숨죽여 묻히던 날,
역사도 함께 죽어 묻히던 그 치욕의 날,
조가도 없고, 만장도 없이
그대들을 허무하게 떠나보낸
나의 비겁함을 용서하지 마라.
비겁함에 무관심을 더하여
그대들을 잊고 산
깃털처럼 가벼운 나의 세월을
용서하지 마라.

먼 길 돌아와 그대들 앞에 선 오늘
죽은 줄 알았던 진실은
이렇게 시퍼렇게 살아서
따갑게 내게 묻는다.
그대는 어디에 있었는가?

그대는 무엇을 하였는가?
한 없는 부끄러움과 참을 수 없는 민망함이
변명처럼 안개비로 덮인 날
님들의 영전에서 나는 보았다.
두 손에 고이 바쳐진 생명의 씨앗을.

그렇다!
광주는 죽어서 살았고,
살아서 역사가 되었다.
엘리어트의 4월이 허무라면,
우리의 5월은 생명이며 부활이다.
광주의 5월은
우리의 거룩한 심장이다!
5월은 광주의 이름이며, 훈장이다.
광주여 영원하라!

2012. 3. 17. 〈광주5.18 민주화 국립묘지를 참배하고 나서〉

감방

(1976년)

습기 찬 구석진 감방으로도
태양은 차고 들고
차거운 철책 사이로
별똥이 금을 긋는다.
십 년도 더 전에 죽어버린
사랑하는 사람 같은 북두칠성을 바라보며
북창에 달이 뜨오면
벌써는 어머님 노래처럼 친숙해진
차가운 마룻바닥을 울리는 발자국 소리에
잠을 청한다.
이젠, 푸른 제복에도 향내가 돈다.
그러나, 이것까지 내 것은 아니다.

높다란 성벽 위의 망루에서 내려 부치는
한 줄 섬광은 내 눈을 어지럽히고
유령처럼 둘러선 철망의 행렬은
내 영혼을 얼어붙게 한다.
나도,
저
담만
넘으면...
아! 그러나,
하얗게 물들여진 가리매 사잇길을
가냘픈 두 다리로 토닥거려 본다.

창살도 없는 이곳에서
만 십구 년 구 개월.
무엇에 대한 죄책감으로 가슴 두근거렸을까?
머언 고향을 흘러가는 구름을 바라본다.
제비는 이마 위에서 봄을 몰아 부치고
이젠.
일그러진 상판
웃음조차 숨쉬기에 지쳐 버렸다.

막대기 같은 두 손으로 창살을 안아 쥐고
윤기 흐르는 검은 머리가 백발이 되도록
고향을 찾지 못한 나그네 영안에도
이젠 이슬이 맺히고
밟아논 빈 깡통처럼
일그러진 상판 위로
속세의 암운이 짙게 기울면
나도
삭발을 해야할까?
여기.
이 감방에서...

나훈아 씨를 위한 애가

나훈아 씨는 노래 가수입니다.
대한민국 가수입니다.
그래서 억울합니다.
억울한 목숨이 한 둘이 아니지만
그의 이름은
이 억울하고도 지저분한
우리 시대의 자화상입니다.
스스로 목매 죽은 안타까운
목숨들의 되살아난
심장입니다.
앞으로도 억울하게 죽어 갈
셀 수도 없는 목숨들의 진혼곡입니다.

그가 바지춤을 끌렀을 때
우리의 문명도 수명을 다한 것입니다.
영혼이 빠져나간 기계 인간들이
활개치는 세상은
우리가 쌓아 올린 바벨탑인 것을
너무 늦게 깨달았습니다.
그 원죄로부터 누군들 자유롭겠습니까?
저도 죄인입니다.
이 하루가 가고, 또 하루가 가도록
지워지지 않을 참회록을 쓰고 또 쓸 참입니다.

부끄러워 하늘을 볼 수 없는
마음을 잔인한 붓끝으로 써볼 참입니다.

나훈아 씨는 노래가수였답니다.
대한민국 가수였다고 합니다.
그가 다시 노래부를 날이 올지는 알 수 없지만
이 슬픈 노래는 아마도
끝나지 않을 것입니다.
그래서 슬프고 억울합니다.
얼마나 더 많은 나훈아 씨가
다시 바지춤을 내리고
스스로 목맨 억울한 죽음들이 있어야
이 바벨탑이 허물어질지는
아무도 모릅니다.
그래서 억울한 세월이
꽃샘바람으로 저리도 부는가 봅니다.

2008. 2. 12.
〈나훈아씨가 억울한 루머를 해명하기 위해 기자회견을 하며 허리끈을 풀려고 했을 때의 충격을 보고
한때는 그 소문을 믿었던 어리석은 마음의 참회를 썼습니다.〉

발을 씻는 빌라도

맹골수도

〈2014. 5. 12. 미주한국일보 1면 전면 특별호로 게재된 작품〉

물살이 맹수처럼 거칠고 빨라서 붙은 이름,
맹, 골, 수, 도!
진도 앞바다의 그 검고도 탁한 흙빛은
우리가 간절히 이루고 만든 허영의 실체였음을
너희들이 온몸을 던져
발가벗겨 증명하였구나.

역사는 날카로운 이빨로 기억할 것이다.
맹골수도에 침몰한 것은
너희들의 육신이 아니라,
우리들의 탐욕과 배신이며,
거짓과 무능이었음을.

모든 것이 비정상인
그 죽음의 바다에서,
너희들의 순수함만이
진실이었다니,
억울하고 분한 마음이
거센 물살이 되었나 보다.

어른이 된다는 것의 부끄러움을
이토록 강렬하게 느끼리라곤
어찌 생각이나 했겠느냐?

욕되고 죄스러운 마음이
쓰나미가 되어 대양을 뒤덮는데,
한 가닥 변명을 간신히 붙잡은
우리의 초라함을 부디 용서하려무나.

너희들의 억울한 죽음을
결코 잊지 않으마!
너희들의 억울한 죽음이
새로운 역사의 출발이 되게 하마!
반드시 그렇게 하마!
이 더러운 변명이라도 하지 않고선
어찌 숨을 쉴수가 있겠느냐?
숱한 밤을 말갛게 세며
시간을 갈기갈기 찢어 생각해도
그래선 안 되는 거였다!
심장에 인간의 피가 흐른다면
그래선 안 되는 거였다!!

너희들이 차가운 흑암 속에서
엄마를 부르며
사랑하는 친구들을 그리며
생의 마지막을 간신히 붙잡고 있을 때,
온돌방에서 젖은 돈 말리던

미친 세상의 아픈 기억을 다 잊고
부디 안식하기를.......

물살이 맹수처럼 거칠고 빨라서 붙은 이름
맹 골 수 도!
"북위 34도 14분 23.4초, 동경 125도 51분 58.9초"
기억하라!
썩어빠진 세상이 묻던 그곳의 좌표를!

얼마나 세월이 비껴가야
너희들을 보낼 수 있을까?
얼마나 질긴 밤을 보내야
너희들을 만날 수 있을까?

그 이름이 '사랑'이신 신의 이름으로
너희들에게 안식이 있기를!
부디.......,
못다한 부모님에 대한 사랑을,
끝나지 않은 친구들과의 대화를,
펼치지 못한 안타까운 꿈을,
그분의 품 안에서
모두 보상 받기를.......

2014. 4. 24. 〈진주 앞바다 맹골수도에 수장된 세월호 참사 학생들과 희생자들을 추모하며〉

어머님 영전에

세월을 두고 아무리 퍼내어도
그치지 않는
사랑이 있습니다.
가슴 저미도록
더욱 간절히 익어만 가는
사랑이 있습니다.

거치른 손마디에 느껴지는
어머니의 사랑입니다.
주름진 눈가에 이슬처럼 맺혀 있는
어머니의 사랑입니다.

마른 젖으로 자식들을 먹이시고
끝 모를 기다림으로
자식들의 행복을 기다리시던
당신의 거룩한 이름을
우리는 감히 어머니라고 부릅니다.

하나님이 허락하신 삶 전부가
다 닳도록
자식들의 행복을 위해 사셨던
어머님의 영전에
고개 숙여 감사의 기도를 드립니다.
이제는 어머님을 위한 그 평안의 곳에서
길이 평안하시옵소서.

백합 집사님 영전에

보릿고개
험난한 언덕길을
눈물 한 줌 뿌리고
누이는 홀로 넘어갔다.
물설고 낯선 땅에서
누이가 어찌 살았는지
나는 모른다.

누이가 넘어간
보릿고개 언덕길 덕분에
배곯지 않고
살아남은 우리 가족
누이가 남기고 간
끝 모를 희생 앞에
우리는 옷깃을 여며야 한다.
누이를 괴롭혔던 억울한 세월들도
누이를 눈물 나게 했던
그 사람들도 옷깃을 여며야 한다.

거칠고 가슴 아픈 세월에
어울리지 않게 그 이름은
순백의 백합이었다.
이름처럼 누이의 삶도 백합이었다.

오염되고
혼탁한 세상을
자신의 향기로 깨끗게 하는 백합이었다.
이제는 주님의 품 안에서
부활의 상징으로
살아 있는 백합이 되었다.

2010. 8. 21. 〈백합 집사님 장례식에서〉

위령제

(1976년)

떨어지는
낙엽의 흐느낌에서
둥지 잃은
까치의 눈망울에서
쓰러져간
먼 태고의
전설을 듣는다.

타다 남은 돌멩이
가루가 되고
한강수 말라
새움이 터져도
퇴색되지 못하는
백의의 전설.

백두의 정기 어린
오 천년 긴 핏줄이
남으로 내리뻗은
한라 삼천리.

북녘 바라보는
할머니 합장 속에
열 척 높은 담이 허물고

녹슨 쇠갈퀴 기력이 쇠하여
큰 대문 우렁차게 열리니
여기는
무궁화 꽃 피는
금수 삼천리!

무너지는 장대벽에
언제나 되돌아가
뒷마당 절구 찧는
동네 아낙 목청 고와
두만수일까?
돌아보면
먼 길도 아닌데
할아범 주름마다
금강산 일만 이천
봉우리 맺히면
오늘도
하얀 전설에
눈물 훔친다.

크레이지 호스(Crazy Horse)

거룩한 분노는
종교보다 깊다던
논개의 충절이
붉은 대지를
숨차게 달려와
선인장 가시 위의
붉은 꽃이 되었네.

60년을 기다려 한 번을 핀다는
그 붉디붉은 열망이
바위가 되고
산이 되어
살아 있는 역사가 되었네.

안장도 없는 말 위에
허리 꼿꼿이 세우고 앉아
거부할 수 없는 손 내밀어
가르치는 곳,
"내 조국은 나 죽어 묻히는 저 곳!"
모진 역사를 횡단하던
숨은 진실이
저토록 시퍼렇게 살아서 불멸이 되었네.

죽어서 진실이 되고,

죽어서 역사가 된

그의 이름, '크레이지 호스'

무릇 호흡하는 자가

기억해야 할

거룩한 의무가 되었네.

*'크레이지 호스'는 리틀 빅혼에서 막강했던 커스티 장군의 부대를 전멸시킨 '수' 부족의 추장. 모든
 인디언들의 지도자로 존경을 받았었는데 1877년 휴전 중 약속을 깨뜨린 백인군인에 의해 암살되
 었다. 그의 공적을 기리기 위해 Thunderhead산 전체를 그의 조각상으로 만드는 작업이 정부의 지
 원 없이 후원금으로만 제작 중에 있다. 완공되면 세계 최대의 조각물이 되고 피라미드보다 크며, 미
 국 대통령들의 조각으로 유명한 러시모어 산의 조각보다 수십 배나 더 큰 조각이다.

하 루

또다시
해가 떠오르고
새로운 하루가 시작되는 것이
단지 우연인 줄로만 알았습니다.
풀잎 끝에 맺혀 있는
새벽이슬 위에 반사되는
당신의 은총이 그토록 견고할 줄은 몰랐습니다.

화살처럼
내리꽂히는
한낮의 태양은
다만 고통인 줄로만 알았습니다.
숨죽인 생명들이 소리 없이
자라는 당신의 섭리가
그토록 깊은 줄은 몰랐습니다.

움켜쥔
주먹 사이로
스며나간 시간들이
겹겹이 쌓여
애처롭게 물든 황혼은
이루지 못한 꿈들의
피멍 든 흐느낌인 줄로만 알았습니다.

영원의 무게로 짓눌린
기다림의 가시에 찔린 당신의 심장이
터져 나온 아픔인 줄은 몰랐습니다.

끝내 어둠이
하루의 허리를 자르고 차고 들면
그것이 세상의 끝인 줄로만 알았습니다.
무심코 쳐든 머리 위로
그렇게 많은 약속들이
여전히 반짝이고 있는 줄은
미처 몰랐습니다.

하루의 삶의 무게가
이토록 간절한지는
지나쳐 가기 전에는
정녕 몰랐습니다.

2007. 6. 14. 〈병든 어머니를 위해 기도드리며〉

다시 인생을 생각하며…

광야 34번지,
세월의 징검다리를 넘어
그대가 서 있는 땅,
크레믈린처럼 속을 알 수 없는 기운이
안개비를 뿌리는 벌판을 가로질러
속 빈 허수아비가 허당처럼 참새를 뒤쫓다
헛웃음만 남기고 돌아서면
철 지난 제비는 가을 하늘을 깐죽거리고
바람에 나부끼는 갈대가 칼춤을 추는 사이로
그대는 독수리처럼 날아오르라!
날아올라
다시 인생을 노래하라!
결코 꿈꾸지 못했던 꿈을 꾸라!
그것이 인생이며
우리가 풀어야 할 수수께끼인 것을
그대는 아는가?

내일은 또 다시 내일의 해가 떠오른다.

2011. 11. 6.

2부_ 나그네를 위한 안식

레드우드 숲에서 길을 찾다

함부로 내딛지 마라.
이슬 한 방울
그저 만들어지지 않는다.

이슬 한 방울의 무게가
우주보다 무거울 수 있음을,
영원보다 깊을 수 있음을
산은 온몸으로 노래한다.

천년 세월을 겹으로 살아남은
거룩한 순수로
화석이 된 심장을 두드리는
영혼의 교향곡!

이슬 한 방울보다 더 작은 존재감으로
숨죽여 디뎌온 한 세월,
때묻은 발걸음조차 기꺼이 품어주는
안개길 더듬어
길을 찾는다.

끝을 감춘 저 길 돌아서면
내 잃어버린 순수함도
이슬 되어 내릴 것 같아.

2010. 〈마지막 주일에〉

별을 기다리는 마음

어둠이 깊어도 하늘을 쳐다볼 이유는
별이 되어가는 꿈이 있기 때문이다.
어둠이 깊어도 마음조차 어두워지지 않는 이유는
별이 된 꿈이 있기 때문이다.

불의에 습격해 온 점령군처럼
하늘은 포위되어 제 빛을 잃어도
별을 기다리는 영혼의 수로에는
가장 깊은 어둠의 정점에
가장 맑은 은하수가 흐른다.

별이 있어
어둠이 절망이 아니듯
내 영혼의 별에서는
오늘 또 하루 맞닥뜨린
깊고 긴 슬픔은
가장 아름다운 별이 되었다.

길 없는 길을 내는 선구자의 거룩한 기도가
숨결처럼 반짝이는 하늘 가득히
희망이 뜨고, 꿈이 별이 되는 시각,
어둠이 깊을수록 밝게 빛나는
평범한 진리를 위해
많은 아픔의 날들은
저렇게 밝은 별들이 되었나보다.

뭉게구름

(2020년 제41회 한국일보 문예공모전 시부문 장려상)

나도 몰래 빠져나간 마음들이
지평선 위에
하얗게 피어났습니다.
까까머리 설레는 마음으로
으쓱해 걷던 첫 등굣길에
엄마의 어깨너머로 보았던
그 푸른 하늘이
여기까지 따라왔습니다.

세월의 무게로 내려앉아
불치병처럼 멍 뚫린 가슴으로
남몰래 품었던 사연들이
천연스레 살아서
저리도 곱게 걸렸습니다.

그리운 친구의 모습도 있고,
아직도 가슴 뛰게 만드는
동화 속 꿈들이
여전히 살아 있는 하늘이
너무 고마워 손을 흔듭니다.

자꾸만 눈길을 빼앗는
해맑은 하늘 가득

오늘은 때묻지 않은
추억들이 많이도 열렸습니다.

2008. 〈여름 광야에서〉

〈수상소감〉
누구나 가슴에 뭉게구름 하나쯤 갖고 삽니다.
그러나 설레는 마음으로 그 뭉게구름의 신비를 쫓았던 엄마의 어깨는
이제 없습니다.
어머니 마지막 가시던 날은 가랑비가 내렸습니다.
가파른 산길을 아직도 따뜻한 온기가 남은
유골함을 안고 오르며
엄마와 걸었던 첫 등교길을 떠올렸습니다.
이제 엄마는 없고 세월은 잔뜩 때가 묻었지만
잘 찾아보면 아직은 가슴 뛰는 설렘이 남아 있을지도
모른다는 희망의 속삭임이
작은 새가슴처럼 뛰고 있었습니다.
어쩌면 아직은 남아 있을지도 모를
설렘을 찾기 위해 어지러운 마음속을 열심히 찾아 봐야겠습니다.

촛 불

(1980년)

심지에
불 댕기시면
휘청이는 육체 위로
원념(怨念)의 봉우리 맺히우고
한 겹 벗은
내 영혼 위로
밤을 쫓아 밝히셔라.

흐르는 눈물로
공간을 채우시고,
외로움 깊은 밤에
흐느끼는 별빛을
홀로 세시며...

가냐른 몸매에
비단 적삼 성장(盛裝) 하셔
님을 여읜 설움조차
불꽃으로 되삼키사
아픔을 말없이 태우시고
억겁으로 타는
번뇌의 쇠사슬을
안으로만 마무리시면
행랑방 천정 벽에
그림자
무섭게 들더이다.

코스모스

너무 커서도 안 되고
너무 강해서도 어색한
너의 이름은 코스모스.
순백의 미소는 순수를 노래하고
연분홍 수줍음은 하늘을 물들이네.

연약해서 아름다운
너의 향기가 충만한 계절.

겸손의 미학이
노래로 태어난
가냘픈 자태,
너의 이름은
가을의 노래,
가을의 마음,
가을의 영혼.

잎사귀 하나마다
긴 사연을 간직한
여덟 가지 축복의 꽃
어느새 내 영혼 안으로 들어와
공감의 파문을 일으키는
너는
본시 천국의 꽃이었나 보다.

이 가을이 너로 인해 더욱 겸손해지기를……

발을 씻는 빌라도

인 생

바다보다 넓은
호수에
하늘도
다
잠겼습니다.

때묻은 호기심으로
가만히 들여다보니
낯익은 세월도
무심하게
일렁입니다.

어깨를 부대끼며
아득한 지평선을
숨 가쁘게 넘는
옥수수밭 위로도
세월이 줄지어 앉았습니다.

길고 짧은 제각각의
깃발들이
결국은 이곳에서
모두 멈추었습니다.

돌아보니
그게 모두
인생이었습니다.

2018. 9. ⟨이리호와 미중부의 평원에서⟩

지평선

속 좁은 마음에
회초리 되어
지평선이 일어선다.
세월의 칼날에
찢기고 구겨진 마음을
곱고 넓게 펴라고.
하늘 끝닿은 듯해도
그 끝 너머로 마음은 벌써 넘어갔다.

서툰 몸짓으로 남긴
응어리진 사연들,
내 작은 뼘으로
듬성듬성 재어보던 세상이
이렇게 부끄러울 수가 없다.
이 넓이로 세상을 품을 수가 있다면,
아! 꿈같은 바람이
지평선 위로 아지랑이 되어 피어 오른다.

오늘
이 광야에서
내 마음에도 지평선을 긋는다.
생채기 남긴
온갖 부싯돌들을

기꺼이 품에 안고
아직은 가야 할 길이 남았으므로......

2010. 8. 〈캐나다 국경 광야에서〉

어떤 여름의 비망록

진실하게 살고 싶다.
생명 다하는 날까지
내가 뿌리 내리운 이 행성에
부끄럽지 않도록

순수하게 살고 싶다.
억년 세월에도 자리를 지켜온
저 바윗돌에 부끄럽지 않도록

겸손하게 살고 싶다.
우주의 한 점에 불과한 이 행성에서
단지 순간에 불과한
내 짧은 인생의 호흡이
이 거룩한 대지를 오염시키지 않도록
그렇게 살고 싶다.

이제 곧 자연의 한 부분으로 돌아가야 할
인생이리니......

2008. 7. 25.

3부_ 천국으로 가는 계단

갈릴리의 아침

수면 위로 피어오르는 물안개
공간을 가득 채운 새소리들
아침을 노 젓는 어부들의 바쁜 손놀림,
배신의 밤을 지새워 그물 내리던
허탈한 영혼들 속으로 걸어들어오신
주님의 아침도
이처럼 고요했다지.

면목 없는 목숨 부끄러워
모래바람 핑계 삼아
숨어버린 산하
가늘게 눈뜨면
저기 어딘가
주님이 서 계신 것 같아
오늘도
벗은 몸 가리고
물가로 뛰어드는
서글픈 인생.

감당 못 할 두 손에 받아든
뜻밖의 성찬
눈길 피하며 숨죽인 심장에
주님이 던지신 비수 같은 한 마디

'너, 나 사랑하니?'
흐린 눈 훔치며
난 그렇게 고백했었지.
'주님이 모든 걸 아십니다.'

2010. 3. 16. 〈갈릴리에서〉

발을 씻는 빌라도

길 위의 길

지도 위의 그저 작은 선 하나가
내 가슴 속으로 들어와
큰 길이 되었습니다.
오늘은 그 길을 따라 나그네 길을 갑니다.
지난 한 생애 한 번도 가보지 못한 길을
어쩌면 남은 생애 다시 못 가볼 길을
오늘은 나그네 되어
길을 갑니다.
낯선 동네, 낯선 사람들
설렘으로 스쳐가며
길을 갑니다.
황혼이 소리 없이 스며드는
광야를 두 손에 받쳐 들고
두고 온 시간 속에
녹아 있는 그분의 은총에
고개 숙이며
길을 갑니다.
이 길만이 길이 아님을
축복으로 깨달은 갈림길에서
한순간도 그냥 흘려보낼 수 없는 이유는
나그네 되어
길을 가는 나의 모든 하루가
또한 그러하다는

고마운 깨우침 때문입니다.

2008. 〈여름에〉

또 다른 길

길이 모두 길이 아님을
그 길 위에서 깨달았습니다.

피를 쫓아가던 다메섹 길에서
당신이 불러주신
소명의 봇짐 지고
끊어진 신들메, 구멍 난 샌들
다시 고쳐 신고
바울이 걸었던 길.

굶주림이 노래가 되고
채찍이 기도가 되고
죽음조차 뜨거운 입맞춤이
되었던 그의 길

오늘은 삶에 찌든
면목 없는 육신이
그 길 위에서
빚 진 마음으로 간구합니다.

주여,
나도 이 길 가게 하소서.
나를 버리고 당신의 뜻을 세우는 길!

나를 죽이고 당신의 나라를 세우는 길!

얼마나 낮아지고
얼마나 나를 비우면
내게도 그 길이 보일까?

길이 모두 길이 아님을
깨달음 주신 이날,
내 가는 이 길도
바울의 길이 되게 하소서.

2014. 3. 27. 〈비시디아 안디옥 길 위에서〉

또 하나의 열매를 바라시며

씨를 뿌리고
열매를 기다리는 농부의 마음은
변하지 말아야 합니다.
비록
비바람 눈보라
거세게 불어도
생명은 자라기 때문입니다.

때로는 사랑하고 사랑받는 일이
너무 큰 노동이었을지 모르지만,
오늘도
생명을 뿌리는 거룩한 농부의
마음은 이곳에 있습니다.
살아서 자기 의미를 내세우기보다
죽어서 참된 가치를 남기는
한 톨 씨앗의 겸손함을
심기 위해 이곳에 있습니다.

병들고 상한 마음
다시 고쳐 세워
기필코 하늘의 감격으로
열매 맺기를 기도하는
농부의 마음은 참고 또 기다려야 합니다.

아직 뿌리 내리지 못한
여리고 어린싹들도
언젠가 자라서
또 하나의 열매로 맺을
소망이 있기 때문입니다.

2006. 11. 5. ⟨새크라멘토 한인장로교회 창립 29주년을 맞이하면서⟩

베들레헴 장벽

가슴이 아프다.
장벽을 쌓아 올린 그들도
장벽으로 가로막힌 그들도
제 나름의 사연이야 있겠지.
그래서 가슴이 아프다.

반 토막 난 파란 하늘
허공조차 갈라놓은 경계의 눈초리,
바람도 멈추고 시간도 멈추어
화석이 되어버린
고도(古都)의 하루가
부디 증오가 아니길!
부디 절망이 아니길!

하늘로부터 육신의 땅으로 이어진 샬롬의 땅,
영원한 겸비함으로
우주의 중심이 되었던 땅,
그들의 죄에서 자기의 백성을 구원할
하늘의 속죄가 시작된 땅,
그래서 더욱 억울한 땅!

고대로 나그네의 발길을 이끌던 순례의 땅,
이제는 껍질 벗은 순례가 허영이 되어버린 땅,

그래도 올 수밖에 없는 모태의 땅,
그래서 더욱 가슴 아픈 땅.

평화라는 이름의 역사가
하늘의 영광을 비추던 땅,
가난한 목동의 발걸음조차 따스하게 감싸 안고
천사도 춤추게 만들었던 하늘이 선택한 땅,
그래서 더욱 평화가 목마른 땅!

그랬던가?
인간의 역사가 곧 장벽이었던 것을
쌓고 또 쌓아 온 장벽 속에
스스로를 가두고 살아온 세월,
탯줄 끊긴 두 손이
허공을 향해 핏발선 물음을 묻는다.
우리에게 출구는 있는가?

2010. 3. 17. 〈베들레헴에서〉

언덕을 넘어

지나간 모든 것은 추억이 된다고
아픔이 깊을수록 사랑이 된다고
그 마음 하나 가득
시가 되고
노래가 되고.

세월이 빚은 아픔 하나
가슴에 품고,
사랑 하나만으로도 배 부르고픈
살 맞은 꿈조차
하루 몫의 노동인양 감싸 안고
스러진 달이 다시 차오르듯
우리는 한 해를 살았습니다.

끝난 줄 알았던 희망들이
다시 돌아 와 별이 되고
꿈이 되어준 고마운 시간들은
오직
그 분의 은혜였음을
말로하지 않아도
우리 모두 알고 있습니다.

가파른 언덕을 오르느라
지치기도 하고
깨어진 무릎의 생채기가

아플 때도 있었지만,
우린 그렇게
또 한 해를 살았습니다.
역사와 전설의 경계선에서
우린 함께 손잡고
함께 꿈을 꿉니다.

버려야 할 것들과
간직해야 할 것들
헤아리며
하루를 살듯
한 해를
간절하게 살았습니다.

가녀린 햇살일망정 없었더라면
꽃은 필 수 없었듯이
모든 것이 은혜였음을
가르쳐 준
고마운 한 해를
가슴 벅차게 살았습니다.

2007. 〈마지막 주일에〉

영혼의 노래

당신이 만드셨습니다.

구름 한 조각
잎사귀 하나
손 가락 사이로 빠져나가는
한줄기 바람조차
당신이 만드셨습니다.

먹구름 속에 숨어 있는 천둥
앞을 가리는 억수 같은 비
그리고
뜻밖의 무지개
이 모든 것이 당신의 손길입니다.

숨쉬기조차 벅찼던 거친 시간들
구멍 뚫린 허파 사이로
할퀴고 간 잔인한 바람들
자꾸만 뒤돌아 봐지는
저 먼 날의 상처들도
모두가 당신의 손길이었습니다.

끝없이 뻗어난 옥수수 길을 따라
벌거벗은 영혼으로 가고 있는

이 못난 육신도 당신의 것입니다.

까마득히 잊고 살았던
뜨거웠던 내 젊은 날도
어깨를 들썩이며 살았던
화려했던 내 인생의 무대도
모두가 당신의 것이었습니다.

한 줌 먼지 같은 인생을
짙은 소낙비로 씻고 또 씻어
두 손에 받아 든 맑은 영혼으로 노래합니다.
살아 숨쉬는 이 모든 순간들이
당신의 것임을!

2012. 8. 7. 〈네브라스카 평원을 지나며〉

길

우리의 목숨이 아흔아홉이라면
그 목숨 다 바쳐 가야 할 길이 있습니다.
덤으로 주어진 또 하나의 목숨이 있다면
그마저 바쳐 가야 할 길이 있습니다.

철갑을 두른 인간의 심장을
밤새 두드리다 지쳐 쓰러진 날이
밤하늘에 뜬 별들만큼 많다고 해도
다시 깃발을 고쳐 들고
달려가야 할 길이 있습니다.

거센 바람에 불려 떨어진
4월의 꽃잎처럼 짓밟혀
초라해진 육신일망정
미소 속에 감추고 가야 할 길이 있습니다.

내가 죽어서 그대들이 산다면
죽음조차 벅찬 환희의 찬가임을
새로 깨달은 신 새벽에
다시 무릎 꿇고 가야 할 길이 있습니다.
내가 죽어서 그대들이 다시 살아난다면.......

은혜

수평선을 감싸 안은 고요한 달빛
지평선 너머 온누리에 가득한 햇살
하늘과 땅을 맞대어 병풍처럼 둘러선 구름기둥들
짙은 어둠으로 쏟아지는 한낮의 소나기
그 모든 순간 속에 담겨진 당신의 은혜,

지나온 모든 순간들이,
발 딛고 선 이 순간도,
앞으로 남은 그 길들 위에도
충만한 당신의 은혜

한 순간도,
한 지점도,
은혜 아닌 적이 없었음을
뜨겁게 밀려오는
공간을 가득 채운 뜨거운 합창

2017. 〈휴가지에서〉

크리스마스 선물

크리스마스에
꼭,
눈이 내려야
행복한 것은 아닙니다.
사랑으로 채워진 마음이
더 아름답기 때문입니다.

고향의
눈 쌓인 크리스마스를
생각하는 것만으로도
마음은 한결 푸근해집니다.
눈이 내릴 수 없는 이 땅에
희망마저 없는 것은
아니기 때문입니다.

언제나 한 해의 끝자락에
성탄절이 있는 이유는
모든 것이 끝난 상황에도
희망은
새로운 생명으로
잉태하기 때문입니다.
인간의 절망 속에
기쁨과 평화로 오신

아기 예수는 오늘도 마구간에
태어나십니다.
희망으로,
축복으로,
질긴 생명으로
다시 태어나십니다.
아기 예수는
사랑하는 여러분을 향한
하나님의 크리스마스 선물입니다.

2009. 〈성탄절에〉

태초에 있었던 것

태양이 시간을 쪼개어
생명을 여물게 하듯이,
구름 사이로 쏟아지는 월광이
붓 끝에서 순수를 그리듯이,
물기 머금은 공간에 걸린 쌍무지개가
아이들의 웃음소리를 맑게 하듯이,

태초에 안식이 있었네.

안식은 사랑,
태초를 빚은 유일한 재료가 그러했듯이
안식 또한 그분의 손길임으로.

안식은 겸손,
엘샤다이 전능하신 그분조차
기꺼이 누리신 쉼이 있음으로.

안식은 생명,
태초에 그분이 그러했듯이
혼돈과 흑암 속에서도
새로운 코스모스(우주)를 잉태함으로.

2016. 7. 22. 〈그분의 은혜로 머문 안식의 동산에서〉

제1부 인생과 자연과 신앙

제2부

소 설

가시 꽃에 향기가 있다면

(2005)

가시에 찔려 흐르는 피는 사랑이 된다. 사랑은 피 흘림을 통해 증명되는 것이기 때문이다. 인간의 모든 관계는 사랑으로만 연결된다. 세상의 어둠이 깊고, 삶이 지치고 고달플수록 사랑만이 세상의 희망이다.

"아줌마가 뭔데 간섭이세요!"

"간섭이 아니라, 네가 걱정돼서 그러는 거 아냐, 웬 술을 그렇게 마시고 다녀?"

"남이야 술에 취하든, 떡이 되건, 상관하지 말란 말예요! 전요, 아줌마가 나한테 신경 쓰는 것 자체가 딱 싫어요! 제발 날 좀 건들지 마요!"

"언제까지 아줌마라고 그럴 거야! 너 시집갈 때도 사람들에게 아줌마라고 그럴래? 네 아빠와 결혼했기에 난 네 엄마야!"

"우리 엄마는 한 사람뿐이에요! 울 엄마 이름을 더럽히지 마요!!"

"뭐가 네 엄마의 이름을 더럽히는 거니? 네가 그렇게 행동하는 게 네 엄마의 이름을 진짜 더럽히는 거야!"

"웃기고 있네!"

"아니, 뭐야!"

딸애의 관심을 끌어보려던 선영의 시도는 끝내 길바닥에 내팽겨 쳐진 파열음으로 막을 내리고 말았다.

오늘따라 '아줌마'라는 딸아이의 말이 열 갈래 갈퀴가 되어 선영의 심장을 할퀴고 지나갔다.

대학에서 축제가 열린다는 요 며칠 새, 벌써 여러 날을 술에 취해 오더니, 그저께 밤은 소식도 없이 외박을 했다. 게다가 지난밤엔 술에 취해 완전히 인사불성이 된 채, 동아리 선배라는 남학생들에게 업혀서 집에 들어온 것이다. 그게 걱정이 되어 던진 한마디는 선영에게 어김없이 비수가 되어 되돌아왔다.

그나마 남편이 출장 중인 게 다행이라면 다행이라고 선영은 생각했다. 딸애의 그런 꼴을 보았다면 남편이 또 얼마나 마음 상해했을지…….

엄격히 말해 선영은 딸애의 엄마가 아니다. 만 5년 전, 선영이 상처한 지금의 남편과 새롭게 가정을 이루었을 때, 딸아이는 고등학교 1학년이었다.

남편의 전 부인은 딸아이가 초등학교 4학년 무렵에 뇌출혈로 급작스레 어린 딸을 두고 차마 감을 수 없는 눈을 감았다고 했다. 상처를 하고 6여 년을 홀로 지내던 남편을 선영이 만난 건 남편과 같은 직장에 다니던 큰오빠의 소개 때문이었다.

오래전 선영에게도 목숨처럼 사랑했던 남자가 있었다.

대학을 갓 졸업하고 중학교 교사로 발령받은 신참내기 선생일 적에 생각하는 것만으로도 가슴 벅차던 그와의 행복한 미래에 대한 꿈들이 뭉게구름처럼 가슴을 설레게 하던 날들이 있었다.

캠퍼스 커플로 주위의 많은 부러운 시선에 더욱 가슴 벅찬 사람으로 자리했던 그 사람은 유명 방송국 카메라 기자로 입사를 했었다. 그것 또한 많은 이들의 부러움이 되었던 것도 사실이다.

그렇게 선영의 영혼 깊은 곳에 자리했던 그 남자는 방송국에 입사한 지 일년도 채 되지 않은 어느 날, 방송국 간부의 딸과 결혼을 하게 됐다며 일방적으로 결별을 통보해왔다. 추해지지 않기 위해 웃으면서 돌아서긴 했지만, 심장에서 터져버린 통증은 모든 혈관을 타고 흐르며 선영의 몸과 마음을 갈기갈기 찢어 놓았다.

그 지독한 배신의 아픔을 겪은 뒤, 선영은 평생을 독신으로 살려고 굳게 마음먹었다. 다시는 결혼이라는 족쇄에 자신의 운명을 거는 어리석은 짓은 하지 않으리라 굳게 굳게 다짐했었다. 무너진 인간에 대한 신뢰는 견고한 성벽이 되어 선영의 모든 감정을 가두고 말았다.

그런 선영이 오빠에게는 늘 아픔이고 부담이었나 보다. 오빠는 상처한 지금의 남편에 대한 얘기로 수년에 걸쳐 선영을 공략해댔다. 이런저런 핑계로 오빠를 피하던 선영은 결국 오빠의 집요함에 항복하고 말았다.

그렇게 지금의 남편을 만나게 되었다. 처음엔 그저 가벼운 마음에 인사치레 만나고자 했었다. 그러나 몇 번의 만남이 다듬어 놓은 영혼의 꽃길은 생각보다 훨씬 깊이 자신의 마음 안에 들어와 있었다. 그의 깊고 따뜻한 인품에 선영이 먼저 마음의 빗장을 풀었었다는 게 자신도 신기할 따름이었다. 어쩌면 홀로 남은 남자에 대한 연민이 인식하지도 못한 사이에 자신을 무장해제한 것인지도 모르겠다. 어쨌거나 사람의 감정에는 자신도 모르는 비밀의 통로가 있나 보다.

한 번 풀린 빗장은 감당치 못할 감정의 소용돌이를 일으켰다. 걷잡을 수 없이 밀려드는 부드러운 영혼의 밀어는 급기야 서로의 아픔을 보듬는 동반자가 되기로 마음에 굳게 결심하게 하였다. 자연스레 선영은 시댁의 어른들에게 인사까지 드리게 되었다.

바로 그때, 생각지도 못했던 문제가 대두된 것이다. 고등학교 1학년이던 딸이 아빠의 재혼을 막무가내로 반대하고 나선 것이다.

하지만 이미 마음을 돌이키기에는 두 사람의 마음이 서로에게 너무 깊숙이 기울어져 있었다. 때문에 딸아이의 문제는 자신들이 하기에 따라 쉽게 해결될 거라고 가볍게 생각했었다. 주위의 어른들도 그렇게 말하고, 또 남편까지도 감수성 예민한 사춘기 여고생의 감정은 어른들이 하기에 따라 풀어질 거라고 선영을 안심시켜 준 것이 큰 힘이 되었다. 그러나 문제를 너무 가벼이 생각했었다는 것을 깨닫는 데는 그리 오랜 시간이 걸리지 않았다.

막상 새로 가정을 이루고 눈앞에 부닥친 현실은 매 순간 선영의 생명을 다시 다듬어야 할 만큼 아프고 힘겨운 시간의 연속이었다. 딸아이는 남편이 있는 앞에서는 일체 선영에게 말을 걸지 않았다. 마치 유령을 대하듯이 선영을 대했다. 그러나 남편이 없는 자리에서는 언제나 선영을 '아줌마'라고 부르며 적대감을 공공연히 드러내었다.

처음부터 '엄마'라고 불리는 것은 선영 자신이 쑥스럽기도 했겠지만, 시간이 지날수록 딸아이의 공격성은 하나의 거대한 장벽으로 점점 자신을 조여 들어 왔다. 딸아이를 생각하는 것만으로도 숨이 막힐 지경이 되었다.

남편은 틈만 나면 새엄마를 엄마처럼 잘 따르고 도와주라며 수도 없이 부탁도 하고 얼루기도 했지만, 딸아이는 자기만의 세계 안에서 철갑을 두르고 앉아 좀처럼 마음을 열지 않았다. 그렇다고 선영의 입장에서 딸아이와의 갈등을 남편에게 시시콜콜 말할 수도 없는 노릇이었다. 그것은 남편과 딸아이의 관계를 더욱 악화시킬 뿐만 아니라, 자신의 무능함을 드러내는 것 같았기 때문이다. 하루하루 헛된 기대를 품으며 묵묵히 속으로 아픔을 삭일 뿐이었다.

친정어머니에게조차 그런 힘든 일은 내색하지 못했다. 서른을 넘긴 노처녀이지만, 처녀 딸이 재추로 시집을 간다는 것만으로도 엄마에게는 충분한 가슴앓이가 되었다는 것을 너무나 잘 알고 있었기 때문이었다.

선영이 선배인 주 교수를 찾은 것은 그즈음이었다.

상담 심리학을 전공하고 가정 사역을 직접 하고 있는 주 교수에겐 자신의 문제를 해결할 묘안이 있지나 않을까 하는 기대감 때문이었다.

"주 선배, 정말 이해가 안 돼요. 왜 딸아이가 그토록 나를 거부하는지? 내 딴에는 정말 잘해주려고 하는데 도대체 방법을 모르겠어요?"

"그래, 선영이가 참 많이 힘들겠다. 원래 내 속으로 낳지 않은 자식을 건사한다는 게 쉬운 일이 아니지."

"전문가 입장에서 딸아이가 나에게 그렇게 적대적인 이유가 무어라고 생각하세요? 정말이지 숨을 쉴 수가 없어요."

"글쎄, 지금 딸아이와 같은 입장에 있는 아이들이 가진 특수한 상황들은 개인차가 있으니까 이거다 하고 한마디로 말하기는 어렵겠지."

"……?"

"그렇지만 몇 가지로 유추해 볼 수는 있지. 첫째는 어려서 엄마가 투병생활을 하다가 죽었기 때문에 엄마의 죽음이 자신의 탓이라고 생각하는 죄책감이 있을 수가 있어. 그것은 부모가 이혼을 했을 경우에도 같은 경향을 보이지. 부모의 이혼이 자신의 잘못 때문이라는 죄책감에 희생양이 되는 아이들이 의외로 많거든."

"어쩜, 너무 놀랍군요! 그런데 엄마에 대한 죄책감이 왜 나에게 적대감으로 나타날까요?"

"그건 단순한 논리지. 한 번 생각해봐. 엄마에 대한 미안한 마음이 있는데 어떻게 새 엄마에게 마음을 열겠어. 그건 곧 무의식 속에 여전히 영향을 주고 있는 엄마에 대한 배신이라고 생각할 수도 있지."

"죽은 엄마에 대한 배신이라고요? 세월이 이렇게 흘렀는데도 아직도 그렇게 영향을 미치는가요?"

"시간이 많이 흐를수록 잊혀 질 수도 있지만, 반대로 시간의 무게만큼 상처가 깊어지기도 하지. 세월이 약이라고 하는 말 있잖아, 그것만큼 거짓말이 없다. 사람의 상처에 관한 한, 세월이 간다고 저절로 치유되는 게 절대로 아니야. 치유되지 않은 상처들은 여러 가지 모양의 형태로 현실의 삶에 영향을 주는 거야."

"어머, 너무 불쌍해요!"

"무조건 불쌍하게 생각해서 될 일이 아니야. 현실을 정확히 인식하는 게 무엇보다 중요해. 딸아이에게는 엄마가 아직도 죽지 않고 감정적으론 여전히 살아 있을 수가 있어. 그럴 경우 아빠도 너도 딸애는 절대로 용납하고 받아들일 수가 없어. 특히 너를 엄마와 자신에게서 아빠를 빼앗아 간 나쁜 여자로 볼 수가 있겠지. 그런 경우가 많아. 내가 상담한 케이스 중에 중학교에 다니는 딸아이의 경우가 있는데 지금 선영이 딸과 비슷한 상황이야. 그 애는 자기 아버지와 새엄마가 짐승으로 보였다고 해. 그래서 아주 문제아가 되어 많은 문제를 일으키는 것을 본 적이 있어.”

“어머 그건 너무 섬뜩하네요. 제가 어떻게 해야 돼요?”

“글쎄다, 무엇보다 이 한 가지는 꼭 명심해야 해. 재혼을 한 가정에서 흔히 저지르는 실수이긴 한데, 절대로 딸아이가 선영이를 엄마로 인정해 줄 것을 강요해선 안 돼. 그건 강요한다고 되는 게 아니거든. 어쩌면 영원히 불가능할지도 몰라. 그게 현실임을 인정하는 거야. 차라리 좋은 언니나 친구가 먼저 되어야 해. 이 점에서 많은 재혼 가정이 실수를 저지르지, 그러다 보니 또다시 가정이 해체되는 아픔을 겪게 돼. 가정의 해체가 급속히 늘어나는 요즈음, 새로 가정을 이룬 부부들이 가장 힘들어하는 부분이 바로 자녀 문제야. 새로운 배우자와 의부 자녀와의 관계, 양쪽이 자녀를 데리고 재혼했을 경우 그 자녀들 간의 관계 등은 현실에 부닥치면 보통 복잡한 문제가 아니야. 정말 고차원의 고등방정식이 필요한 부분이지.”

“내가 어떻게 해야 딸아이를 도울 수가 있을까요?”

“선영이가 딸아이를 더 많이 이해하고 받아주는 게 도움이 되겠지. 사랑은 오래 참는 거라잖아. 오래 참으면 사랑은 빛을 발하는 법이니까. 시간이 많은 것을 해결해 줄 거야.”

뭔가 도움이 될까 하고 주 교수를 찾았지만 머릿속은 더 복잡하기만 했다. 주 교수의 그런 가르침이 아니더라도 선영은 늘 속으로 다짐을 했다.

‘참고 또 참으며 자신이 희생하면 언젠가는 딸아이가 자신의 존재를 받아들이리라.’

그렇게 기도하며 억장 무너지는 답답함 속에서도 홀로 눈물만 흘렸었다. 그러나 시간이 지나가는 자리엔 더욱 거친 가시만 돋아날 뿐이었다. 엄마의 자리는 아니어도 좋았다. 자신은 정말 딸아이에게 좋은 친구가 되고 싶은데 왜 이렇게 자신의 마음을 몰라주는 걸까? 도대체 희망의 싹이 전혀 보이지 않았다. 그래서 답답하고 더욱 절망스러웠다.

아무리 그렇지만, 딸아이가 잘못된 길로 가는 것까지 그냥 두고만 볼 수는 없는 노릇이었다. 지독한 갈등 속에 딸아이가 고등학교 시절을 지내는 동안, 남편이 모르게 하느라고 선영은 심장의 절반은 닳아 없어졌을 것이다. 학교를 빼먹고 어디론가 행적을 감추기도 하고, 남편이 출장이라도 간 날에는 술에 취해 집에 들어와 행패를 부리기까지 했다.

자기 속으로 난 자식이라면 때려서라도 가르치겠지만, 이미 다 커버린 딸아이에게, 주 선배 말처럼, 무엇보다 정서적으로 하나 되지 못한 상황에서 그건 꿈도 꾸지 못할 일이었다. 어떻게 해야 딸아이에게 영향을 줄 수 있을지 도무지 감이 잡히지 않았다.

비록 자신이 배 아파 낳은 아이는 아니지만, 남편의 아이이고 어려서 엄마를 잃은 아픔을 가진 아이이므로, 잘해주고 잘 키우고 싶은 마음이 선영을 더욱 절박하게 만들었다. 남들에게 전처 자식을 구박하는 야박한 계모로는 정말이지 비쳐지고 싶지 않았다.

그러나 선영 역시 감정의 한계를 가진 평범한 한 인간임을 뼈저리게 느끼며 스스로 무너질 때가 한 두 번이 아니었다. 감정이 극도에 달했을 때는 어쩔 수 없이 큰소리를 치며 감정싸움을 하게 된다. 그러면 항상 그 뒷일은 선영이 감당하기에 벅찬 대가로 돌아왔다.

딸아이가 고3이던 해에, 남편과의 갈등 때문이 아니라, 딸아이로 인한 인간적인 모멸감에 선영은 남편과 헤어질 생각을 심각하게 하게 되었다. 고3이라는 스트레스와 맞물려 선영을 향한 딸아이의 인격적인 모독은 더욱 지능적이 되어갔기 때문이다.

그런데 바로 그즈음에 아기가 들어선 것이다. 선영의 갈등과 고민은 더욱 깊어갔다. 그래도 자신을 이해해 주고 아껴주는 남편이 고맙고, 늦은 나이에 들어선 아기를 진심으로 기뻐해 주는 남편을 실망시킨다는 것은 인간적으로 너무나 잔인하게 생각되어 마음을 주저앉힐 수밖에 없었다.

그러나 돌이킬 수 있는 마지막 기회를 놓친 것 같아 선영은 두고두고 몹시도 두려웠다.

선영이 아기를 낳고 나자 딸아이의 반항은 한층 도를 더했다. 선영더러 아빠를 현혹시키는 사악한 악녀라고 부르거나, 더러운 거리의 여자라고 매도할 때는 선영도 여자이기에 자기 절제의 한계의 둑이 무너지며 분노가 치밀어 올랐다.

그러나 그 절망의 끝자락에선 버릇처럼 스스로에게 주문을 걸었다. 언젠가 때가 되면 딸아이가 마음의 빗장을 열게 될 거라고……. 더 참고, 더 사랑하면 반드시 딸아이의 마음을 얻을 수 있을 거라고…….

하지만 현실은 선영의 바람과는 다르게 점점 감당하기 힘든 벼랑으로 내몰리고 있었다. 특히나 딸아이가 자기도 모르게 갓난아기를 해코지할지도 모른다는 새로운 공포감에 숨이 막혀왔다.

가끔씩 딸아이의 반항기를 눈치챈 남편이 딸아이를 꾸짖기도 했지만, 그럴수록 딸아이는 더욱 거세게 반항했다. 선영더러 아빠에게 고자질해서 미움을 사게 만드는 구질구질한 여자라고 몰아세웠다.

대학에 들어간 뒤로는 정말이지 통제 불능이었다. 엎친 데 덮친 격으로 남편은 이사로 승진을 하면서 해외 출장이 잦아서 딸애의 갖가지 비행 앞에 선영은 망연자실 넋을 놓고 있었다.

참고 견디면 언젠가는 자신의 진심을 딸아이가 알아주리라는 선영의 소박한 소망은 모래바람에 파묻혀 버린 신기루가 되어가고 있었다. 굳게 굳게 붙잡으려고 무진 애를 썼던 자신의 의지도 세월의 풍상에 조금씩 허물어지고 있음은 어쩔 수가 없는 일이었다. 밑빠진 독에 계속 물을 붓는 것만이 능사는 아닐 터였다. 우선 깨어진 독부터 고쳐야 한다는 것을 뼈저리게 느끼고 있었지만, 방법을 알 수가 없었다. 이러다가는 자신이 먼저 지쳐서 쓰러질 것만 같았다.

'그러면 이제 겨우 돌을 지난 아기는 어떻게 될까?'

그런 불안감에 사로잡혀 밤을 잃은 불면의 날들이 자꾸만 쌓여갔다.

그래서인지 오늘따라 자신이 엄마라고 불리고 엄마로서의 자리를 잡는다는 게 영원히 불가능한 일일지도 모르겠다는 절망감에 목을 조여 오는 통증을 느껴야 했다. 아무런 것도 할 수 없다는 무기력함이 더욱 아프게 다가왔다.

"이것 봐, 난 네 아빠와 불륜을 저지른 것도 아니고, 네 엄마를 힘들게 한 사람도 아니잖아! 난 네 엄마의 얼굴도 몰라! 어떻게 그렇게 말할 수가 있어? 어린 나이에 아빠의 재혼에 감정적으로 혼란할 수도 있다고 쳐. 하지만, 대학교 2학년이면 너도 이제 성인이야! 아빠를 이해할 수 있는 나이가 되었잖아!"

"얼씨구, 땡추 목탁 치는 소리 하고 있네! 아줌마가 그런다고 울 엄마 자릴 대신할 수 있을 거 같아요? 어림 턱도 없는 소리 하지 말아요! 이 세상에 울 엄마는 오직 한 사람뿐이라고요!"

"내가 너한테 엄마 대접받고 싶어 그러는 게 아니야! 착각하지 마! 나도 너 같은 딸 둘까봐 겁난다, 얘! 다만 네 아빠가 불쌍해서 그러는 거야! 네 인생이 불쌍해서 그러는 거라고!"

이렇게 스스로 무너지는 자신을 부끄러워하면서도 오늘따라 선영은 자기감정을 거칠게 토해내고 있었다. 시간이 지나면 후회할 게 뻔했지만, 무기력한 초조함이 선영의 감정의 벽을 너무나 얇게 만들어 놓았나 보다. 때문에 선영도 그렇게까지 말하고 싶지 않았지만, 한 번 터진 감정의 봇물은 의지의 둑을 사정없이 허물어버리며 거실 바닥을 난장판을 만들고 말았다.

"내가 왜 불쌍해! 울 아빠가 불쌍하면 울 아빠만 데리고 살아! 난 내버려두란 말이야!"

딸아이는 이제 거의 발악에 가까운 악을 쓰며 막말을 해댔다. 섬뜩 소름이 돋는 것을 느끼며 마음과는 다르게 선영도 맞고함을 치고 말았다.

"네가 그런 식으로 행동하는 건 네 스스로를 부끄럽게 만들 뿐 아니라, 네가 그토록 붙잡고 있는 엄마의 명예도 더럽히고 아빠는 더욱 욕되게 하는 거야! 난 네가 그 정도는 알고 있다고 생각해! 자신의 부끄러움을 모르는 건 최악의 수치야!"

선영의 고함 소리에 놀란 아기가 잠에서 깨어 자지러지게 울기 시작했다. 핑계 삼아 돌아서는 선영의 등 뒤에다 딸아이는 잔인한 비수를 꽂았다.

"더러운 창녀 같으니……."

그리고는 거세게 문을 닫고 나가버렸다.

한 줄기 억울한 눈물이 선영의 뺨을 타고 흘러내렸다. 세상이 온통 물에 젖어 가라앉고 있었다.

이미 한계점을 지난 감정의 밸브는 한 다발의 예리한 바늘이 되어 온 몸의 신경을 찔러댔다. 자신의 한계에 두려움을 느낀 선영은 믿고 하소연할 수 있는 누군가를 간절히 필요로 했다. 치밀어 오르는 감정의 압력이 심각한 폭발을 예고하고 있었기 때문이었다.

"선배, 나 정말 한계에 다다른 것 같아요. 더 이상 이런 상태가 계속되면 내가 먼저 쓰러질지 모르겠어요! 요즘은 아기 걱정에 잠이 오지 않아요!"

"선영아, 힘들겠지만, 미움을 이기는 가장 강한 무기는 사랑이란 걸 너도 알잖아, 그렇게 약해지면 안 돼, 힘내!"

힘내라는 주교수의 말이 선영에겐 오늘따라 야속하게 들렸다. 자신의 아픔이 아니라고 사람들은 얼마나 쉽게 남들의 아픔을 획일화하고, 인스턴트화 하는가? 그런 섭섭함이 괜한 투정으로 치밀어 올라왔다.

"선배, 남의 얘기라고 너무 쉽게 얘기하지 마요! 당해보지 않은 사람은 몰라요. 5년이라고요, 5년! 참을 만큼 참고, 할 만큼 했지만, 정말 희망이 보이지 않네요. 갈수록 캄캄해요! 요샌 외박에다가, 술에 취해 인사불성이 되어 남자들 등에 업혀 들어오기까지 해요! 제 인생이 걱정스러워 한마디 했더니 아줌마가 뭔데 참견이냐며 맹수처럼 달려드는 게, 이젠 무섭기까지 해요. 제 아빠랑 결혼한 이상 난 제 엄마 아녜요? 도대체 계속 아줌마, 아줌마 그러는 게 때로는 너무 자존심 상하고 이웃 보기가 창피해요.

게다가 날더러 남편을 현혹시키는 사악한 여자래요! 심지어는 그보다 치욕스런 말까지 들었어요! 그건 차마 내 입으론 말을 못해요! 어떻게 그럴 수가 있어요?"

가슴 속에서 치미는 압력에 탄력을 받은 선영은 마치 주교수의 안에 딸애가 버티고 있는 것처럼 속사포로 쏘아대었다. 그동안 주 교수는 가만히 고개를 끄떡이며 안타까움이 가득한 눈으로 바라다보았다.

"선영아, 내가 일전에 말한 적이 있지? 재혼한 가정들이 위기를 겪는 많은 원인이 자녀 문제 때문이라고. 또 이런 얘기도 했던 것 같은데, 그 자녀문제에 관한 정말 잘못된 신화가 있다고 말이야. 그냥 결혼만 하면 저절로 남의 자식이 자기 자식이 되고, 또 자신들은 아이들의 아버지가 되고, 어머니가 되는 것으로 단순하게 생각하는 거야. 사실은 그렇지가 못해. 아닐 그럴 수가 없는 거야. 꼭 알아야 할 사실이 하나 있는데, 이전 배우자의 자식에게 아버지, 어머니의 대우를 일방적으로 요구할 수는 없는 거야. 사람의 감정이라는 게 스위치만 누르면 자동으로 반응하는 기계장치는 결코 아니거든. 선영이의 경우는 좀 다르겠지만, 재혼이라는 건 아이들의 결정이 아니라, 어른들의 결정일 뿐이야. 엄마, 아빠로 부르란다고 저절로 되는 게 아니지!"

"아니, 그럼, 요즘처럼 이혼율이 높고, 새로 이루는 가정들이 한 둘이 아닌데, 그런 가정은 모두가 다 자식들 때문에 파괴되어야 하는 건가요?"

"물론 그건 아니지. 내가 하고 싶은 말은, 사랑은 희생을 통하지 않으면 증명되지 않는 속성을 가지고 있다는 거야. 피를 보고서야 그 사랑이 인정되고 확인되지. 재혼한 가정에서 부모 자식의 관계가 성립되려면 희생을 통한 정서적 하나 됨이 먼저 되어야 해! 그건 강요에 의해서 될 수 있는 게 절대로 아니라는 걸 말하고 싶은 거야."

"선배, 내가 지금 엄마로 대접을 해달라고 억지 부리는 게 아니잖아요."

"선영이 사정을 왜 모르겠니?"

"새엄마와 의붓자식들이 다 원수처럼 지내는 건 아니잖아요?"

"물론이지! 내가 하고 싶은 말의 요지는, 한 인간이 다른 인간의 마음을 여는 것은 법칙이나 힘으로 되는 게 절대로 아니란 거야. 사랑의 속성은 힘이 아니야. 그건 핵폭탄이 터져도 안 되는 일이야. 표현이 뭐하지만, 사랑은 물과 같다고나 할까."

"물이요?"

"그래, 사랑은 물과 같이 스며들고, 때가 되면 흘러넘치는 본성을 가지고 있지. 요즘 뉴스에 100년 만의 가뭄이 들었다고 난리잖아. 거북이 등처럼 떠억 갈라진 논바닥을 봤어? 농부들이 거기다가 힘겹게 물을 길어다 붓지만 물은 갈라진 틈새로 다 새버리고 흔적도 없이 금방 말라버리지. 농부들이 얼마나 힘이 들겠어!"

"제 마음이 바로 그 농부들 심정이에요!"

"왜 아니겠니. 사람의 마음이란 게 그 땅과 같은 거야. 한 동이의 물을 길어다 붓는다고 갈라진 논바닥이 당장 달라지는 건 아니지. 때로는 아무리 정성 들여 갖다 부어도 갈라진 틈 새로 흔적도 없이 스며들고 말지. 때문에 갖다 붓는 사람이 먼저 지치고 포기하기 십상이지. 그렇다고 농부가 물을 붓다가 중도에 그만 두면 이제껏 들인 공도 허사가 되고 아무런 생명을 잉태할 수가 없지 않겠어?

그런데 잘 봐! 갈라진 논바닥에 물을 계속 갖다 부으면 어떻게 되는 지 알아? 갈라진 틈새부터 메워지는 거야. 그러면 마침내 논바닥에 물 기운이 돌면서 젖어들기 시작해. 그 다음부터는 갖다 붓는 물이 고이기 시작하지. 일단 고이기 시작한 물은 땅을 부드럽게 만들어. 새로운 생명을 잉태하기에 충분하리만치 말이야."

"……!"

"딸아이에 대한 너의 사랑도 마찬가지야. 네 속으로 낳진 않았지만, 네 남편의 아이이니까 곧 너의 아이야. 그건 부정할 수 없는 현실이지. 문제는 아직 딸아이의 마음이 너무나 많이 갈라져 있다는 거야. 그러나 정성으로 사랑을 길어다 부으면, 언젠가 갈라진 그 마음의 틈새가 메워지는 날이 올 거야! 그러면 그때부터는 그 마음이 너의 사랑으로 젖어들기 시작할거라고 믿어. 그 힘으로 새로운 생명이 딸아이의 마음 안에서 자랄 수 있게 되는 거지."

"이론과 현실은 다른 거잖아요! 직접해보세요. 그게 얼마나 힘든 일인지……"

"그래 맞아, 이론과 현실은 다른 거지. 그렇지만 이렇게 생각해봐. 이제 네가 마지막 한 동이의 사랑을 갖다 붓기만 하면 드디어 갈라진 틈새를 메울 수 있는데, 그 순간 네가 포기했다고 생각해봐! 평생을 두고 얼마나 후회가 되고 아픔이 크겠어? 내가 너의 아픔을 몰라서 그저 상투적으로 하는 말이 아니야!"

"하지만, 밑 빠진 독에 계속 물을 붓는 게 사랑인가요? 그건 어리석은 짓이에요! 깨어진 독을 땜질하는 게 먼저 아닌가요?"

"그래, 맞아. 그런데 그 깨어진 독을 어떻게 땜질할 건데?"

"저도 그게 답답해요. 그걸 알았으면 주 선배를 찾아왔겠요? 참, 나……!"

주 교수는 소리 없는 미소가 녹아들어 향이 가득한 찻잔을 들어 입으로 가져갔다. 선영이 흥분할수록 주 교수는 절제된 목소리로 말하고 있었지만, 그 눈빛은 푸르게 빛나고 있었다. 그 눈빛을 마냥 무시할 수가 없어 선영은 말꼬리를 흘리며 입을 삐죽였다.

"이 잔을 봐."

주 교수는 찻잔을 선영 씨의 눈높이로 내어 밀며 나지막하지만 힘이 실린 목소리로 말했다.

"인간의 영혼이란 섬세한 찻잔 같은 거야. 자칫하면 깨어지기 쉬워. 설거지하다 깨어진 그릇이야 쓰레기통에 넣으며 그걸로 끝이지만, 인간의 마음은 그럴 수가 없잖아. 당연한 소리지만 깨어진 영혼은 다시 붙이기 전까지는 어떤 것도 담을 수가 없지. 지금 딸아이의 마음처럼 말이야! 영혼의 그릇에 무언가를 담는다는 게 바로 다른 사람을 사랑할 수 있게 되는 건데, 그 깨어진 영혼의 그릇이 제 기능을 하도록 다시 붙일 수 있는 묘약은 사랑밖엔 없는 거야!"

"......!"

"네가 정말 딸아이와 관계를 회복하고 싶다면 이 점을 꼭 명심해야 해! 딸아이가 먼저 너를 엄마로 인정해 주기를 기다리기만 한다면, 그런 순간은 영원히 오지 않을 거라는걸. 인간의 사랑은 결코 역류할 수가 없거든! 네가 '엄마'의 사랑을 딸아이의 깨어진 영혼에 포기하지 않고 계속 부으면, 그 깨어진 마음의 틈이 메워지고, 마침내 '엄마'의 사랑이 고여 들기 시작할거야. 그러면 언젠가는 '엄마'를 향한 딸아이의 사랑이 퍼 올려지게 되지 않겠어? 쉽게 설명하자면, 마치 펌프의 마중물과 같은 거지. 너도 알지? 펌프의 마중물! 물줄기를 잃어버린 펌프는 절대로 제 스스로 물을 퍼올릴 힘이 없어! 바깥에서 마중물을 부어 주어야 비로소 생명력을 되찾지. 저 깊은 곳에 있는 수맥을 생각해봐. 한 번 퍼올려지기만 하면 힘차게 솟구칠 그 생명력을......."

"......."

흐르는 강물처럼 거부할 수 없는 힘을 가진 주교수의 가르침들 앞에 자신의 나약함을 들킨 것 같아 괜스레 얼굴이 화끈거림을 느끼며 선영은 침묵으로 동의할 수밖에 없었다.

자신도 의식하지 못한 사이에 가뭄에 지친 하늘이 선영의 가슴 속에 두 줄기 강물을 이루며 소리 없이 흐르고 있었다.

집으로 돌아오는 시간 내내 주문처럼 되새겨지는 그 한마디가 오래도록 가슴에 남았다.

'사랑은 물과 같은 거야!'

100년 만의 지독한 가뭄이라던 하늘은 며칠째 짙은 비구름만 잔뜩 껴안은 채 목마른 농부들의 애간장을 더욱 태우고 있었다. 누가 크게 소리만 질러도, 금방이라도 툭 터져 굵은 빗방울을 쏟아낼 것 같이 한껏 팽창한 먹구름은 자꾸 엇기대만 부풀게 하고 있었다.

병원 응급실에서 딸아이의 친구로부터 연락이 온 것은 바로 그날 오후였다.

딸아이가 학교에서 쓰러져 의식을 잃고 병원 응급실로 실려 갔다는 것이었다.

요사이, 딸아이가 이상해 보인 건 사실이다. 유난히 땀을 많이 흘리고 얼굴이 부은 데다 몹시 지쳐 보였다. 일전에 딸아이가 술에 잔뜩 취해 들어온 다음날, 그렇게 몸 돌보지 않으면 나중에 큰 고생한다고 염려가 되어 던진 몇 마디가 무서운 독기로 되돌아온 탓에 그냥 애만 태우고 있었는데, 기어이 큰일이 벌어진 모양이라고 병원에 가는 동안 내내 생각했다.

CT 판독기 앞에 서서 양손을 가운 주머니에 넣고는 몸을 건들거리던 의사는 혀를 쯧쯧 차며 딸아이의 하반신을 찍은 CT의 몇 부분을 손가락으로 툭툭 쳐대었다. 좌우에 도열하고 선 수련의들도 잔뜩 긴장하고선 담당과장의 입으로 눈길을 모으고 있었다.

"환자와 어떤 사이세요? 어머니세요?"

"아, 네……."

딸아이의 엄마냐고 묻는 의사의 말에 선영은 괜히 아기를 다시 고쳐 안으며 의사의 눈길을 피해 말꼬리를 흐렸다.

"그 전에 병원에서 치료받은 적이 없으세요?"

담당과장은 다소 신경질적인 목소리로 불쑥 한 마디 내뱉었다. 선영은 마치 취조 받는 죄인의 심정으로 기어들어가는 목소리로 대답했다.

"아니요. 뭐가 많이 안 좋은가요?"

"만성 신부전증이 심해요. 상태가 심각해요! 이 지경이 되도록 그냥 두다니, 환자가 애도 아니고, 참 이해가 안 되네! 환자가 힘들어하지 않던가요?"

의사의 짜증스런 말투에 걱정과 두려움으로 잔뜩 움츠러든 선영은 떨리는 목소리로 간신히 입을 열었다.

"도대체 어디가 얼마나 안 좋은가요? 많이 심각한가요?"

"여기 보세요. 신장이 마치 풍선처럼 부풀어 올랐잖아요. 이쪽 신장 하나는 완전히 죽었어요. 이 한쪽의 신장으로 양쪽 기능을 감당하려다 보니 무리가 가서 이쪽도 상해서 사구체의 여과 기능이 정상인의 10%도 안 됩니다. 환자가 평소에 고통을 호소하지 않았나요? 통증이 아주 심했을 텐데……."

"글쎄, 그게……."

얼굴이 화끈거림을 느낀 선영은 의사에게 자기의 속마음을 들킬까봐 얼굴을 숙이며 옆으로 돌렸다. 딸아이가 이렇게 심각한 지경에 이르도록 엄마는 뭘 했냐는 투의 핀잔이 선영의 얼굴에 바늘이 되어 와 꽂혔다.

"요독증도 심한 상태입니다."

"요...독...증이요?"

"예, 신장이 제 기능을 못하니까 몸 안의 독소가 못 빠져나갈 거 아닙니까? 그러니 핏속에 그 독소가 남아 중독 증상을 일으키는 겁니다. 그래서 의식 장애를 일으킨 거구요."

나무라는 듯하는 의사의 책망을 들으며 선영은 다리가 후들거렸다. 너무 무서운 마음에 아기를 꼭 껴안으며 겨우 입을 열었다. 두 눈에는 벌써 눈물이 그렁그렁 맺혔다.

"선생님, 어떻게 치료가 가능한가요? 어떻게 해야 하나요?"

담당과장은 자신의 책상으로 가서 앉으며 차트를 들쳐보았다. 그러고는 아주 사무적으로 대답을 했다.

"우선은 급한 데로 이틀에 한 번씩 투석을 받아야겠지만, 그건 어디까지나 임시방편입니다. 처치해서 회복되기에는 너무 때가 늦었어요. 정상적인 활동을 위해선, 아직 환자가 젊기 때문에 신장이식을 해야 합니다. 상태가 아주 좋지 않아요! 이 환자는 자칫했으면 정말 위험할 수도 있었어요! 이식은 빠르면 빠를수록 좋습니다. 그리고 환자는 절대 안정을 해야 합니다!"

딸아이가 이렇게 몸이 아프면서도 자기에게 전혀 도움의 손길을 구하지 않았다는 사실에 소름이 싸악 끼쳤다. 의사의 안경에 반사된 형광등 불빛이 사방으로 흘러내림을 느끼는 선영의 뇌리에 남편의 얼굴이 스쳐갔다.

'남편이 알면 어떻게 반응할까? 자신의 무능함을 어떻게 변명할 수 있을까? 자신이란 존재가 딸아이에게 정말 그토록 부담이 되는 존재였단 말인가! 아니면, 자신이 너무 무뎌서 딸아이의 고통의 호소를 알아차리지 못한 것일까?'

유령의 집을 나서듯 병원을 나서는 그 짧은 시간, 온갖 상념이 선영의 등줄기를 타고 흘러내렸다.

중국에 출장 중인 남편과 통화를 하면서 남편의 당황스러움이 그대로 느껴져 왔다. 선영은 딸아이가 아픈 게 자신의 탓인 양 죄스런 마음을 떨칠 수가 없었다. 무엇보다 딸아이가 이렇게 위급한 상황에 처해있는데도 자신이 무엇 하나 해결할 수 있는 게 아무것도 없다는 사실이 새로운 절망으로 다가왔다.

'내 속으로 난 내 자식이라면 이럴 때 어떻게 했을까? 남편이 돌아오길 기다리며 이렇게 무기력하게 있어야만 하다니!'

그러나 이 뜻밖의 불행한 사건은, 딸아이로 인한 깊은 절망이 체념으로 점차 굳어져 가던 선영에게 예기치 못한 빛으로 다가왔다. 그것은 풍랑이 거센 밤바다를 표류하던 난파선이 침몰 직전에 발견한 등대와도 같은 것이었다. 운명을 예인하는 등대 말이다.

"당신, 정말 괜찮겠어?"

딸아이가 입원하고 일주일 뒤, 남편이 출장에서 돌아 왔을 때, 선영은 이미 마음에 결심을 내리고 있었다. 물론 쉬운 결정은 아니었다. 걱정도 되고 겁이 난 것도 사실이었다. 하지만 딸아이를 위해 마지막 한 동이의 마중물을 부을 수 있는 기회가 자신에게 주어진 것이 고마울 뿐이었다.

잠든 아기를 품에 안은 남편이 수술 준비를 하는 선영을 걱정스레 바라다보며 다시 되물었다.

"당신이 이렇게까지 하지 않아도 돼."

"걱정 마세요. 저는 건강하니까요. 하연이랑 나랑 혈액형이 같고 조직 검사가 긍정적으로 나온 게 얼마나 감사한 일인지 몰라요."

선영이 딸 '하연'에게 자신의 신장을 이식해 주겠다고 했을 때, 일언지하에 안 된다고 말리던 남편이었다. 일단 조직 검사나 받아보자고 했었는데, 조직 검사에서 이식 가능 판정을 받자 어찌할 바를 몰라 했다.

수술을 앞둔 지금 이 순간, 딸아이를 위해 해줄 수 있는 게 이 세상에선 아무런 것도 없다고 절망했던 순간들을 생각하면, 선영은 오히려 감사함을 느꼈다. 신장의 한 쪽 아니라, 모두를 주고서라도 딸, 하연이의 아픔을 달랠 수만 있다면 고마울 따름이라고 생각했다.

"하연에게는 수술이 끝날 때까지 절대로 비밀로 하세요."

"그래, 내가 할 말이 없구먼. 당신에게 여러 가지로 아픔만 주는 거 같아서 말이야······."

남편의 말끝이 흔들리며 눈가에 언뜻 물기가 고이는 것을 보았다. 선영도 괜스레 눈물이 났다. 아마도 눈물은 인류 최초의 전염병이었을 것이다.

"울지 마세요, 괜히 저까지 눈물이 나잖아요. 이건 좋은 일이에요."

"하연이는 정말 복이 많은 거야, 당신 같이 속 깊은 엄마를 만났으니까."

남편은 잠든 아이를 한 손으로 고쳐 안으며, 다른 한 손으로 선영의 손을 꼭 잡았다. 이제는 흐르는 눈물을 굳이 감추려고도 하지 않았다.

"내가 살아가면서 갚으리다. 이 은혜를······."

"당신도 참, 무슨 말씀을 그리하세요. 내가 하연이에게 남인가요? 난 하연이의 엄마라고요!"

눈물을 훔치며 남편을 올려다보는 선영은 아까와는 달리 마음 가득 차오르는 충만함을 느꼈다.

'살아가면서 갚겠다.'는 남편의 그 한마디가 지난 5년 세월, 선영의 가슴에 겹겹이 쌓여온 묵은 덩어리들을 한꺼번에 씻어 내고도 남았다.

아내란 남편의 진심 어린 말 한마디에 지옥의 한 가운데서도 행복을 느끼는 존재이다. 선영은 다른 한 손으로 남편의 볼을 훔쳐내며 말했다.

"나 참, 울지 말라니깐요, 고마운 건 오히려 제 쪽이니까요. 이런 기회를 가지게 된 게 너무 감사할 뿐이에요. 수술이 잘 돼서 하연이만 건강해진다면, 그보다 더 바랄 게 뭐가 있겠어요."

"그래, 그래……. 의사가 그러는데 이식받는 쪽 보다, 이식하는 사람이 더 힘든 법이래."

"아픈 만큼 성숙한다고 그러잖아요, 홋홋……."

복잡한 기계며 튜브들이 성한 사람도 잔뜩 주눅 들게 만드는 회복실에서 먼저 의식을 되찾은 건 딸, 하연이었다. 분주히 오가는 간호사들의 발걸음 소리가 의식 속에 차곡차곡 쌓일 만큼 정신이 돌아왔다.

뒤엉킨 실타래처럼 의식이 어수선하게 들면서 하연이는 수술실에 들어가기 직전, 아빠가 던져준 한 마디가 싸하니 심장을 찌르고 지나감을 새삼 느꼈다. 자신에게 신장을 이식해 주는 사람이 누구였는지를 비로소 알게 되었기 때문이다. 아직 풀리지 않고 남은 마취제의 찌끼 때문에 정신이 멍하고 속이 울렁거렸다. 각종 기기들이 내는 금속음들이 날카롭게 비집고 들어 마음을 더욱 산란하게 만들었다.

아직 멍한 눈망울을 굴리다 바로 옆 침대에 자신이 그토록 미워하고 무시했던 새엄마가 누워 있는 게 보였다. 아직 마취에서 깨어나지 않은 그 모습을 본 순간, 롤러 코스트를 탔을 때 보다 백배나 더 어지러움을 느꼈다. 침대가 바이킹처럼 치솟는 느낌이 들어 하연은 다시 눈을 감았다.

딸아이가 의식을 되찾고도 한참을 더 지나서 선영이 의식을 되찾았다. 진

통제의 약효 덕분에 정신이 몽롱한 가운데 병실 안 풍경이 조각조각 파편이 되어 의식의 틈들을 메워 나가다 딸아이와 눈이 마주쳤다. 딸아이를 향한 선영의 희미한 미소가 병실 안의 소란스런 불빛들 가운데 조용히 번져갔다.

딸아이는 한동안 미동도 않고 선영을 곁눈으로 쳐다보았다. 그리곤 다시 눈을 감았다.

병실 안의 어색한 침묵은 삐삐거리는 기계음들 속으로 숨어들어 부끄러운 손을 감추고 있었다.

'수술은 잘 된 걸까? 얼마나 시간이 흘렀을까? 남편은 어디에 있는 걸까?'

그런 생각들이 선영의 의식의 매듭을 하나씩 풀어가고 있을 때, 언뜻 딸아이의 시선이 자신에게 꽂히고 있음을 느꼈다. 선영이 힘겹게 눈을 돌려 다시 딸아이를 바라보다, 딸아이의 촉촉한 눈과 마주쳤다. 이번에는 두 사람 모두 서로의 눈빛을 피하고 않고 서로에게서 뭔가를 찾고 있었다.

한참이나 그렇게 바라보는 딸아이의 커다란 눈망울에서 처음에는 아무런 감정을 읽을 수가 없었다. 정지된 시간 속에 속눈썹의 떨림조차 없이 선영을 뚫어지게 쳐다보는 딸아이의 시선에 선영의 마음은 괜스레 불안함이 스멀스멀 기어올랐다.

이 긴 침묵이 의미하는 것은 무엇일까? 딸아이의 얼굴에 나타난 평온해 보이기까지 하는 저 무표정함은 진통제의 약효 때문일까? 아니면 자신을 향해 또 다른 공격을 해오기 위한 전주곡일까?

그런 상념들이 척수를 타고 싸하니 지나가는 것을 느낀 순간이었다. 딸아이의 눈이 소리 없이 조금씩 젖어 오는 듯하더니, 주르륵 한 줄기 감정이 볼을 타고 흘러내렸다. 한 번 터진 감정의 줄기는 콧등을 넘어 끊이지 않고 계속 흘러내렸지만 딸애는 여전히 미동도 하지 않은 채, 시선을 선영에게로 고정하고 있었다.

딸아이의 눈물을 보면서 내심 긴장한 선영은 간신히 손목을 들어 끄떡였다. 딸애의 눈물을 닦아 주고 싶지만 지금 손이 닿기에는 거리가 너무 멀었다. 그래서 울지 말라는 엄마의 마음을 그렇게 손짓으로 나타낼 수밖에 없었다.

그때였다!

딸아이의 떨리던 입술이 조그맣게 옴지락거렸다. 그리고는 작지만 병실 안을 가득 채우고도 남을 분명한 소리로 말했다.

"엄마, 미안해……."

그 한 마디!

선영은 일순간 혈관 전부가 멈춰 버린 듯한 가슴 벅찬 느낌을 받았다. 딸애가 분명 자신을 '엄마!'라고 부른 것이다. 엄마라고! 지난 5년간 그토록 애간장을 녹이던 뒤엉킨 감정의 실타래가 드디어 그 시작점을 찾은 것이다.

선영은 눈앞이 흐려지는 것을 애써 버티며 간신히 힘을 내어 손을 들어 좌우로 가만히 흔들며 말했다.

"괜찮아, 하연아. 난 널 사랑하니까……. 잊지 마, 넌 언제까지나 내 소중한 딸이라는 걸……."

병실 밖에서는 한 달이 넘도록 그토록 견고하게 버티고 있던 하늘이 터져 굵은 빗줄기를 아낌없이 쏟아내고 있었다. 100년 만의 가뭄이 드디어 해소가 되었다는 아나운서의 감격적인 목소리가 병실 복도를 넘어, 온 하늘을 가득 메우고 있었다.

- 에필로그 -

살벌한 예루살렘 어느 거리에서 어른 손바닥 길이만 한 가시 꽃이 피는 가시나무를 본 적이 있습니다. 그 길고도 긴 가시들 틈새로 새들은 잘도 날아와 앉아 쉬어 가곤 했습니다. 새들이 그 가시들 틈으로 날아드는 이유는, 그 새들만이 맡을 수 있는 향기가 있기 때문이 아닐까요?

가시 꽃에 향기가 있다면 어떤 냄새일까요? 아마도 진한 피 냄새일 것입니다. 심장을 찔러 솟구치는 새빨간 핏방울이 그 가시들의 생명줄이기 때문입니다.

  오늘도 그 가시들을 가슴으로 보듬으며 웃는 영혼들이 있습니다. 가시에
찔려 선홍빛 피를 흘리면서도 멈추지 않는 게 사랑의 속성이니까요.

석기시대

(2020)

　　　　　　운동장은 아침부터 꽉 들어찬 태양의 열기로 빈틈이 없었다. 걷는 것만으로도 얼굴은 빛바랜 흑백 사진처럼 얼룩이 번져갔다. 가끔씩 먼지를 일으키는 바람 줄기조차 명절 목욕탕의 열탕처럼 숨 막히는 얄미움으로 까불거리자 등교하는 아이들은 잰걸음으로 허겁지겁 건물 안으로 사라져갔다.

　온몸 구석구석 기분 나쁜 끈적거림에도 재식은 신발 밑창이 눌어붙은 듯 느릿느릿 게걸음을 하고 있었다. 오늘따라 학교 뒤에 붙어 있는 뒷산으로 사부링을 놓을까 하는 유혹이 아이스께끼처럼 강했기 때문이다.

　'오늘 같은 날은 뒷산 자락에 있는 개울가에서 개구리도 잡고 물장구나 치며 시간을 죽이는 맛이 그만인데...'

　재식은 아직도 한 달이나 남은 방학에 절망하며 짜증스럽게 눈을 찡그려 태양을 흘겨보았다. 만화 영화에서 보았던 수천 개의 불타는 화살들이 조금의 자비도 없이 내리꽂히고 있었다. 육이오 30주년 기념탑도 '무찌르자 오랑캐' 부분이 한쪽으로 기울어져 더위에 지치긴 마찬가지였다.

　재식이 사부링의 유혹을 이기고 겨우겨우 방향을 찾은 고장 난 도라꾸처럼 교실로 가고 있는 이유는 반장이 오늘 분단장들에게 특별히 부탁한 것이 있었기 때문이다. 6학년이 되도록 난생처음 얻은 감투가 분단장이었다. 경쟁이 치열했는데 반장의 꼬봉 노릇을 열심히 했던 덕에 재식이 처음 분단장 감투를 썼을 때는 스스로가 대견스러울 정로도 감격했다.

분단장들이 학급비와 방위성금을 분단 별로 모아서 반장에게 제출하는 마감일이 오늘이어서 재식은 학교를 빠질 수가 없었다. 잘못해서 반장에게 찍히는 날이면 2학기에 분단장 자리가 위태로울 수 있기 때문이었다.

교실 벽 양쪽에 달린 회전 선풍기가 몸서리치며 돌아가고 있었지만, 기분 나쁜 열풍만 흩트리고 있었다. 뒷문으로 교실에 들어서던 재식의 눈에 가장 먼저 띈 것은 칠복이었다. 또래들 보다 두어 살이나 많고 레슬링 선수처럼 맷집이 좋은 칠복이는 약간 덜떨어진 맛이 있었다. 6학년이나 되도록 아직도 누른 코를 훌쩍이며 언제나 교실을 소란스럽게 휘젓고 다니는 풍차 같은 녀석이었다. 덩치가 커서 맨 뒷줄에 앉은 녀석은 찌그러진 냄비 같은 목소리로 누른 이빨을 히죽거리며 이상한 노래를 부르거나 엉덩이를 흔들며 친구들의 놀림감이 되는 것을 자처하곤 했다.

그보다도 칠복이가 아이들에게 특이한 존재로 각인이 된 것은 고아라는 사실 때문이었다. 비행장 근처의 고아원에 살고 있었는데 근처에는 학교가 없어 산을 하나 넘고도 꽤 먼 거리를 걸어와야 해서 지각하는 날이 많아 두 손 들고 복도에 벌 서는 것이 익숙한 풍경이 되었다. 그 고아원에서 함께 학교에 오는 아이들이 여러 명이었는데 칠복이만 유독 늘 늦었다. 그런데 오늘은 웬일인지 칠복이가 재식이 보다 먼저 학교에 온 것이다.

게다가 재식이 교실에 들어섰을 때 평소와는 확연히 다른 분위기를 느끼지 않을 수가 없었다. 칠복이가 책상을 두 팔로 끌어 앉고 턱을 괸 채로 잔뜩 인상을 쓰고 있었기 때문이었다. 언뜻 보면 화가 난 것 같기도 하고 어찌 보면 슬퍼 보이기도 했다.

다른 친구들은 그런 칠복이의 뒤통수를 치기도 하고 책상을 차면서 괴롭히고 있었지만 칠복이는 전혀 반응이 없었다. 개구쟁이 노릇이라면 재식이도 한 가락 하는 소문난 꾼이었다. 여학생들의 고무줄을 끊는 것은 기본이고 고무총으로 몰래 여학생들을 쏘다가 선생님들에게 혼난 경우도 허다했다. 학교 앞

제2부 소설

다리 난간 위에 올라가 달리기를 하거나 학교 옥상에서 걸터앉아 바라보는 친구들의 애간장을 태우는 것을 즐기곤 했다. 그저 가만히 있으면 왠지 불안하고 좀이 쑤시는 게, 까불거림을 통해 살아 있는 느낌을 만끽하는 딴따라 기질이 다분했다.

그러나 유독 칠복이에게는 재식은 장난을 치거나 괴롭히거나 하지 않았다. 교실의 다른 아이들이 모두 놀릴 때도 재식은 짐짓 외면할지언정 거기에 동참하는 법이 없었다. 거기엔 재식이 남들에게 말하지 못하는 자신만의 작은 비밀이 있었다.

4학년 음악 시간이었다. 그때도 칠복이는 재식이와 같은 반이었다. 머리를 뒤로 묶고 긴 치마를 입은 모습이 개구쟁이 재식이 눈에는 천사처럼 보이던 여선생님은 주변에서는 보기 드물게 서울 말투였다. 게다가 풍금을 기가 막히게 잘 쳤다. 풍금을 치지 못하는 다른 선생님들 반에 대신 가서 풍금을 쳐주곤 하셨다. 괜히 선생님 앞에만 서면 얼굴이 붉어지고 숨이 막히면서도 선생님 앞에서 얼쩡대는 이상한 버릇이 재식이에게 있었다.

음악 시간에 선생님께서 노래 잘하는 아이 몇 명에게 노래를 시키곤 했다. 어느 날 누군가가 '칠복이도 노래 잘해요!' 라고 소리쳤다. '그래? 그럼 칠복이 노래 한 번 들어보자.' 선생님이 그렇게 칠복이를 지목하자 칠복이는 몸을 배배 꼬면서 '선상님요 지는 노래 못해요!'라고 뒤로 뺐다. 이번에는 다른 친구가 '쌤요! 칠복이는 우리가 모르는 이상한 노래도 기똥차게 불러요!' '그래, 그럼 어디 칠복이가 제일 잘하는 노래 한 번 불러봐!'

버짐이 번져 있는 머리를 습관처럼 긁적이며 칠복이가 앞으로 나와 선생님의 풍금 곁에 섰다. 그때 칠복이는 누런 콧물을 지금보다 심하게 훌쩍거리며 아주 지저분해서 재식이도 완전히 무시하던 때였다. 재식이는 마음속으로 자신도 선생님에게 지목되고 싶은 약간의 부러움과 함께 네까짓 게 노래를 해봐야 얼마나 하겠냐는 무시하는 눈빛으로 쳐다보았다. 선생님이 무슨 노래를 하고 싶냐고 묻자 칠복이가 뭐라고 대답했지만, 재식은 듣지 못했다. 선생님이 반주를 시작하고 곧 칠복이의 노래가 시작되었다.

　'보일 듯이 보일 듯이 보이지 않는
　따옥따옥 따옥 소리 처량한 소리
　떠나가면 가는 곳이 어디 메이뇨
　내 어머니 가신 나라 해 돋는 나라'

　그날 재식이는 두 가지로 큰 충격을 받았다.
　평소에 바보 같고 모자라 보여서 같은 반 친구로 인정하기는커녕 벌레 보듯 무시했던 칠복이가 원래의 투박한 목소리와는 전혀 달리 어디서도 들어보지 못한 청아한 목소리로 노래를 불렀다. 바보 칠복이가 노래한다고 놀리며 소란스럽던 교실은 칠복이의 노래가 시작되자 일순간 소름 돋는 침묵에 잠겼다.
　또 하나의 충격은 손가락 사이에 빠져나가는 바람처럼 아무 감정도 생각도 없는 무의미한 존재로만 생각되던 칠복이가 노래가 끝날 즈음에 두 눈 가득 눈물이 고였고 친구들 몰래 훔치는 것을 보았기 때문이다. 분명 칠복이는 어색한 웃음을 활짝 웃으면서 슬쩍 소매로 눈가를 닦았다.
　그날 개구쟁이 짓을 해서 벌로 맨 앞줄에 앉았던 재식은 분명히 그 눈물을 보았다. 어쩌면 칠복이의 청량한 목소리보다는 그 눈물이 재식의 의식에 깊은 흔적을 남겼는지도 모른다. 교과서에도 없는 처음 들어본 그 처량한 노랫가락도 재식에게는 괜한 뭉클함이 있었을 터였다. 무엇보다 '내 어머니 가신 나라 해 돋는 나라' 그 가사가 바보 칠복이에게는 고이 쌓여있던 엄마에 대한 그리움을 거침없이 휘저어 놓았던 것이라고 재식은 분명히 느꼈기 때문이다.
　그날 이후 재식은 칠복이를 놀릴 수 없었다. 칠복이에게 그런 마음을 가졌다는 것을 다른 친구들이 눈치를 챌까 봐 속은 드러낼 수 없었지만, 엄마 없는 매일의 삶에는 굽이굽이 눈물이 숨겨져 있다는 것이 그날 개구쟁이 재식의 마음에 화인이 되었다. 그 이후로 칠복이를 괴롭히면 괜히 벌 받을 것 같은 마음이 자꾸 들었다.

　　　　　　　　　　　　　　제2부 소설

칠복이는 세 살 정도 추정되는 나이에 학교 앞의 다리 주변에서 발견되었다고 했다. 그래서 칠복이는 자기 생일도 이름도 정확히 모른다. 그저 고아원에서 추정해서 생일을 정해주고 이름도 지어주었다. 나중에 복을 많이 받는 운 좋은 아이가 되라고 러키 세븐의 칠과 복을 합친 이름이었다.

아이들은 모두 선생님에게 떼를 썼지만, 선생님은 능글거리는 웃음만 띨 뿐 소용이 없었다. 선생님은 툭하면 '하면 된다! 안 되면 되게 하라!'는 말을 입에 달고 사는 불도저였다. 3교시 체육 수업을 교실에서 하자고 난리들 쳤지만 이런 더위는 더위도 아니라며 또 군대 시절 얘기를 꺼냈다.

"내가 말이야 군대서 훈련받을 때는 한여름에 완전 군장하고 백 리 길도 가비얍게 뛰었어! 이기 뭐가 덥다고 그래쌌노! 기런 나약한 정신 상태로 앞으로 너거들에게 닥칠 험한 세상을 우찌 이길 끼고! 시상이 덥다고 너거들 사정을 봐주고, 춥다꼬 곱게 대해준다 카더나! 우끼고 자빠졌네! 건강한 신체에 건강한 정신이 깃드는 기야! 자, 시끄럽고, 얼릉 구령대 앞에 집합해라 마!"

그때 반장이 일어났다. 모두들 반장에게 기대를 거는 눈치였다. 선생님도 반장의 말은 함부로 무시하지 못했기 때문이다. 반장이 날씨가 너무 더우니 실내에서 수업하자고 하면 어쩌면 선생님도 못 이기는 척 마음을 바꿀지 모를 일이었다. 재석이도 은근히 반장에게 기대를 걸었다. 아침부터 땡볕에 걸어오느라 너무 지쳤었기 때문이다.

"쌤요, 그란데 칠복이가 아파요."

반장의 말에 모두가 실망의 한숨들을 크게 내쉬었다. 반장의 그 말은 너무 뜻밖이었다. 평소에 칠복이를 썩은 삼태기 취급하던 반장이 칠복이를 생각해서 선생님에게 요청했다는 것이 재식에게도 약간의 충격이었다. 반장의 의외의 모습은 무더위에 체육을 하기 싫어 난리를 치던 아이들 모두의 관심을 돌리게 했다.

"그래? 칠복이 어디 아프노?"

"배가 아프다는데예. 어제 저녁부터 아파서 아무것도 못 먹었다카는 데예."

칠복이는 여전히 책상에 엎드린 자세였고 반장이 대신 대답을 했다. 선생님은 칠복이 쪽으로 발걸음을 옮기다가 멈추었다. 잠시 뜸을 들인 후에 말씀하셨다.

"그라마, 오늘 교실은 칠복이가 지키고 주번이 나가라, 알았제!"

"에이, 씨!"

주번의 욕지거리가 자연스럽게 교실 안을 물들게 했다. 모두들 칠복이를 부러운 눈으로 보면서 주섬주섬 자리에서 일어났다.

"야, 이노마! 체육하면 좋지 뭐가 불만이야!"

선생님은 주번을 향해 농친 소리로 외치셨다.

"덥잖아예!"

주번의 외침이 닿기도 전에 선생님은 이미 교실 밖으로 나가버리셨다.

고아원에서는 잘해도 맞고, 못해도 맞았다. 100명이 넘는 고아원에 원장 아버지랑 두 명의 선생님뿐이어서 아이들 관리는 나이 많은 형들과 누나들이 맡아서 했다. 형들의 말이 법이고 누나들의 짜증이 최고의 오락거리였다.

무엇보다 힘든 것은 배고픔이었다. 가까이 있는 비행장에 근무하는 미군 아저씨들이 가끔씩 올 때를 제외하곤 수제비나 막국수가 주식이었다. 그마저도 배불리 먹어봤으면 여한이 없을 터였다. 한창 먹을 나이에, 다른 아이들보다 덩치가 컸던 칠복이는 숟가락을 놓으면 배고픔이 먼저 위장에 차고 들었다.

어젯밤은 특히나 더 배가 고팠다. 형들이 시킨 마당의 잡초 뽑는 일이 늦게 끝나서 식당에 갔을 때 칠복이 밥그릇에 누군가 손을 대었기 때문이었다. 칠복이는 덩치가 큰 탓에 아침마다 형들 누나들 수발을 드느라 몸이 열이라도 모자랄 지경이었다. 특히 고등학교 다니는 형들, 누나들은 버스 시간에 맞추기 위해 아침마다 전쟁을 치렀는데 그 뒷정리는 언제나 칠복이 몫이었다. 다른 아이들은 학교 가기까지 시간이 남아서 마당에서 놀면서도 칠복이를 모른 척했다. 형들, 누나들의 수발을 제대로 들지 않으면 저녁에 또 여지없이 매질이 기다리고 있는 터라 칠복은 허기진 마음을 혼자 부여잡고 형들, 누나들이 떠난 자리를 정리해야 했다.

 오늘 잡초 뽑는 일도 유독 칠복이 혼자서 도맡았다. 원장 아버지는 늘 손님을 맞이할 수 있도록 정리정돈을 강조했다. 특히 마당이나 고아원 진입로에 잡풀이 나 있으면 질색이었다. 형들과 누나들에게 내려진 그 특명은 거의 칠복이 몫으로 남겨졌다.

 제대로 잡초를 제거하지 못하면 그것도 매질로 돌아왔기에 손톱이 빠지도록 알뜰히 뽑지 않으면 안 되었다. 풀 뽑는 동안 저녁 식사를 알리는 종소리를 들었지만 풀 뽑는 일이 끝나지 않아 갈 수가 없었다. 자기 밥그릇에 대한 애절한 마음은 있었지만 어쩔 수가 없는 노릇이었다.

 식당에 들어선 칠복이는 누군가 먹다 남은 수제비 그릇을 받아들고 설움에 솟구치는 눈물과 함께 삼키듯 먹었지만, 여전히 배가 고팠다. 고픈 배를 부여잡고 잠든 날들이 헤아릴 수 없이 많았지만, 어제는 도저히 잠을 이룰 수가 없었다. 자꾸 생각이 부엌으로 향했다. 불이 꺼진 뒤의 부엌은 누구도 발을 들여놓아서는 안 되는 금단의 장소였다. 칠복이도 모를 리가 없었지만 배고픔에 절은 몸은 생각보다 먼저 반응했다.

 불 꺼진 부엌에서 방향을 잡기란 쉽지 않았다. 두려움과 간절함이 뒤섞인 흥분 속에 잠시 머물자 부엌의 희미한 실루엣이 눈에 들어왔다. 먹을 것이 있을 만한 곳이 어디일지 판단이 서지 않았다. 어둠 속에서 더듬거리다 잡힌 것은 감자 자루였다. 생감자를 하나 꺼내 대충 닦고 베어 먹어보았지만 에리고 쓴 맛에 두 입을 먹을 수가 없었다. 다시 손을 더듬어 잡은 것이 밀가루 부대였다. 이거라면 먹을 수도 있을 것 같다는 생각이 들었다. 생 밀가루 한 움큼을 입에 틀어넣었다. 비릿한 냄새도 역겨웠지만 터져 나오는 기침에 본능적으로 입을 틀어막았다.

 생 밀가루를 그냥 먹기는 힘들었다. 생각하다 그릇에 물을 담아 밀가루를 손으로 퍼 담았다. 손가락으로 한참을 휘저었지만, 생각보다 밀가루가 잘 풀리지 않았다. 어두워서 잘 보이진 않았지만, 어느 정도 밀가루가 물에 풀렸다는 생각이 들자 그릇을 들고 들이키기 시작했다. 그때였다.

"부엌에 누고!"

벌컥 부엌문이 열리며 불이 켜졌다. 형들 중에서도 칠복이가 가장 무서워하는 형이 평소에 늘 갖고 다니는 몽둥이를 들고 살기 어린 눈으로 칠복이를 째려보았다. 기가 질린 칠복이는 밀가루 섞은 그릇을 떨어뜨리곤 본능적으로 무릎을 꿇어 두 손으로 빌기 시작했다.

"히야, 잘못했심더! 한 번만 봐주이소, 잘못했어예, 혀엉!!"

칠복이가 빌기도 전에 몽둥이가 먼저 날아들었다. 칠복은 머리를 감싸 쥐고 부엌 바닥을 뒹굴며 울부짖었다. 아무리 심한 매를 맞아도 누가 나서서 말려줄 사람이라곤 이 천지 어디에도 없는 존재가 고아라는 것을 칠복은 매를 맞을 때마다 뼈에 사무치게 절감하곤 했다.

얼마나 시간이 흘렀을까? 30분 아니 한 시간... 소란스러운 소리를 들었을 원장 아버지나 선생님들은 물론이고 숙소의 어느 누구도 나와 보지 않았다. 기계적인 몽둥이질과 칠복이의 비명소리가 범벅이 되어 시간의 흐름을 잔인하게 끊어 놓았다.

"바닥 깨끄시 치우고 들어가 디비 자! 이 도둑노무 새끼야!"

형의 몽둥이질은 임계점에 다다라서야 멈추었다. 울 힘조차 상실한 칠복은 부엌 바닥을 기어서 문 쪽으로 다가갔다. 뒤쪽에서 형은 그런 칠복의 등을 발로 다시 한번 힘껏 짓밟고는 불을 끄고 가버렸다.

생 밀가루를 먹어서인지 형 때문에 놀라서인지, 아니면 매를 맞아서인지 칠복이는 계속 설사를 했다. 먹은 것도 없는데 그렇게 계속 설사가 나오는 것이 신기할 따름이었다. 지쳐서 새벽녘에 잠이 들었던 칠복은 얼핏 잠이 깨자마자 도망치듯 학교로 갔다. 부엌에 갔다가 형들과 누나들이 지난밤의 사건으로 또 어떻게 나올지 너무나 두려웠기 때문이다.

걸베이 빵이라고 아이들이 부르는 결식아동을 위한 급식 빵을 받아든 칠복이는 오늘은 교실에서 그 빵을 먹기가 힘들었다. 속이 불편한 데다 아이들의 도시락 냄새가 오늘따라 너무 아프게 느껴졌기 때문이었다. 그보다는 오늘 돌아갔을 때 다른 형들이나 누나들이 어떻게 반응할지 걱정과 두려움이 생각의 저 밑바닥에서 자꾸 스멀스멀 올라왔기 때문인지도 모른다. 어느 시간보다 활기차고 떠들썩한 점심시간, 어느 누구도 칠복이에게 관심을 두는 경우야 원래 없었지만, 오늘은 제 스스로 교실이 너무 어색했다. 칠복은 수돗가로 갈 요량으로 교실을 나섰다.

"학급비가 없어졌데이! 이런 젠장, 학급비가 없어졌다카이!!"
점심시간을 뒤집어 놓은 반장의 한 마디는 악몽의 시작이었다. 그게 어떤 결론에 도달할지 아무도 상상조차 하지 못했다. 아침에 방위성금은 선생님께 드리고 학급비는 반장이 보관하고 있었다. 72명의 반 친구들이 낸 학급비 전부면 14만 원은 족히 될 것이었다. 학급비의 일부분은 학급 미화를 위해 쓰기도 하지만 이번에는 졸업을 앞두고 미리 선생님 선물비와 졸업 기념품을 만든다고 지난번 학급회의에서 2천 원씩 모으기로 했었다.
"야이, 문디야 잘 찾아봐라, 그기 어디 가겠나?"
부반장이 반장을 보고 짜증을 섞어 나무라듯이 말했다.
"야, 이 가시나야 내가 지금 어디 둔지 모르고 이 지랄인 줄 아나! 없다카이!"
반장은 살기 어린 눈빛으로 부반장에게 신경질을 부렸다.
"지가 이자뿌놓고 왜 나한테 지랄이고!"
원래도 까탈스럽기로 소문난 부반장이 반장에게 고개를 치켜들고 눈가에 힘을 잔뜩 주며 소리쳤다. 두 사람이 또 한바탕 난리를 벌일까 봐 총무가 두 사람 사이를 가로막으며 말했다.
"아이, 지금 둘이 싸우마 우짜노? 단디 생각해 봐라, 어디 딴 데 둔 거 아이가?"
"아이라카이, 내가 체육 시간에 나갈 때 분명히 책상 안에 넣어두고 옷으로 덮어뒀다카이! 그란데 지금 옷만 있고 없다 아이가!"
그때 점심을 마치고 선생님이 들어오셨다. 선생님은 다른 선생님들처럼 교실에서 아이들과 함께 식사하지 않고 정문 옆길에 나 있는 식당 골목에서 점심을 드셨다.

"쌤요, 반장이 학급비를 이자뿟답니더!"

총무가 종종걸음으로 선생님에게 달려가면서 외쳤다.

"그기 무신 소리고? 학급비를 이자뿌다니? 단디 잘 찾아 봐라, 어디 딴 데 둔 거 아이가!"

선생님도 반장을 향해 미간을 찌푸리며 걱정스레 물었다.

"아이라예, 딴 데 둘 데가 어디 있다꼬예, 분명히 여기 있어야 하는데 참말로 환장하겠네예!"

반장은 자기 서랍에 있는 것들을 모두 책상 위로 올려놓으며 얼굴이 벌겋게 달아올랐다. 소란스럽게 밥을 먹던 교실 분위기는 한순간 마치 초상집 앞마당처럼 싸해졌다. 재식이와 아이들 모두가 밥 먹던 동작을 멈추고 말 그대로 얼음땡이 되고 말았다. 불안한 눈빛으로 선생님과 반장을 번갈아 보며 모두 엉덩이를 반쯤 들고 있었다.

"가방 안에 있는 거 아이가?"

"가방도 벌써 다 디비 봤는데 없어예."

"여기 누구 반장 자리에서 학급비 본 사람 없나?"

선생님이 아이들을 둘러보며 소리치자 아이들은 모두 죄인이 된 듯이 민망한 표정을 지으며 고개를 숙였다.

"허 참 우째 이런 일이!"

선생님의 헛기침 소리가 더욱 아이들을 도시락에 얼굴을 파묻게 했다.

"허 참 나, 우째 이런 일이..."

선생님의 헛기침이 계속되자 반장은 자리에 앉아 두 손으로 머리를 움켜쥐고 두 눈을 꽉 감고 고개를 수그렸다.

5교시를 알리는 종이 치고도 얼마간 선생님은 아무 말씀도 하지 않으시고 인상만 잔뜩 찌푸린 채 허공을 응시하였다. 그러다가 입을 연 것은 칠복이 때문이었다.

"거기 칠복이는 어디 갔노? 수업 종이 쳤는데도 칠복이는 왜 안 보이노? 누구 칠복이 봤나?"

그때 칠복이가 뒷문을 열고 들어왔다. 바지가 물에 젖은 채 엉거주춤한 모습으로 뒤뚱거리며 들어왔다.

"니는 수업 종이 쳤는지 언젠데 이제 오노? 아프다카더이 괜찮나?"

선생님의 날카로운 외침에 칠복이는 큰 눈을 더욱 크게 뜨고 양손을 꼼지락거리며 어찌할 바를 모르고 서 있었다.

"어디 갔더노? 와 늦었어! 아프다카더이 어떻노?"

재차 소리치는 선생님의 채근에 칠복이는 더욱 주눅이 들어 고개를 수그리고 발바닥만 서로 비비고 서 있었다.

"퍼뜩 자리로 가라, 자슥아, 아이고 심란허네! 전부 눈 감아라!"

선생님은 교탁 앞에 서서 허리에 두 손을 찬 채로 짜증스럽게 소리쳤다.

교실 안은 오후의 무더위가 쳐들어온 흔적이 곳곳에 남아 있었다. 아이들은 마치 조금이라도 수상쩍은 행동을 하면 자신이 범인으로 지목당할까 하는 공포심에 미동도 하지 않고 눈을 찔끔 감았다. 선풍기도 더위에 지쳐서 발광에 가까운 비명을 지르며 아이들의 공포를 함께 느끼는 듯했다. 선생님도 여전히 같은 자세로 교실 뒤쪽을 한동안 응시하며 침묵의 무게를 더하게 만들었다.

재식은 이런 긴장감이 죽을 만큼 싫었다. 연신 침을 꼴깍거리며 책상 밑에서 주먹 쥔 손을 덜덜 떨고 있었다. 침 넘기는 소리가 너무 커서 혹여나 의심받지 않을까 긴장하니 등줄기가 흥건히 땀에 젖었고 귀밑머리 밑으로도 땀 줄기가 삐질삐질 흘러내렸다. 얼굴이 가려웠지만, 손을 올릴 엄두도 내지 못했다.

감당할 수 없는 긴 시간이 교실 안의 아이들이 질식할 만큼 느리게 흘렀다. 교실은 아이들의 작은 움직임은커녕 숨소리조차 들리지 않았다. 이젠 선풍기의 몸부림치는 소리마저 아득히 멀리서 들리는 듯했다. 옆 교실에서 아이들이 웃으며 떠드는 소리가 들렸다. 재식은 그럴수록 더욱 긴장되어 혀로 입술을 연신 핥아대었다.

'도대체 어떤 놈이 감히 학급비에 손을 대었을까? 그리고 이렇게 고통스러운 시간의 흔적을 남긴단 말인가!'

재식은 한편으로는 호기심이 한편으로 치밀어 오르는 분노가 뒤섞인 감정을 엉덩이로 간신히 누르고 있었다.

"쌤이 지금 억수로 기분이 안 좋다!"

선생님은 허공에 가볍게 소리를 던지는 평소의 목소리와는 전혀 다르게 마치 영화에서 보던 뒷골목 조직의 보스처럼 투박하고 어두운 목소리를 교실 바닥에 좌악 깔았다. 목을 긁어서 내는 그 허스키한 목소리에 재식은 머리가 쭈뼛 서고 소름이 온몸에 돋아나며 일순간 한기를 느꼈다.

"반장이 교실에서 학급비를 이자뿟다. 우째 이런 일이 다 있노? 쌤은 너거들을 믿는데이. 사람은 누구나 실수를 하는 거 아이겠나. 내가 시간을 5분 준다. 학급비 가져간 사람 조용히 손을 들마, 쌤은 모든 것을 용서할끼다."

그러다가 갑자기 선생님은 목소리에 힘을 잔뜩 주고 크게 소리쳤다.

"학급비 돌려주마 없었던 일로 할끼다! 너거들이 쌤을 너거들의 쌤으로 생각한다카먼 조용히 손을 들어주기 바란다! 여 전부 다 눈 꽉 감았데이, 조용히 손들마 쌤 밖에 모른다 아이가! 너거들 내 맘 알제! 5분 준다. 너무 어렵게 생각하지 마라, 알았제!"

아까부터 요란스레 울어대던 매미 소리를 이제야 눈치챘다. 가끔씩 불어오는 열기에 데워진 기분 나쁜 훈풍을 따라 매미 소리도 완전히 익은 듯 칙칙하게 늘어졌다. 재식은 선생님이 5분을 준다는 말에 더욱 긴장되었다.

'정말 학급비를 가져간 범인이 손을 들까? 그래서 이 어색함과 곤란함에서 해방시켜줄 것인가? 도대체 학급비를 누가 가져간 것일까?'

그런 생각이 들자 침이 입 안에 자꾸 괴어 어쩔 수 없이 꼴딱 삼켜대었다.

재식이뿐만 아니라 모든 아이들도 이 끈적거리는 불쾌함에서 빨리 벗어나기를 간절히 소망하고 있었다. 누가 돈을 가져갔건 빨리 손을 들어 자수해서 이 괴로운 상황이 빨리 끝났으면 하는 바람이었다. 점심을 먹고 평소처럼 운동장에 나가서 놀지도 못한 아이들은 경련이 일어날 지경이었다.

생각 없이 노닥거릴 때는 몇 시간도 짧지만, 숨소리 하나마저 헤아리는 침묵 속의 5분은 영원처럼 길었다. 하긴 정확히 얼마의 시간이 흘렀는지는 알 수가 없었다. 시간의 흐름은 애초에 무의미한 것이었다. 선생님이 기대하는 바가 이루어지는 그 기다림의 순간까지 5분이란 시간은 정지된 것이었기 때문이다.

그때 '띠리리, 띠리리' 5교시가 끝나는 종이 울렸다. 많은 아이들이 고요 속에 울리는 종소리의 무게에 눌려 어깨를 움찔했다. 그와 함께 더욱 날카로운 긴장감이 뜨거운 한여름 오후의 햇살조차 차갑게 만들어 버렸다. 옆 반 아이들이 왁자지껄 복도로 쏟아져 나오는 소리가 들렸지만, 재식이 반 아이들은 여전히 눈을 감은 채로 굳어 있었다.

"내는 너거들 한테 실망이데이! 너거들이 나를 쌤으로 생각 안한다 이거 아이가!"

선생님이 교탁을 주먹으로 내려치며 분노에 찬 목소리로 소리쳤다. 재식이도 아이들도 선생님이 정말 화가 났다는 것을 온몸으로 느낄 수가 있었다. 두려움보다 짜증이 확 밀려왔다. 도대체 도둑놈이 누구야!

"전부 운동장으로 나가가꼬 구령대 앞에 집합해!"

그리고 선생님은 교실 문을 거칠게 열고 나가버렸다. 아이들은 그제야 몸을 풀며 짜증들을 내었다.

"아이 씨, 도대체 누꼬, 학급비 가져간 기 누꼬?"

"자수해서 광명 찾아라!"

"더버 죽겠는데, 이기 무신 난리고, 어이! 퍼뜩 손들지 고마!"

아이들은 저마다 한 마디씩 내뱉으며 주변들을 둘러보았다. 그리곤 어기적거리며 무거운 몸들을 움직이기 싫어했다. 어떤 아이들은 책상에 엎드리기도 했고, 책상을 두드리며 욕설을 퍼부어대기도 했다.

"뭐하노? 운동장으로 퍼뜩 나가라 전부! 쌤 화난 거 안 보이나, 으잉!"

반장도 악에 받쳐 소리쳤다. 반장의 고함소리에 아이들은 놀란 개구리 떼 마냥 우르르 몰려나갔다.

구령대 앞에서 열을 지어 서면서도 아이들은 온갖 인상을 써가면서 한 마디씩 보냈다. 오전의 체육 시간에 한바탕 땀을 쏟은 데다가 그늘도 없는 6월 말의 땡볕에서 기합받는 마음인들 오죽할까. 그나마 다행인 건 오후가 들면서 태양이 구령대 반대쪽으로 많이 물러났다는 점이었다. 반장이 빨리 줄을 맞추라고 소리쳐도 아이들은 좀체 집중하지 못했다.

"아이 씨, 더버 죽겠는데 이기 무슨 지랄이고!"

"어떤 놈인지 걸려 봐, 손모가지를 그냥 확!"

재식도 짜증 나긴 마찬가지였다. 저도 토해내고 싶은 욕지거리가 많았지만, 속으로만 삼키고 말았다. 평소 같으면 누구보다 먼저 앞서서 불평을 했을 터이지만 오늘은 생각과 달리 마음 한쪽에 그늘이 졌다. 말로 표현하기는 애매한 뭔가 찝찝한 느낌이 온몸에 끈적거리며 흘러내렸다. 왜냐하면 아이들이 한마디씩 내뱉으며 맨 뒤쪽에 서 있는 칠복이를 자꾸 흘겨보았기 때문이다. 칠복이는 얼굴이 하얗게 떠 있었는데 아파서 그런 것인지 겁을 먹은 것인지는 알 수가 없었다.

"야, 쌤 나온다, 쌤!"

누군가 야트막하게 소리치자 좀체 맞추어지지 않던 열과 오가 순식간에 아귀가 딱 맞아 들었다. 모두 부동자세로 땡볕에 저항하며 구령대에 시선을 맞추었다. 모자를 눌러쓴 선생님이 굵은 지시봉을 들고 성큼성큼 구령대에 올라섰다. 지시봉은 경우에 따라서 사랑의 매가 되기도 하고, 결승선의 기준이 되기도 했다. 아이들이 그 지시봉을 보자 너 나 할 것 없이 더욱 긴장되는 건 어쩔 수가 없었다. 저 지시봉이 사랑의 매가 되어 운동장에서 타작마당이 펼쳐진들 하나도 이상할 것이 없는 분위기였기 때문이다. 구령대에 올라선 선생님은 마치 훈련소 교관처럼 모자챙 끝 시선으로 아이들을 한참이나 훑어보았다.

"쌤은 오늘 너거들에게 몹시 실망했다. 너거들이 쌤을 쌤으로 여기지 않는다 아이가. 반장, 앞으로 나온나!"

열 가운데 있던 반장이 앞으로 쭈뼛거리며 나가 맨 앞에 서서 고개를 떨구었다.

"반장, 니 책임도 큰 기라. 돈 간수를 잘못한 기 첫 번째 잘못이고, 돈 가져간

노무 자석이 내가 기회를 줬는데도 싸가지 없이 오리발을 내미는 것도 반장 책임인기라, 맞제?"

"예..."

평소의 자신만만하고 날카롭던 태도는 찾아보기 힘들게 반장이 기가 죽어 대답해서 재식은 반장의 대답을 겨우 알아들었다. 반장에게 단호한 말투로 나무라시던 선생님은 양손을 허리춤에 얹고서 아이들 전부를 향해 크게 외쳤다.

"쌤은 지금 억수로 화가 난다! 조지 워싱톤은 아부지가 아끼는 은행나무를 도끼로 잘랐지만 자기 잘못을 솔직하게 인정한 정직함 때문에 미국의 독립 전쟁을 승리로 이끌었고 초대 대통령이 된 기다! 사람은 실수할 수 있어! 그래도 솔직하게 인정하고 용서받으마 되는 기라! 정직이 최선의 정책인기라! 그런 신뢰 관계가 오늘 깨어진 기, 쌤은 너무 화가 난다! 그건 돈하고 바꿀 수 없는 기라! 너거들은 공부할 자격도 없다 아이가! 너거들이 공동으로 책임을 지야 된다고 쌤은 생각한다. 너거들 안에서 정직함과 책임감이 생겨날 때까지 운동장을 돈다, 알았제! 뛰는 동안에 잘 생각해보고 자기 잘못을 인정하는 마음이 들면 언제든지 교무실로 온나, 알았제! 반장 인솔해서 뛰도록 한다, 실시!"

아이들은 절망스러운 투덜거림을 본능적으로 쏟아 내었다. 그냥 서 있기도 힘든 한 여름의 땡볕 아래에서 구보라니! 아이들로서는 죽을 맛이었다.

"아이고 더버 죽겠는데 요새 도둑놈은 양심도 없나!"

"쌤도 너무하네, 도둑놈만 딱 잡아내마 될 낀데, 와 이 지랄이고!"

"반장, 니가 쌤한테 얘기 좀 잘 해봐라, 우리 다 죽는다 아이가!"

"아이 씨팔, 자수 좀 하지, 정말 너무 하네! 완전 양심에 털 났네!"

구름 한 점 없는 하늘에서 무자비하게 쏟아지는 태양의 작살을 온몸으로 맞으며 아이들은 너나없이 한 마디씩 욕을 보태었다. 치사한 욕 덩어리들이 거대한 분노와 함께 터벅터벅 먼지를 내며 운동장에 흔적을 남겼다. 창문 너머 다른 반 아이들이 흘깃거리며 내다보는 게 보이자 아이들은 손으로 감자를 먹였다. 한 명이 감자를 먹이자 너도나도 따라 했다.

"아! 쪽팔리게 저 새끼들은 공부나 하지, 수업 시간에 왜 자꾸 쳐다보고 지랄이고, 지랄이!"

재식은 원래 무더위를 잘 참지 못했다. 추운 날씨는 오히려 생기가 돌았지만 더운 날은 숨 쉬는 것이 힘들었다. 하늘에서 쏟아지는 열기만이 아니라 땅에서 솟구쳐 오르는 지열에다가 아이들이 내뿜는 열기까지 더해져 숨이 막혀 왔다. 그런데도 자꾸 신경이 쓰였다. 아이들은 저마다 한 마디씩 욕을 할 때마다 칠복이 쪽으로 쳐다보았기 때문이다. 재식도 칠복이 쪽으로 돌아보았다. 창백한 얼굴의 칠복이는 몹시 고통스러운 표정으로 먼지가 이는 땅바닥만 쳐다보며 뛰고 있었다.

한 바퀴, 두 바퀴 점점 더해갈수록 소란하던 욕지거리는 잦아들고 아이들의 거친 숨소리와 땀방울들만 흙먼지와 뒤섞여 잔인한 침묵을 운동장에 새기고 있었다. 다섯 바퀴째 돌기 시작하자 아이들은 사색이 되어 갔다. 여학생들은 울음보가 터지기 직전인 아이들이 여럿이었다. 그때 반장이 목소리를 낮추긴 했지만, 모두에게 들리도록 절박하게 말했다.

"이번에 구령대 가면 전부 멈추거래이, 알았나! 쌤이 더 뛰라고 해도 멈추는 기다, 알았제!"

아이들은 대답대신 거친 숨만 크게 내뱉을 뿐이었다. 재식은 반장의 말을 들으며 더 걱정이 되었다. 안 그래도 화가 난 선생님의 지시를 아이들이 어긴다면 더 화를 내실 것이 분명했기 때문이다.

그런데 아이들이 다섯 바퀴를 돌아 구령대 쪽으로 향하자 선생님이 나타났다. 이번에는 모자도 쓰지 않고 지시봉도 들지 않고 양손으로 눈 위에 모아 햇살을 가리며 서 있었다. 아이들이 구령대에 다다르자, 손을 내리고 소리쳤다.

"고마해라! 모두 수돗가 가서 세수 한 판하고 교실로 들어 온나."

아이들은 모두 헉헉대며 똑바로 서지도 못하고 몸이 비틀리는 대로 흔들어대었다. 그때 반장이 앞으로 나서서 거친 숨을 몰아쉬며 말했다.

"스엥님, 헉헉, 임원들끼리 도서실서 잠깐 헉헉, 예기 좀 하고 가도 되겠심니꺼?"

선생님은 잠깐 반장을 보고 생각에 잠기더니 알았다고 대답하고 들어가셨다.

　도서실에는 반장, 부반장, 총무와 분단장 네 명 그리고 미화부장이 모였다.
반장이 어떻게 해결책을 찾겠다는 것인지 재식은 감을 잡을 수가 없었다. 모
두들 앉지도 못하고 반장의 눈치만 보고 서 있었다. 반장이 의자를 끌어당겨
털썩 주저앉으며 입을 열었다.
　"너거들 생각에는 도둑놈이 누구 같노?"
　"딱 보마 모르나? 우리 반에 도둑질 할 놈이 누가 또 있노?"
　"하모, 그라제!"
　부반장과 총무가 서로 쳐다보며 맞장구를 쳤다.
　"오늘 봐, 체육 시간에 꾀병을 부리가, 혼자 남아 있는 기 다 계획적이라카
이!"
　"점심시간에는 왜 사라졌겠노? 켕기는 기 있으이 그런 거 아이가!"
　"수업에 늦게 온 거는 우짜고! 물에 빠진 생쥐맹크로 옷은 왜 홀딱 젖었는
데?"
　아이들은 저마다 반장에게 더 확실한 정보를 가진 것을 인정받기 위해 한꺼
번에 떠벌였다.
　"알았다! 부반장하고 총무만 남고 너거들은 교실로 가라, 마!"
　다른 분단장들과 교실로 돌아가며 재식의 마음도 심하게 흔들렸다. '진짜 칠
복이일까?' 아이들 모두가 칠복이를 범인으로 지목하고 정황이 그렇게 맞추
어지자 재식의 마음은 더욱 심란했다. 한편으로는 그럴 수도 있겠다는 생각이
들었다.
　교실로 돌아오자 선생님은 책상에 앉아서 뭔가를 보면서 반장을 기다리는
듯 했다. 아이들은 아까의 긴장감에서 약간은 해방되어 작은 속삭임으로 한
명의 도둑을 향해 무언의 성토를 하는 중이었다. 어떤 아이들은 쪽지에 뭔가
를 써서 서로 던져보며 칠복이 쪽을 흘겨보았다.
　재식이도 자리에 앉으며 칠복이를 슬쩍 훔쳐보았다. 창가 옆자리 맨 뒷줄에

앉은 칠복이는 표정 없는 얼굴로 창밖을 멍하니 바라보며 눈이 부신지 눈을 가늘게 뜬 채 미간을 찌푸리고 있었다. 망망대해의 작은 암초처럼 칠복이는 교실 안의 모든 아이들과 멀리 떼어져 있었다.

그 때 또 습관처럼 칠복이가 부른 노래가 생각났다. '내 어머니 가신 나라 해 돋는 나라' 엄마의 얼굴도 본 적 없다는 칠복이에게 그 노래는 과연 어떤 의미가 있었던 것일까? 그리고 그 눈물은 진실이었을까?

생각이 그에 미치자 재식은 자신이 바보 같다는 생각이 들었다.

재식의 생각이 그리 멀리 가지 못한 것은 반장 일행이 돌아왔기 때문이었다. 반장은 선생님께 가서 뭔가를 속삭였다.

"반장 니가 알아서 하거라, 마!"

선생님이 나지막이 하시는 말씀이 재식의 귀에도 들렸다. 반장이 교단 앞에 서고 부반장과 총무가 양 옆에 함께 섰다.

"지금부터 우리가 도둑놈을 잡기 위해 테스트를 할 끼다. 너거들은 눈을 꽉 감고 절대로 뜨면 안된다이. 도둑으로 몰리기 싫으마 절대 눈 뜨면 안 된다 알 것제, 자 전부 눈 감아라!"

재식은 반장이 숫제 자기가 선생님이라도 된 듯이 눈을 감으라는 것이 기분이 썩 좋지 않았다. 날씨도 더운데 짜증이 났다. 그래도 눈을 제대로 감지 않으면 도둑으로 몰릴까봐 질끈 감을 수밖에 없었다. 한편으로는 너무 눈을 질끈 감으면 의심받을까봐 최대한 자연스럽게 보이려고 애를 썼다.

눈을 감고 시간이 꽤 흐른 것 같은데 아무 소리도 들리지 않고 아무런 조짐도 없었다. 반장은 아이들의 눈을 감겨놓고 도대체 무얼 하고 있는 걸까? 슬슬 지루해지기까지 했다. 아이들 모두가 절대 침묵 속으로 침몰한 느낌이었다. 선풍기의 요란스런 흔들림조차 아득한 여운이 되었다.

바로 그 때 물에 젖은 차가운 손바닥이 재식의 이마에 와 닿았다. 깜짝 놀라 몸을 움찔하려다가 수상한 행동을 하면 괜한 의심을 받을 것 같아 겨우 참았다. 재식은 속으로 반장이 잔인한 놀이를 한다는 생각이 들었다. 아마도 반장은 이렇게 갑자기 놀라게 해서 반응을 보고 도둑이라고 지명하려는 심산인 것 같았다. 반장은 원래가 아주 차갑고 난폭했지만 그래도 이건 너무 유치한 짓이라는 생각이 들었다. 반장이 선생님에게 뭔가를 소곤거리는 소리가 귀를 간지럽혔다.

"자, 인자 눈을 떠도 된데이."

반장은 아주 의기양양하고 거만한 자세로 교단 모서리를 짚고 몸을 앞으로 굽힌 채로 이야기했다.

"우리가 방금 한 테스트는 도둑이 아니라카모 절대로 두려워하지 않는다는 것을 증명하기 위해서인기라. 내사 마 분명한 증거를 잡았다고 생각한다!"

그 때 선생님이 일어서서 교단으로 나오며 말씀하셨다.

"모두 6교시 종 칠 때까지 자습하고 있어라, 옆 반에 시끄럽게 하모 안된다이! 반장은 떠드는 놈 여기 이름 적어놓고, 그리고 칠복이는 교무실로 지금 오이라."

선생님이 교실을 나서자 교실 안은 술렁이기 시작했다. 반장이 시끄럽다고 해도 아랑곳하지 않았다. 칠복이는 엉거주춤 일어서서 아이들을 둘러보다가 발자국 소리도 없이 조용히 교실 문을 열고 사라졌다.

칠복이가 사라지고 나자 아이들의 웅성거림은 동굴 속 박쥐 떼의 이빨 소리처럼 교실 안을 가득 채웠다. 사냥을 끝낸 하이에나 떼가 먹잇감을 에워싸고 물어뜯듯이 '칠복이, 고아, 도둑놈' 이런 말들을 앞 다투어 토해내고 있었다. 반장은 아이들을 조용히 시킬 생각은 않고 만족한 미소를 띠며 교탁에 기대어 엎드렸다. 부반장이 다가가서 반장의 어깨를 쓰다듬으며 욕봤다고 격려를 해 주었다.

6교시가 끝나고 7교시가 시작되어도 선생님과 칠복이는 한 동안 돌아오지 않았다. 누군가가 교실 문을 열고 교무실로 향하는 복도 끝까지 정탐을 하러 갔다. 잠시 후 후다닥 거리는 소리와 함께 튀어 들어온 녀석은 "온다! 온다!" 하며 제 자리로 가서 앉았다.

칠복이가 혼자서 돌아 왔다. 얼굴을 어깨에 파묻은 채 어기적어기적 걸어서 자기 자리로 가서 책상에 얼굴을 파묻고 엎드렸다. 소란하던 교실이 냉동 창고 마냥 견고하게 굳어버렸다. 아이들 모두 도둑눈으로 칠복이를 훔쳐보았다. 어떤 아이들은 서로 눈짓을 하며 고개를 끄덕였다.

잠시 뒤 선생님이 들어오시자 반장은 제자리로 들어갔다. 교단에 서신 선생님은 한 동안 허공을 응시하며 말이 없었다. 아이들은 온 몸을 곧추세워 선생님 입에다 시선을 고정하고 완벽한 침묵의 동맹을 이루었다. 고개를 수그리고 있는 칠복이의 모습이 상대적으로 더욱 눈에 띄었다. 선생님은 '에-'하고 군소리를 길게 끌다가 입을 여셨다.

"오늘 반장이 학급비를 이자뿌는 불미스러운 일이 있었제, 그란데 칠복이가 자기가 가져갔다꼬 솔직히 고백을 했다이. 배가 너무 고파서 그랬다 칸다. 돈은 다 써뿌렸다 카네. 쌔임은 솔직히 고백한 칠복이를 용서할끼다. 너거들도 칠복이의 사과를 받아주고 너거들의 친구로 예전처럼 인정해주기를 바란데이, 알았제!"

아이들은 기어들어가는 소리로 '예에'하고 못마땅한 듯 대답했다.

"알았제!!"

선생님이 다시 다그치자 아이들은 마지못해 좀 더 크게 대답을 했다.

"칠복이는 나와가꼬 친구들에게 사과 한 마디 해라, 마."

칠복이는 소매로 얼굴을 쓰윽 닦고는 조용히 일어났다. 콧물 때문인지, 눈물 때문인지는 알 수가 없었다. 양말도 신지 않은 맨발로 교실 바닥을 쓸며 교단으로 나간 칠복이는 고개를 숙인 채로 한동안 쭈빗거리며 서 있었다. 그러다 갑자기를 고개를 쳐들었다. 차돌처럼 굳은 그 표정의 의미는 알기 어려웠다. 미안함일까, 부끄러움일까, 아니면 속상함일까? 재식은 한 번도 본적 없는 칠복이의 표정을 읽으려고 괜히 아랫배에 힘을 주었다. 교실 뒤쪽의 언제나 봐도 슬퍼 보이는 최규하 대통령의 사진에 시선을 고정시킨 칠복이의 충혈된 눈에 언뜻 눈물이 고인 것을 본 것은 재식이 뿐이었다.

"지가... 도둑질을... 했심더... 지가... 도둑놈이라예...지송합니더."

겨우 겨우 말을 이어가던 칠복이는 고개를 숙여 인사를 하며 다시 소매로 얼굴을 쓰윽 닦았다.

"그래 됐다, 마, 들어가이라, 그리고 너거들은 칠복이를 용서한다는 뜻에서 박수를 한 번 치자."

아이들의 차가운 시선과 의미 없는 박수 소리를 헤치며 칠복이가 자리로 돌아갔다. 재식은 학급비 분실 사건이 마무리된 것이 다행이라는 생각하면서도 뭔가 찜찜한 마음이 들었다. 개운치 않은 마음으로 다시 칠복이를 힐끗 돌아다보았다. 고개를 숙이고 있는 칠복이의 어깨가 약간 흔들리는 것처럼 느낀 것은 기분 문제였을지 모른다. 종례가 끝나고 가방을 챙기는 아이들의 소란함 너머로 반장이 소리쳤다.

"임원들은 가지 말고 현관 앞에 다 모이거래이!"

재식은 교실을 나서며 칠복이를 다시 흘끗 보았다. 아직 책상에 엎드린 칠복이는 움직일 생각을 하지 않았다. 그런 칠복이를 의식하는 아이는 아무도 없었다. 재식이도 그 무관심에 떠밀려서 교실을 나섰다.

"오늘 전부 욕봤데이! 그래서 내가 한 턱 쏠끼다!"

현관에 모인 임원들을 보고 반장이 웃음기 가득한 얼굴로 약간은 흥분한 채 말했다.

"역시, 반장이 최고데이!"

부반장이 반장의 어깨를 툭 치며 큰 입을 벌려 활짝 웃었다.

"어디로 갈 낀데?"

총무가 가방을 고쳐 매며 신이 나서 덧붙였다.

"오늘 신도극장에서 이주일이 영화 한다 아이가! 떡볶이 먹고 영화 보러 갈 끼다."

"우와, 이주일이 좋제! "

"제목이 '뭔가 보여드리겠심더' 아이가!"

아이들은 모두 신이 나서 하루 종일 괴롭히던 무더위쯤은 완전히 잊어 버렸다. 재식도 마음 한 구석에 남아 있던 개운찮은 감정의 찌꺼기를 기꺼이 날려

버리고 함께 신나서 가방을 공중에 힘껏 던졌다. 하루를 뜨겁게 달구던 태양은 오후의 허리를 여전히 붙들고 늘어졌다.

영화 시간이 아직 많이 남아 떡볶이 가게에 모두 자리를 잡았다. 길 건너 전파사에서는 한 달 넘게 떠들던 광주에 대한 뉴스가 막 끝나고 노래가 흘러나오고 있었다. 한 창 유행하는 '난 참 바보처럼 살았군요'가 더위로 달궈진 도로를 힘겹게 넘어 재식의 일행에게까지 들려왔다. 아이들은 모두 '난 참 바보처럼 살았군요!' 후렴구가 나올 때마다 크게 따라 부르면서 떡볶이와 오뎅이랑 찐빵을 경쟁하듯이 입에 퍼 넣었다.

"재식이 니 어디 아프나? 와 그라고 있노?"
아까부터 갑자기 말이 없어지고 멍하니 있는 재식을 보고 아이들이 가득 채운 입을 우물거렸다. 머리에 꽃을 얹은 길거리 여자처럼 멍하니 창밖을 보던 재식은 화들짝 놀라며 돌아앉았다.

"아이다! 내사 아무 일 없데이!"
그러면서 떡볶이를 찍어 연거푸 입으로 가져갔다. 그러면서도 재식은 흥분된 마음을 진정할 수가 없었다. 거대한 절벽처럼 갑자기 마주친 혼란스러움이 전혀 정리가 되지 않았기 때문이었다.

교문을 나서며 반장은 문방구에 맡겨둔 것을 찾아와야 한다고 아이들에게 먼저들 가라고 했다. 아이들과 함께 가던 재식은 화장실을 가기 위해 문방구로 뒤늦게 들어섰다. 그런데 화장실로 가다가 분명히 보았다. 반장이 문방구 아주머니에게 받아서 가방에 집어넣는 것이 무엇인지! 그것은 분명히 한국전력 마크가 선명한 1호 봉투였다. 아침에 자신이 방위성금과 학급비를 담아 건넨 그 봉투는 아버지에게 특별히 부탁해서 얻은 회사 봉투였다. 시중에서는 볼 수가 없는 봉투였기에 재식은 한눈에 알아보았다. 반장은 봉투가 좋다며 거기에다가 학급비를 보관한다고 가져갔었다.

그제야 아까부터 마음 한 구석에 남아 있던 찝찝한 감정의 실체가 무엇이었는지 선명해졌다. 칠복이가 돈을 훔쳐갔다면서 그 짧은 시간에 다 썼다는 선생님의 말씀은 말이 되지 않는 소리였던 것이다. 기껏해야 두 어 시간인데 그런 코미디 같은 말을 아이들 전부가 사실로 믿다니!

재식은 오래전부터 반장의 꼬붕이었다. 오후 수업이 없는 토요일에도 농구를 좋아하는 반장의 분위기를 맞추기 위해 도시락을 싸 와야 했었다. 어머니가 재식을 위해서 계란을 밥 위에 덮어서 도시락을 싸주면 괜스레 자신은 계란이 싫다며 반장의 김치와 바꾸어 먹었다. 농구 시합을 할 때도 반장의 말이 법이고 규칙이었다. 반장의 말에 토를 달면 잔인한 보복이 어떤 식으로든 가해졌기 때문에 그대로 따르는 게 오히려 편했다. 어쩌면 반장에게 잘 보이려고 재식은 더욱 우스개 몸짓을 했었는지도 모른다.

그래도 꼬붕 노릇을 잘해서 분단장 감투를 꿰찼을 땐 너무나 감격해했다. 자신이 인정받는 존재가 된 것이 다만 감격스러울 뿐이었다.

떡볶이의 매운맛이 가슴 가득 차올라 왔다. 또 다른 매운맛으로 매운맛을 누르며 떡볶이를 삼키듯 계속 입에 넣었다.

그 때 문득 칠복이의 눈물이 떠올랐다. '내 어머니 가신 나라 해 돋는 나라'

적어도 그 눈물이 거짓은 아니었다는 사실이 목구멍에 뜨겁게 올라왔다. 순간 구토가 확 치밀었다. 재식은 후다닥 자리를 박차고 가게 밖으로 뛰쳐나가 가로수에 도달하기 무섭게 그대로 토해내고 말았다.

구토는 계속되었다. 꾸역꾸역 먹은 떡볶이뿐 아니라 아직 소화되지 않은 점심 먹은 것까지 깡그리 속을 긁고 올라왔다. 콧구멍으로 매운맛이 흘러나와 눈물과 콧물이 함께 삐져나왔다. 건너편 전파사에서는 조용필의 한오백년이 구슬프게 흘러나와 재식의 땀방울 맺힌 이마를 식혀 주는 듯했다.

마침내 구토가 멈추자 나무둥치를 의지하여 수그린 몸을 일으키며 하늘을 보았다. 드디어 태양은 마지막 열기를 다 소진하고 극장 지붕에 걸려 넘어가고 있었다. 길었던 하루의 무더위가 이제 그 명을 다할 작정이었다. 뒤틀리는 속을 진정시키며 주변을 둘러보던 재식의 눈에 떡볶이 가게 앞의 그늘막을 고정 시키는 돌멩이가 눈에 들어왔다. 그 돌멩이는 마치 오랜 세월 재식을 기다려 왔다는 듯이 재식의 심장에 와서 쿵 박혔다.

"반장..."

둘러앉아 떡볶이의 마지막 잔재를 들추느라 재식의 존재를 까마득히 잊은 반장의 뒤에서 재식은 나지막이 반장을 불렀다. 포크에 떡볶이를 찍은 채로 반장이 뒤로 돌아보았다. 재식과 반장의 눈이 마주쳤다. 아이들의 모든 시선이 자연스레 따라왔다. 생각해 보니 반장의 눈을 정면으로 쳐다본 적이 없었다는 생각과 함께 재식은 돌멩이를 쥔 손에 한껏 힘을 주고 아래로 내리찍었다.

"으악!"

비명과 함께 반장의 이마에서 붉은 피가 솟구쳤다. 이마를 움켜잡은 반장의 손 밑으로 피가 흘러 금세 얼굴을 적셨다.

"아이고, 와 이카노!"

"재식아 니 미쳤나!"

"엄마야! 나 몰라!"

재식은 아이들의 비명과 외침 속으로 돌멩이를 내던지고 가방을 집어 들었다. 그리고 고통과 두려움으로 계속 비명을 지르고 있는 반장을 다시 한번 내려다보며 바깥으로 나왔다.

땅거미가 지는 거리에는 질긴 무더위에도 끝내 굴복하지 않은 바람이 일기 시작했다. 시원함 마저 느끼게 하는 바람이 앞쪽에서부터 불어오고 있었다.

재식은 하루의 열기로 데워진 온몸에 맞바람을 맞으며 서두르지 않고 앞으로 나아갔다.

두 재수생

(1)

　　　　　　문풍지는 겨울을 연주하는 바이올리니스트처럼 전신을 떨며 울어 젖히고, 엉성한 틈새로 싸늘한 냉기가 들어왔다. 멀리 개 짖는 소리는 북풍의 날카로운 채찍에 흩어져 버리고, 밤이 깊어갈수록 기적 소리는 점점 가까워졌다.

　형민은 옷도 벗지 않은 채 누워 천장만 뚫어지게 바라보았다. 유령의 울음소리 같은 저 바람에 지붕이라도 날아가 버렸으면 하는 야릇한 망상이 자꾸만 구렁이처럼 감싸 돌았다. 옆에서 자고 있는 동생들은 입을 오물거리며 꿈을 먹고 있었다. "후우-" 하고 내뿜는 한숨이 천장에 받쳐 되돌아와 얼굴 위에 떨어졌다. 까닭 모를 허탈감이 휭하니 바람을 일으키며 스쳐갔다. 방안에 자욱한 안개라도 끼인 듯이 가슴이 꽉 조여왔다. 도저히 잠이 올 것 같지 않았다. 형민은 개구리가 튀어 오르듯이 몸을 뒤틀며 벌떡 일어섰다. 방문을 왈칵 열어젖히자 찬물을 뒤덮어 쓴 것처럼 매서운 바람이 온몸을 휘감아 돌고, 방문도 춥다는 듯이 몹시 떨어댔다. 잠이 깬 동생들은 춥다고, 인상을 찡그린 채 혀 꼬부라진 소리를 내었다.

　엉성한 대문을 열고 나서면 어둠에 파묻힌 긴 골목이 나온다. 형민의 집은 그 골목 끝의 철길 가에 있었다. 형민은 어깨를 움츠리며 양손을 겨드랑이에

발을 씻는 빌라도　　　　　　　　　　　　　　　　　　　　　　　　　111

끼고는 철길로 올라섰다. 만날 수 없는 두 평행선이 저 멀리 모퉁이를 돌아서 사라진 흔적을 망연히 쳐다보았다. 차가운 바람은 기적소리 대신 윙윙거리는 금속음을 울리며 그대로 열차가 되어 레일 위를 달리고 있었다. 레일은 도깨비불이라도 붙은 듯 새파랗게 빛이 났다. 실상은 추운 날씨에 맨살을 드러낸 레일이 얼어붙은 것일 게다. 받침목 한가운데 서서 형민은 추위를 느끼며 걷기 시작했다.

한 칸, 한 칸, 육중한 기차가 움직이듯 천천히 발을 옮겨 놓았다. 레일 위를 구르는 쇠 바퀴 소리 대신에 조그만 자박거림이 어둠과 찬 공기 속에 몸을 떨며 흩어져 갔다. 지나간 1년여 여운이 기적을 울리며 되살아나서는 어둠 속으로 사라져 버리곤 했다. 철길을 따라 얼마쯤 가면 개천이 나온다. 형민은 그가 자주 가던 다리 난간으로 가기 위해 샛길로 접어들었다.

하늘은 바다가 얼어붙은 듯 암청색의 빙판이 되었고, 희미한 별빛은 번뜩이던 그대로 고드름이 되었다. 낮이면 더러운 오물과 잡동사니가 떠다니는 곳이지만 밤이 오면 그 물에도 별들이 사는 아름다운 안식처로 변하고 운치가 넘치는 곳이다. 이 다리 난간에 서면 언제나 온갖 일들이 물결에 떠내려와 가슴에 되살아나고 또 모든 서글픈 일들이 다 씻겨 내려가는 것이었다. 다시 말하면 더럽고 냄새나는 하수이긴 했지만, 별이 떠 있는 그 물결의 설렘은 형민에게 있어서는 삶을 풍만하게 하는 청량제 같은 것이었다. 지금은 꽁꽁 얼어붙은 빙판에 불과하지만.

지금 형민에게는 지나간 한 해 동안의 영상들이 별빛처럼 깜박이며 떠올랐다. 숨 막히는 답답함과 초조함으로 지내온 재수생의 한해가 빙판 위에 되살아났다간 미끄러져 가곤 했다.

(2)

재수생! 그 서글픈 의미를 어떻게 표현할까? 그것은 이 세상 어느 족속에게도 포함이 될 수 없는 외계인 같은 존재였다. 집안 식구들로부터 친구들, 이웃집 아주머니, 버스 안내양에 이르기까지 눈치가 보이는 불쌍한 미아 같은 존재였다. 그래, 그것은 분명히 정지된 청춘의 삶이었다. 존재하면서도 의미를 도저히 가질 수 없는...

그러나 인간에게 다시 한 번의 삶의 기회가 주어진다는 것은 얼마나 다행한 일인가?

"오, 주여! 내 기도가 부족한 탓입니까? 이 내 신세가 어이 이리 박복합니까? 남편복 없는 년이 무슨 자식복이나 있을까 하고 저 놈 하나 대학 보내는 게 소원이었더니, 아이구... 없는 형편에 남의 문전 걸식 해가며 그것만을 희망으로 살아왔는데, 오, 주여..."

형민이가 시험에 떨어진 날 윤여인은 툭하면 감격한 변사가 웅얼거리듯이, 골무처럼 손가락에 끼고 돈주머니처럼 허리춤에 차고 다니던 "오, 주여!"를 연발하며 밤을 지새웠었다.

형민의 재수 아닌 죄수생의 시작은 그렇게 어머니의 눈물로서 시작이 되었다. 어머니가 "오, 주여!"를 읊조릴 때마다 형민은 온몸에 송충이가 기어다니는 듯한 역겨움을 느꼈다. 주일마다 어머니를 따라서 어쩔 수 없이 교회는 가긴 했지만, 아무리 둘러보아도 하나님은 가난하고 힘이 없는 그들에게는 관심이 없는 게 분명했다. 형민은 그 하나님에 대한 불만이 항상 가득했다. 그 치사한 하나님은 누구보다 정직하며 성실했고, 삶을 위해 그토록 몸부림치셨던 아버지를 빼앗아 가버렸다. 죽음과 영원의 갈림길에서, 어쩔 수 없는 체념의 눈망울로 소리 없이 눈물만 흘리시던 아버지. 그 눈물은 어머니의 한탄강이 되어 버렸고, 삶을 붙잡기 위해 허공을 손짓하던 아버지의 여윈 손마디에서 마지막으로 느꼈던 인생의 싸늘한 냉기는 그대로 형민의 가슴에 화석이 되어 남아 있었다. 의사가 되어 그 원수를 갚겠다던 결심은 자신과의 싸움, 하나님과의 대결로 다시 시작되었던 것이다.

(3)

봄은 가난한 집 장롱 속에 먼저 찾아든다. 철이 바뀌면 가난한 살림이 더욱 궁색해 보이기 때문이다. 마당에 서있는 버드나무는 아침이슬을 머금고 더욱 새파랗게 물이 올라 쐐재재 때가 흐르는 집안 살림을 더욱 초라하게 만드는 것 같았다. 윤여인은 한참이나 장롱을 뒤지다 길게 탄식조로 한숨을 내쉬었다. 아직도 겨울 털옷을 벗지 못한 등골은 축축한 느낌이 들었고 이마에도 땀방울이 배어났다. 3월도 벌써 중순을 넘고 있었다. 윤여인은 스웨터 하나를 양손으로 쥐고는 툭툭 흔들어 털었다. 수년째 계속 입어 분홍색 스웨터가 희끄므레하게 퇴색이 되었다.

아까부터 어머니의 행동을 곁눈으로 짐작하고 있던 형민은 머리를 감싸쥐고 책상에 엎드렸다. 스웨터를 갈아입은 윤여인은 다시 장롱을 간추리고는 방금 벗은 털옷을 움켜쥐고서 일어섰다.

"왜 그러느냐? 공부하지 않고..."

내심 윤여인도 짐작 않는 바는 아니었다. 그러나 신앙심 깊은 윤여인은 좌절을 모르는 사람이었다. 그래서 그를 아는 사람이면 누구나 한 번쯤 그를 독한 사람이라고 입에 올려대곤 했다. 그것은 나쁜 의미에서보다는 어떻게든 악착같이 살아보려고 바둥대는 그 의지와 부지런함에 대한 감탄에 가까운 찬사였던 것이다. 때문에 언제부터인가 윤여인의 별명이 치마 두른 남자로 통하고 있었다.

"공부나 열심히 하거라. 다른 곳엔 신경쓰지 말고."

윤여인은 마당으로 내려서면서 나직히 얘기했다.

"엄마, 공부보단 인생이 먼저잖아!"

형민은 고개를 들며 거의 신경질적으로 소리쳤다. 마당으로 내려서던 윤여인은 반사적으로 되돌아 섰다.

"인생이라니? 돈 말이냐? 돈을 쌓아놓고 공부하는 사람이 하늘 아래 몇이나 된다고 그러느냐! 배우는 데는 때가 있는 법이야! 남자는 배워야 해! 배울 땐 아주 그냥, 어금니 꽉 깨물고 무슨 수를 써서라도 배우는 거야! 배우지 못한 인생은 항상 변명거리밖에 되지 않는 법이야..."

형민은 그런 어머니의 말에 거부감을 느끼지 않을 수가 없었다. 혼자서 고생하는 어머니를 보면서 자신을 정당화 하기에는 현실이 너무나 초라했다. 아버지 없는 집안은 자신에게도 분명 책임 있다는 것을 느끼고 있었기 때문이었다.

"집안 걱정은 하지 말아라. 이 에미 혼자서도 아직은 충분하지 않으냐? 그리고 내달부터는 꼭 학원에 가도록 해라."

윤여인은 방문 앞에 놓은 화장품 보따리를 양손에 들면서 얘기했다.

"다녀오마, 공부 열심히 하거라."

화장품 보따리를 든 윤여인의 양어깨가 축 처져 보였다. 그런 어머니의 뒷모습을 물끄러미 바라보는 형민의 가슴이 아팠다. 어머니가 집집마다 행상을 다니는 것도 싫었지만, 그것은 육체적으로 너무나 고된 일이었다. 코끝이 찡하며 울컥 목이 메인 형민은 다시 책상에 엎드렸다.

(4)

"아니, 윤씨! 요즘 실적이 왜 이 모양이오! 당신, 장사를 하는 거요, 유람을 다니는 거요!"

"죄송합니다..."

"말로만 죄송할게 아니라 장사를 하려거든 똑바로 하시오!"

발발이 소장이 또 시작이었다. 윤여인의 입금액이 적다는 것이었다. 보따리를 든지 벌써 3년이 넘었다. 그동안 큰 돈은 벌지 못했지만, 아이들 공부를 시키고 조그만 전셋집이라도 마련할 수 있기까지는 이런 욕은 수도 없이 얻어먹어야 했다. 당장이라도 보따리를 집어던지고 싶은 때가 한두 번이었을까마는 자식을 위한 집념은 윤여인을 무섭고도 독한 사람으로 만들었다.

윤여인이 맡은 구역은 하필 재개발구역인 철길 윗동네 판자촌이었다. 화장품 장사를 하는 자신은 좀처럼 화장을 하지 않으면서도, 하루 벌어 하루 먹고 사는 그네들에게 화장품을 팔아야 하는 것은 정말 가슴 아픈 일이었다. 그래서 윤여인은 그 집 형편을 봐서는 화장품이야 값이 떨어진다고 질이 떨어지는 것도 아니고 하니까, 값싸고 오래 쓸 수 있는 것으로 쓰라고 권하곤 했다. 그러나 남편들이 배추장사, 무장사, 또 공사판에서 막노동을 해서 뼈 빠지게 벌어다 준 돈을 귀한줄 모르는 허파에 바람들고 화냥끼가 끼인년들도 간혹 있는 법이었다. 그들은 윤여인이 타이르면 되려 윤여인이 보랍시고 다른 외판원에게 비싼 화장품을 사는 것이었다. 재개발 구역의 무허가 판자촌에 무어 뜯어먹을 게 있다고 윤여인 말고도 다른 회사 판매원이 둘이나 더 있었다.

그러니 서로들 경쟁을 하게 되고 그런 판에 얼빠진 단골이라도 빼앗기고 나면 그 쓰라린 가슴이야 어디다 비할까. 이러고 보니 윤여인의 매상액이 줄어들고, 따라서 입금액이 적으면 새파랗게 젊은 소장 녀석에게 심하면 욕지거리까지 얻어먹어야 했던 것이다. 그럴 때마다 머리끝까지 솟구치는 자존심은 보따리를 당장이라도 집어던질까 했지만, 자식들을 위한 집념이 항상 조금 더 강했다.

오늘도 소장이 악을 쓰는 이유는 윤여인이 이익이 많은 고가품을 잘 팔지 못하기 때문이었다. 윤여인에게는 그것이 괴로웠다. 천성적으로 윤여인은 이런 장사를 할 성격이 아닌 것을 스스로도 잘 알고 있었다. 그래서 어떻게 해서든 다른 장사라도 해볼까 했지만 선뜻 결정지을 수도 없는 일이었다.

이런저런 생각에 파묻혀 윤여인은 지금 바삐 비탈길을 오르고 있었다. 저 윗집 청주댁 큰딸이 시집을 간다고 조금 전 아랫동네 구멍가게 하는 영희 엄마에게서 들었기 때문이다. 혼수 화장품을 맡으면 그건 단번에 큰돈이 떨어지는 횡재다. 게다가 외상이 아니고 당장에 현찰을 손에 쥘 수가 있다. 하늘에는 짧은 해가 벌써 많이 기울었기 때문에 빨리 서둘러야 했다. 그러나 어제 내린 비로 땅바닥은 아직도 질퍽해서 고무신이 자꾸만 들어붙었다. 한발짝씩 옮길때마다 발에 힘을 주어 떼어내야만 했다. 가득 담은 화장품 보따리는 감각이 없어져 버린 양쪽 어깨를 더욱 잡아 당겼다.

(5)

끄응, 끙... 벌써 20분 이상이나 이러고 앉아 있었다. 그래도 배만 자꾸 아프고 똥은 나올 생각을 않았다. 근 일주일 동안 속을 비우지 못했다. 뱃속에 기름기가 다 말라버린 탓인지, 재수 아닌 죄수생의 압박감 때문인지 지독한 변비가 온몸을 뒤틀리게 하였다. 형민은 재래식 변소에 앉아 우거지상이 되어 중얼거렸다.

"*끄끄, 끙!* 아이고, 하느님! 아이고 배야..."

얼굴은 힘을 주어서 술취한 사람마냥 벌겋게 되었고, 곧 죽을 것처럼 찡그린채 어금니를 꽉 깨물고 다시 아랫배에 힘을 주었다. 이익! 익! 마침내 항문에 심한 통증과 함께 묵직한 무게가 느껴졌다. 아홉갈래 뒤얽힌 매듭이 풀리듯이 시원하고 상쾌한 기분이 전신에 쫙 퍼졌다. 심봉사가 눈을 뜬들 그렇게야 시원했으랴!

그러나 항문의 통증이 무척 심하게 느껴졌다. 기본자세에서 엉거주춤 엉덩이를 치켜들고서 휴지를 뒤로 가져갔다. 싸늘한 감촉이 엉덩이에 닿아 항문은 더욱 화끈거렸다. 뒤를 닦은 휴지에는 흥건히 피가 묻어 있었다. 순간, 형민의 머리끝이 쭈뼛 솟는 것을 느꼈다. 똥구멍이 찢어졌다!

변소문을 발길로 걷어차며 느릿느릿 거위 걸음으로 걸어 나왔다. 잘 걷지도 못할 만큼 항문이 화끈거렸다. 왈칵 방문을 열어제치고 문턱에 걸 터 앉았다. 방안에 있던 동생 성민이가 못마땅한 눈으로 쳐다보았다. 형민은 공연히 부아가 치밀어 올랐다.

집집마다 구걸하다시피 무거운 보따리를 들고 다녀야 하는 어머니. 그러면서도 철이 바뀌면 입을 옷 하나 제대로 없고, 야비한 하나님은 아버지를 빼앗아 가 버렸고, 대학이 밥 먹여 주는 것도 아닌데 그 환상을 쫓아 다람쥐 쳇바퀴 돌듯 다시 시작해야 하는 자신과의 싸움, 무엇보다 끝도 없을 것 같은 이 쪼들린 생활.

며칠 전이었다. 윗동네를 지나다 우연히 형민은 가슴이 터지는 일을 목격했다. 일부 판자촌이 헐린 공터에 우뚝 세워진 이층집 앞에서 어머니가 문 좀 열어달라고 애원하고 있는 것을 보았다. 그러나 인터폰에서 흘러나오는 그 앙칼진 목소리는 꼭 밥이나 얻으러 온 거지를 대하듯이 고함을 지르며 막무가내로 다음에 오라는 것이었다. 형민이가 뒤에 서있는 줄도 모르고 무척이나 힘이 빠진 모습으로 뒤돌아 서던 어머니. 그때 처음으로 어머니도 연약한 여인의 아픔을 가졌었구나 하고 형민은 소름 돋게 느껴야 했다. 형민을 보고서 무척이나 당황해하던 그 모습은 자식들을 위한 어머니로서의 집념의 일면을 보여 주었다.

그날 밤, 형민은 다리 난간으로 찾아가서 소리없이 오래도록 울었다. 지금도 형민은 단전에부터 끓어오르는 분노에 사로잡혀 있었다.

"우라질! 가난도 어느 정도라야지, 정말 지긋지긋해! 내 주제에 대학이 다 뭐야! 대학이고 뭐고 콱 죽어버릴까 보다, 씨..."

방문턱을 주먹으로 내리치며 형민은 고함을 질렀다. 욱하는 성미가 있는 형민은 항문이 화끈거릴수록 제풀에 자꾸 화가 돋아났다.

"이야아아...!"

허공에다 대고 악을 쓰며 소리를 질러대었다. 그리고는 벌렁 방바닥에 드러누웠다. 그때였다.

"야, 임마! 그렇게 답답하면 가서 돈 벌어 오면 되잖아! 엄마가 누구 때문에 저 고생을 하는데 병신 같은 자식!"

방안의 책상에 앉아 있던 동생 성민이가 소리쳤다. 형민이가 재수를 하고부터 사사건건 시비를 걸며, 형민이가 재수를 하기 때문에 엄마가 더 고생하는 거라며 언제나 못마땅해했다. 대개의 경우 형민이가 참았다. 제 스스로 죄인된 몸으로 여겼기 때문이다. 그러나 지금 잔뜩 곪아있는 형민이가 참을 리가 없었다. 이글대던 용암이 분출구를 찾은 것이었다.

"뭐야, 이 자식이 말 다했어! 항상 참고 있으니까 정말 누굴 병신으로 알아! 너만 엄마 걱정하는 줄 알아! 내 마음은 편할 것 같아, 임마!"

제철만난 개구리처럼 방안으로 뛰어 들어간 형민은 몸을 돌려 피하는 성민의 뺨을 사정없이 갈겼다. 철썩! 하는 마찰음과 동시에 자리에서 벌떡 일어난 성민은 형민의 멱살을 움켜잡았다.

"어, 이게 때려! 뭐가 잘났다고 때려! 이 병신아!"

성민은 고함을 지르며 움켜잡은 멱살을 격렬하게 흔들어 대었다.

"이거 놓지 못해! 죽고 싶어 환장했어?"

멱살을 움켜잡힌 형민은 화가 머리끝까지 솟구치며 자제력을 완전히 잃어

갔다. 성민이 보다 키가 작은 형민은 이리저리 흔들리면서 되는대로 주먹을 휘둘렀다.

"그래, 환장했다! 죽여라! 이 개똥같은 병신아, 죽여보란 말이야!"

성민도 더욱 세게 흔들어 대며 악을 써댔다. 책상 위의 책꽂이가 와르르 무너지고 방문이 찢겨져 날아갔다. 곧 집이라도 무너질 형편이었다.

딸을 시집보내기 전에는 이집 저집 아낙네들이 모여와 입방아가 자연 많아지는 법이다. 윤여인은 청주댁과 이웃 몇몇 아낙들과 얘기꽃을 피우며 시간 가는 줄 모르고 있다가 아차 싶어 자리에서 바삐 일어섰다.

봄날의 짧은 해는 졸리운 듯 하품을 하고 있었고 서쪽 하늘은 알맞게 익어 있었다. 시간이 없어 영업소에 들리지 못할 것 같았다. 이 길로 장을 보아서 빨리 가서 아이들 저녁을 지어주어야 한다. 아침때보다는 보따리가 많이 가벼워졌지만 그래도 미친 걸음을 치기에는 힘에 겨운 것은 여전했다. 비좁은 시장바닥을 헤치고 다니며 한 푼이라도 아끼기 위해 장사치들과 입씨름을 하는 것도 고된 일이었다.

그렇게 정신없이 하루를 보내고 집으로 돌아올 때면 이미 하늘엔 별이 총총하고, 몸뚱이는 소금에 절인 배추처럼 녹초가 되어 갔다. 그러나 오늘은 마음만은 가벼웠다. 혼수 화장품을 맡았고 수금도 비교적 좋은 편이었기 때문이다. 아이들이 기다릴 것을 생각하면 아무래도 걸음이 마음에 차지 않는다.

골목 어귀에 이르러서야 손에 든 것을 바닥에 내려놓고 잠시 숨을 돌렸다. 다시 보따리를 들고 집 앞까지 왔을 때였다. 골목으로 나있는 아이들 방문으로 고함소리며, 와장창 깨어지는 소리가 터져 나왔다. 윤여인은 정신 나간 사람처럼 대문을 밀치고 달려 들어갔다.

"엄마!"

마당에서 떨고 있던 혜민이와 경민이가 엄마를 보고는 울먹이며 달려왔다. 방문 앞에 선 윤여인의 눈에 보이는 꼴이 가관이었다. 폭격 맞은 집처럼 온 방에 책이며 옷가지들이 흩어져 있고 그 위에 두 녀석이 싸움닭처럼 엉켜 흐느적거리고 있었다.

"왜들 이래! 이게 뭐 하는 짓들이야! 에미 죽는 꼴 보고 싶어서 그래, 응! 어서 놓지 못해!"

윤여인은 화장품 보따리와 반찬거리들을 마당에 내팽개치면서 호통을 쳤다.

형민이와 성민이는 어머니의 호통에 깜짝 놀라 돌아다보면서도 서로 멱살을 쥔 손은 놓지 않았다.

"어서 놓지 못해!"

윤여인이 다시 소리치자 감전당한 미꾸라지들처럼 둘은 떨어졌다.

"내가 누굴 믿고, 무슨 희망으로 살아가는데, 너희들이 이러면 난 어쩌란 말이냐, 이놈들아! 흐흐흑..."

윤여인은 쓰러지듯 땅바닥에 주저앉아 흐느끼기 시작했다. 이런 일이 있을 때마다 참았던 설움과 아픔이 한꺼번에 터져 나오는 것이었다. 형민이와 성민이는 어쩔줄 몰라 주섬주섬 방을 치우기 시작했다. 엄마가 울자 혜민이와 경이도 엄마 곁에 와서 같이 울음보를 터뜨렸다.

그날 밤, 언제나 조그만 잘못이 아이들에게 있어도 그것은 자기가 못나고 부족한 탓이라고 여기는 윤여인의 '오, 주여!'는 밤이 늦도록 계속되었고, 모두들 뱃속에서 들리는 거지 행진곡에 잠을 청해야 했다. 똥구멍이 찢어진 맥 풀리는 하루였다.

(6)

가만 앉아 있기만 해도 등줄기에서 땀이 배어났다. 올여름은 지독히도 극성이다. 형민은 더위와 졸음을 참지 못해 마당으로 나와 버드나무에 기대앉았다. 게다가 배도 고팠다. 아직도 엄마가 오려면 한참은 있어야 할 것 같다. 우중충하게 흐리면서도 어두운 걸 보니 한바탕 비가 내릴 심산이었다. 대문 곁에 있는 개집 앞에는 커다란 누렁이가 혀를 빼물고 늘어지게 자고 있었다. 형민은 그게 그렇게 부러울 수가 없었다. 저놈의 개는 주인이 주는 밥이나 먹고, 잠 오면 잠이나 자고, 그 누가 그랬던가? 개 팔자 상팔자라고. 재수생 팔자 단 하루라도 저렇게 늘어져 봤으면...

　형민은 지금 마당에 앉아 개 팔자를 부러워하고 있는 것이었다. 그것은 형민이 뿐만 아니라 현실의 외계인인 모든 재돌이, 재순이들은 같은 심정일 것이다. 재수생, 그것은 어쩌면 오늘날 청년 문화의 대명사일런지도 모른다. 이보다 더 힘든 직업이 세상에는 다시 없으리라. 멈추어 버린 청춘의 보상은 어디서 찾아야 하는 것인가...

　끝내 소나기가 한바탕 극성을 부리더니, 지금은 밤이 깊어가는 소리가 마당에 가득히 내리고 있었다. 천둥이 울고 난 뒤의 가랑비는 보채는 아기를 달래는 자장가처럼 고요함을 실어다 주었다. 시끄럽기만 한 현상의 모든 소음들이 운율 속에 지워졌다. 그 가느다란 줄기 사이로 주인집 대청의 궤종시계가 자정을 알리는 소리가 들려왔다.

　비만 오면 물이 새는 천장에서는 아직도 물방울이 똑, 똑, 떨어져 신경을 긁어 대었다. 게다가 저녁을 먹은 지 불과 몇 시간인데 무척 허기가 졌다. 형민은 의자를 밀치고서 밖으로 나왔다. 빗줄기가 마당에 고인 물 위에 동그라미를 그리는 게 새어 나온 불빛에 희미하게 보였다. 바람이 불때마다 산발한 여인처럼 휘청이는 버드나무는 언제 보아도 무서움을 자아낸다.

　형민은 부엌문을 열고 더듬거리며 들어가 불을 켰다. 찬장을 열어봤지만 먹을 거라고는 초냄새나는 김치 뿐이었다. 솥뚜껑을 들춰보아도 밥 한 알 남아 있지 않았다.

"휴우! 먹을 게 이렇게도 없어, 내 참..."

　그리고는 쌀독을 열고 쌀을 한 줌 집어서 입에다 틀어넣었다. 와작와작 씹은 뒤에 김치 한 잎을 손으로 집어 먹었다. 짧은 여름밤은 곧 샐테니까...

　잠자리에서 형민의 소리를 듣고 있던 윤여인의 귀밑으로 소리없는 빗물이 옮겨갔다. 이를 악물었다. '형민아 미안하다. 우리 조금만 참자꾸나. 우리도 옛날 얘기하며 살 때가 오겠지.' 그렇게 외쳐보는 터질듯한 가슴에 오늘 낮에 있었던 일들이 되살아났다.

"아니! 내가 뭐, 돈 십만 원 갖고 벼락부자라도 될 것 같아 이러는 줄 알아? 우리는 그렇게 계산이 틀리고는 못 참는 성미라구!"

"사모님, 제 말좀 들어보세요. 보따리 든 지 삼 년이 지났지만, 아직껏 계산이 틀리거나 남을 속인 적이 없어요. 제 장부를 믿어 주세요!"

"흥! 그 참 답답하네! 열 길 물속은 알아도 한 길 사람 속은 누가 알아? 내 말귀를 그래도 못 알아 듣남, 정 그렇다면 전부 계산해 보라구!"

남편이 세무서 과장이라던가, 수다스럽기로 소문난 장씨는 바나나를 까서 입에 넣고 우물거리며 소리쳤다. 윤여인의 얘기를 들을 필요도 없고, 자기 생각만 무조건 옳다고 우겨대는 것이다. 이 판자촌에 제일 먼저 들어선 이층집, 그것은 마치 성곽처럼 우뚝 솟아, 앙상한 겨울나무 같은 판잣집들을 가소로운 듯이 내려다보고 있었다. 장씨는 바로 그곳의 성주나 된 것처럼 언제나 사람들을 멸시하는 것이었다.

3주쯤 전, 지난번 반상회에서였다. 어떻게 된 셈인지 장씨는 반상회에 와서 자기의 사적인 돈거래하는 것을 좋아했다. 곗돈을 주거나 다른 사람에게 돈을 빌려줄 때, 심지어 외상값까지도 으레껏 동네 사람들이 모인 반상회에서 돈을 건네주는 것이었다.

그런데 그날 장씨가 화장품값이라며 돈 십만 원을 주는 것이었다. 그렇게 돈자랑을 하면서도 외상값을 잘 주지 않기로 소문난 장씨였다. 외상값을 받으러 갈량이면 아예 대문 안으로 들어오지도 못하게 하고 거지를 내쫓듯 쫓아버리는 식이었다.

그래서 반가운 마음에 우선 주는 돈을 받았다. 그런데 장부에 기재를 할 때 혼자서 한 게 실수였다. 돈을 받으면 반드시 양편이 잔액을 확인하고 계산을 맞추어야 하는 건데, 집에 돌아와 혼자서 돈 받은 금액만큼 장부에서 장씨의 잔액을 제했던 것이다. 그런데 지금 장씨는 윤여인이 장부에 기재하지 않았다고 우기며 다시 십만 원을 제해야 한다는 것이었다. 장부의 날짜를 보이며 아무리 얘기를 해도 막무가내였다. 윤여인은 가슴이 꽉 막히도록 답답해지고 눈물이 핑 돌았다. 방법이 없는 것이다. 장씨가 자신에게 돈을 주는 것을 본 사람은 많았지만 자기가 장씨 잔액을 제하는 것을 본 사람은 아무도 없으니 말이다.

언제나 자기가 필요해서 화장품을 사놓고서 불쌍해서 팔아준다느니 어쩌니 하며 사람의 가슴을 칼로 도려내듯이 자존심을 짓밟는 장씨였다. 그럴 때마다 다시는 이 집에 오지 말아야지 하고 다짐을 해보았지만, 아니꼽고 더럽더래도 한 푼이라도 더 벌어야 한다는 생각에 다시 오게 되곤 했었던 것이다.

결국 눈물을 머금고 윤여인이 양보하는 수밖에 없었다. 십만 원은 자신이 물어야 하는 것이다. 십만 원을 벌려면 몇 일 동안은 어깨를 짓누르는 무거운 보따리를 들고 이 골목 저 골목 돌아다녀야 한다.

의기양양해진 장씨가 입을 우물거리며 한다는 소리가 "돈 몇 푼 갖고 바둥바둥 거려봐야 다 소용없는 짓인 걸, 진작 그럴 것이지, 호호호…" 남편이 매달 꼬박꼬박 월급을 가져다주는 대로 앉아서 쓰기만 하면 되는 장씨에게야 돈 십만 원이 푼돈이겠지만, 남편 없는 홀몸으로 네 아이들의 가장으로 가정을 꾸려야 하고, 공부하는 아이들에게 천 원짜리 라면 하나 밤참으로 사주는 것도 힘에 겨워 바들바들 떠는 윤여인의 형편에는 그 돈이면 일주일은 족히 살아가는 생활비였다.

영업소로 돌아가는 윤여인의 가슴은 말할 수 없이 착잡했다. 이젠 화장품 장사에는 몸서리가 쳐졌다. 별의별 거짓말을 다 해대며 순진한 사람들에게 물건을 팔아야 하기도 했지만, 오늘처럼 가슴 터지는 일들은 한두 번이 아니었다. 무엇보다 남의 집 대문을 두드리며 죽을 죄라도 지은 것처럼 굽실대야 하고, 사나운 개라도 없는지 마음 졸여야 하는 역겨움에 극한 한계를 느꼈다. 게다가 오늘은 물건이야 몇 만 원어치 팔았지만 입금액이 고작 몇 천 원뿐이었다. 소장과 사무장이 벌겋게 해서 잡아먹을 듯이 달려들 것을 생각하면 벌써부터 소름이 쫙 끼쳤다.

"당신 말이요, 윤씨! 누구 영업을 망치려고 그래요? 당신, 장사를 하러 다니는 거요, 사기를 치러 다니는 거요!"

"무슨 말씀을 그렇게 하세요? 사기를 치다니..."

영업소를 들어서자 다짜고짜로 소장이 새우눈 같은 두눈을 부릅뜨고 흥분해서 소리를 쳐대었다.

"장여사의 잔액을 속일려고 했다면서!"

장씨가 그새 전화를 한 모양이었다.

"아니, 소장님! 속사정을 어떻게 아신다고 말씀을 그렇게 함부로 하시는 겁니까?"

"시끄러워요! 장여사 같은 고객을 다른데 빼앗기기라도 하면 어쩌려고 그래요, 응! 게다가 강주사께서는 우리 관할 세무서 과장이시잖소!"

강주사는 장씨의 남편을 두고 하는 말이다. 소장은 강주사라면 고양이 앞의 쥐마냥 꼼짝도 못했다.

"잘 사귀어 놓아야 우릴 잘 봐주실 거 아뇨! 당신 때문에 이미지가 흐려진다면 어떡할 거요!"

"아니, 소장님!"

말할 수 없는 설움과 분노가 한꺼번에 가슴 저 깊숙한 곳에서부터 솟구쳐 올랐다.

"지금 나를 의심하는 거예요? 내가 정말 그런 인간으로밖에 보이지 않아요?"

"아니, 그럼, 장여사 같은 분이 치사하게 돈 십만 원 정도로 시비를 하신다는 말이요? 장여사 같은 분이..."

장여사! 장여사! 생쥐 같은 소장은 돈과 권력 앞에서는 문어 다리처럼 흐느적 거릴 줄 밖에 모르는 인간이었다.

"장여사, 장여사 하지 마세요!"

피가 끓어오르는 것을 견딜 수가 없었다. 윤여인은 소장의 책상을 주먹으로 치면서 고함쳤다.

"그 여자를 당신이 얼마나 안다고 그러세요? 장사를 해 먹어도 정신만은 똑바로 박혀 있어야지, 새파랗게 젊은 사람이 그러는 게 아니요!"

주위에 있는 모든 사람들의 눈이 휘둥그레졌다. 윤여인이 이렇게까지 화를 내는 건 모두들 처음 보았기 때문이었다.

"아니 뭐야! 이 여자, 정신 나갔어!"

얼굴이 벌개진 소장이 자리에서 벌떡 일어나 윤여인을 향해 삿대질을 해대었다.

"장사해 먹기 싫어? 고분고분하지 않고 자꾸 말대꾸 할거야?"

"이 여자라니! 사람을 어떻게 보고 함부로 그런 소리를 하는거야! 당장 이 보따리 집어치우면 될 거 아냐!"

윤여인은 거의 자제력을 잃었다. 자기의 보따리를 들고는 소장의 책상으로 던졌다. 그 바람에 잉크대가 엎질러져 책상 위에 큼직한 얼룩을 만들어 버렸다. 소장이 가만 있을 리가 없다. 의자를 밀치고 앞으로 나오면서 발악을 했다.

"이 여편네가! 그만둔다면 누가 똥싸놓고 빈다던가? 당장 집어치워!"

"아니, 뭐? 여편네! 이놈아 네놈은 에비 에미도 없는 호로자식이냐? 이놈아!"

"입닥쳐! 지금 당장 나가! 썩 꺼져버려!"

"예끼, 나쁜 놈아! 여기 아니면 밥 빌어 먹을까봐서! 네놈도 인간이면 느낄 줄 알아야지! 머리에 피도 안 마른 게 꼭 빨갱이 같이 사람을 들볶아댈 줄이나 알지! 답답한 심정은 눈꼽만큼이나 이해할까? 단 하루라도 보따리를 들고 다녀보시지! 아이구 할배야 하고 나자빠질걸!"

"시끄러워! 꺼지란 말이야!"

윤여인은 자리에서 일어나 앉았다. 홧김에 그만둔다고는 했지만 당장 내일부터가 걱정이 되지 않을 수가 없었다. 시계가 새벽 두 시를 알렸다. 형민은 아직도 공부하고 있는 모양이었다. 얼마나 배가 고플까, 불쌍한 것...

그때였다. 섬광처럼 번쩍이며 찌릿하게 가슴에 와닿는 게 있었다.

'그래! 아직은 화장품 보따리를 놓을 때가 아니다! 더럽고 아니꼽더래도 지금은 참아야 한다. 이 고통은 나 혼자만의 것이 아니니까. 저렇게 착한 아이들을 위해 내가 무슨 짓인들 못할까? 죄가 되는 일이 아니라면 내 뼈가 가루가 되는 한이 있더라도 너희들의 거름이 되어 주어야지! 암! 그래야 되고 말고...'

마당에서 연주되는 빗방울 독주는 이제 오케스트라로 변해 있었다.

아침은 상쾌했다. 그러나 빗물에 씻기운 태양은 더욱 열기를 불어대었다. 발걸음은 가벼웠지만 연신 솟구치는 땀방울과 함께 마음은 어쩔 수 없이 무거웠다. '소장이 어떻게 나올까? 비웃음쯤은 삼켜버리자. 치사하고 경멸찬 새우 눈초리쯤은 외면해 버리자.' 그렇게 마음에 다짐을 해보지만 발걸음은 마음을 따라오지 않았다. 다시 장사를 하겠다며 소장에게 죄인처럼 고개를 숙여야 할 것을 생각하면 몸도 마음도 이 세상을 떠나 저 먼 우주 속을 방황하는 것 같았다.

"아이구, 귀하신 고문관께서 어인 일로 이리 왕림하시나이까!"

영업소를 들어서자 대뜸 소장이 비꼬아 던진 말이었다. 그 말에 아무런 대꾸도 하지 못하고 눈만 내리깔고 있는 윤여인의 마지막 남은 자존심마저 사무실 바닥에 먼지가 되어 허무하게 흩어졌다.

"소장님, 죄송합니다. 어제는 제가 좀 지나쳤던 것 같습니다. 용서하세요. 전보다 더욱 열심히 일하겠습니다. 어제 일은 없었던 일로 해주시겠어요..."

그 말을 내뱉은 혀끝이 너무 쓰고 매웠다. 굳게 다짐했던 생각과 달리 눈앞이 흐릿해져서 마지막 말은 겨우 끝마치고 입술을 깨물었다.

"허허... 이건 또 무슨 소리야... 한 번 때려 치운다고 했으면 그만이지! 내 참! 기가 막혀..."

소장이 가만있을 리가 없었다. 굶주린 맹수가 만만한 먹이를 잡았는데 어찌 그냥 둘 수 있을까. 소장의 비웃는 눈초리가 온몸에 따갑게 쏟아지고 있음을 피부 세포 하나하나가 다 느낄 수 있을 정도였다. 결국 반성문이라는 것을 쓰지 않으면 안 되었다. 포획한 먹잇감을 노리개 삼는 날카로운 발톱을 무기력하게 받아들일 수밖에 없는 현실의 무게가 너무 잔인하게 느껴졌지만, 어떻게 해서라도 아이들만은 보란 듯이 훌륭히 키워내겠다는 높은 희망을 수천 번도 더 되새기며 온 육신을 가냘픈 영혼이 간신히 붙들고 있었다.

"하여튼 당신같은 사람이 처음 보겠어!"

소장의 비웃음이 등뒤에 화살처럼 쏟아졌지만 윤여인의 두 주먹엔 굳게 굳게 힘이 주어졌다.

(7)

길가의 가로수들은 벌써 옷을 갈아입기 시작했다. 파란 물감을 쏟아놓은 융단 위로 새털 구름들이 한가롭게 노를 젓고 있었다. 9월도 늦은데 한낮의 태양은 만만찮게 매웠다. 이맘때면 학원은 큰 대목 시장처럼 북적대기 마련이다. 형민은 벌써 네 번째로 수도에다 머리를 쳐박고 물을 뒤집어썼다. 10년 묵은 잠 보따리가 한꺼번에 터진 건지, 자꾸만 졸음이 쏟아졌다. 책상에 앉든, 벽에 기대든, 때와 장소를 가리지 않고 고개가 고장난 괘종시계 마냥 자꾸만 좌우로 흔들렸다. 심지어는 자전거를 타고 가는 동안에도 앞바퀴가 어디로 돌아가는지 헷갈릴 정도였다. 체력이 그만큼 한계를 느끼고 있었다. 세상 모든 일들이 마음 먹은대로만 된다면 인간은 신이라도 될 수가 있겠지.

"수도꼭지 전세내셨어요? 같이 좀 쓰시죠!"

갑자기 등 뒤에서 날카로운 소프라노 음색이 불협화음을 일으키며 사방으로 튀었다. 깜짝놀라 고개를 들다가 수도꼭지에 머리를 세게 부딪히고 말았다. 입에서 욕이 나올만큼 아팠다. 두 손으로 머리를 움켜잡고 허리를 숙인 채 돌아보았다.

"기다린 지 10분이 넘었다구요!"

여학생 두 명이 적의에 찬 눈을 하고 버티고 서 있었다. 형민은 아무말도 못하고 물이 아직도 뚝뚝 흐르는 머리카락을 손으로 훔쳐들며 부리나케 비켜섰다. 학생이 족히 수천 명은 넘게 넘나드는 학원에 수도꼭지가 한군데 뿐이니 그럴 수밖에. 물기를 손으로 털어보지만 영락없이 물에 빠진 생쥐 꼴이다. 수도꼭지에 부딪친 뒤통수가 계속 화끈거렸다.

맑은 하늘에 날벼락이라던가, 그 화창하던 날씨가 오후가 되면서 갑자기 우중충해지고 바람이 불어대기 시작했다. 컴컴해진 교실 안에 커텐이 바람에 날려 슈퍼맨의 망토처럼 펄럭거렸다.

"에, 이것이 바로 이상기온이라는 것이다!"

때마침 기후를 설명하고 있던 지리 강사의 농담에 아이들은 와! 하고 웃음을 터뜨렸다. 끝내 비가 내리기 시작했다. 후두둑! 말발굽 소리를 울리며 소낙비가 쏟아졌다. 곱게 단장했던 융단이 한꺼번에 찢어진 모양이었다. 형민이가 집으로 돌아갈 즈음에 비가 많이 수그러들었지만 바람은 아직도 꽤 심하게 불고 있었다. 자건거를 타면 15분이면 집에 갈 수 있겠지만, 바람불고 비오는 거리로 자전거를 몰고 선뜻 나서기가 망설여졌다. 담벼락에 세워둔 자전거들은 빗줄기 속에 애처롭게 알몸을 드러내 놓고 떨고 있었다.

벌써 많이 어두워졌다. 형민은 막연히 기다릴 수가 없어서 바지가랑이를 무릎까지 걷어 올리고서 자전거가 있는 곳으로 달려갔다. 옷이 축축이 젖어들자 몸이 석고상처럼 굳어져갔다. 그 위에 바람은 계속 몰아쳐서 입술이 새파랗게 되었고, 이가 저절로 딱딱 부딪혔다. 게다가 빗물이 자꾸 머리를 타고 눈 속으로 흘러들어 가뜩이나 어둡고 미끄러운 거리를 더욱 힘들게 만들었다. 그럴수록 조급해진 마음으로 형민은 페달을 한껏 밟아 대었다. 간혹 자전거를 탄 다른 아이들이 괴성을 지르며 스쳐가곤 했다.

그러다가 학원과 집 사이에 있는 로타리 부근의 파출소 근처를 지날 때였다. 갑자기 시커먼 물체가 인도에서 뛰어들었다. 양손으로 브레이크를 꽉 잡고 어금니를 힘껏 깨물었다. 그러나 미끄러운 거리에서 급히 달리던 자전거는 시위를 떠난 화살이었다.

"아이고, 나 죽네! 아이고!"

사나이는 비 오는 도로에 퍼질러 누워서 고함을 질러 대었다. 자전거와 함께 나뒹굴었던 형민은 기급을 하며 반사적으로 일어섰다. 옆에 팽개쳐진 자전거는 허리가 부러져 완전히 두 동강으로 절단 나 버렸다. 사나이는 계속 고함을 쳐대었고 형민은 아픈 것도 느끼지 못한 채 어쩔 줄을 몰라 안절부절하고 있었다.

그날 사고로 200만 원이란 생돈을 치료비로 대주어야 했다. 그건 형민이네 형편으로는 거금이었다. 어머니는 그냥 눈물만 흘리실 뿐 아무 말이 없었다. 그날 밤 어머니의 "오, 주여!"는 오래도록 계속되었다. 지리 강사가 말한 이상

기온이 가져다준 억세게 재수 없는 하루였다.

(8)

재수생들의 시계는 참으로 묘하게 움직인다. 하루 24시간은 눈이 시리도록 느리게 지나가지만, 되돌아보는 한 달, 두 달은 다가오는 한 시간보다도 짧은 것이었다. 어쩌면 재수생이란 마라톤 선수와 같은 것인지도 모른다. 마라톤 선수가 자기의 코스를 달릴 때, 가장 고통스럽게 극복해야 하는 것이 육체적 피로함도 끝없이 길게 느껴지는 레이스도 아닌 바로 자신과의 싸움이다. 순간마다 다가오는 고독감, 끝없이 밀려오는 허탈감, 그런 자기 내적 요인들을 이겨내지 못하는 자는 마지막 영광의 결승점을 밟을 수가 없는 것이다. 그래서 마라톤에서는 타인과의 승부가 의미가 없는 것인지도 모른다. 마라톤이든, 재수든 그건 자기 자신과의 싸움인 것이다. 승자도 패자도 있을 수가 없는...

형민이가 다시 전열을 가다듬고 정신없이 책과 싸우고, 자신과의 싸움을 계속하는 동안 윤여인 또한 자기의 모든 운명들과 싸움을 계속했다.

달력은 어느새 10월의 마지막을 찢어내어 버리고, 11월의 앙상한 버드나무 가지 새로 기어올랐다. 그리고 겨울은 살얼음을 딛고 소리도 없이 다가왔다.

11월 22일. 학력고사를 치르는 날, 형민은 어머니를 생각했다. 마음은 이상하리만치 평온했지만 갖가지 상념들이 파도처럼 밀려왔다. 스스로를 죄수생으로 자책하며 뼈저리게 지나온 날들이 이제 종착점에 다다른 것이다. 그렇게도 길고 지루했던, 영원히 정지된 것 같았던 시간들을 되돌아보는 지금은 한순간에 지나버린 날들이었다. 남몰래 흘려야 했던 눈물들, 무엇보다 어머니, 자식이 재수생이면 어머니는 삼수생, 아니 그보다 더 고통스럽게 그리고 보다 더 긴 시간을 보낸다는 것을 형민은 피부로 느끼고 있었다. 그래서 형민은 그렇게도 진실되고 정직하게 살아온 어머니가 항상 고생만 하는 것은 하나님이 무정한 탓이라고 늘 생각했다.

학력고사를 치르고 난 후 형민은 그가 가던 다리 난간을 찾았다. 그리고 희미하게 밝아오는 별빛을 움켜잡으며 밀려드는 허탈감에 울어버리고 말았다.

왜 눈물이 났을까? 이유는 자신도 알 수가 없었다.

1년, 8,760시간, 525,600분, 31,536,000초... 초겨울의 싸늘한 느낌이 볼에 와닿았고 주인 잃은 그믐달만이 그저 황량히 바람에 쏠리울 뿐이었다.

새해가 변함없는 태양을 업고 솟아났다. 가난한 사람을 더욱 얼어붙게 만드는 북풍이 잠시 숨을 멈추었고, 형민이가 입학원서를 낸다고 부산한 어느 날, 마침내 윤여인은 조그만 식당을 내기로 결단을 내렸다. 그 지긋지긋한 보따리를 집어치우기로 한 것이다. 은근히 걱정이 되지 않은 것은 아니었으나 이젠 남의 문전을 드나들지 않아도 된다는 생각으로 일단 굳힌 마음은 겨울 하늘의 봄바람처럼 부풀어 오르기만 했다.

윤여인은 이사 갈 준비를 했다. 그러나 아직 외상 준 화장품의 인수가 끝이 나지 않아 며칠 안에는 이사 갈 수가 없을 것 같았다. 형민이가 대학에 합격만 해준다면 얼마나 홀가분하게 여기를 떠날 수가 있겠느냐고 소풍가는 꼬마들의 들뜬 마음으로 자주 얘기하곤 했다. 겨울은 빙판을 타고 깊어만 갔다.

(9)

'크헤엑!' 가래침을 모두어 툇 뱉었다. 잠시 허공에 흰점이 나타났다 어둠 속에 가라앉더니 희미하게 빙판에 닿는 소리가 바람에 묻혀 왔다. 지난 한 해의 형상들이 우중충한 하늘에 별이 되어 박혀 있었다. 그렇게 되돌아 보는 한 해는 분명히 고통이었지만 후회는 없었다. 누군가 그랬지. 주사위는 던져졌다고. 그래, 이제 내일이면 그 주사위의 각인은 분명해진다.

그런데... 그런데 만약 그 각인이 나의 것이 아니면... 어쩌면 그럴지도 모르잖은가? 그렇다면 어떻게 한단 말인가? 어머니... 어머니가 가여워서 어떻게 한단 말인가!

형민은 소름이 쫙 끼쳤다. 합격과 불합격, 그 백지 한 장 차이가 가져올 엄청난 다른 결과가 수없이 뇌리에서 빙빙 돌았다. 인간은 불안에서 종교를 얻었던가. 형민은 차디찬 콘크리트 바닥에 무릎을 꿇었다. 항상 원망밖에 해보지 못한 하나님을 만나기 위해...

'같은 인간인데도 불구하고 한 민족의 생명은 너무도 무자비하게 멸해버리고서도 이스라엘 민족은 선민으로 택하여 보호와 자비와 축복을 내리셨던 하나님! 그렇다고 이스라엘 민족이 당신을 위해 한 게 뭐가 있습니까? 원망과 배신만 일삼아 온 그들을 사랑하셨던 하나님! 당신이 정말 살아있는 자들의 신이시라면 단 한 번만 나도 이스라엘 민족으로 생각해 주십시오. 부탁입니다! 이건 내가 잘되자고 하는 말이 아닙니다. 단 한 번도 딱 부러지게 당신의 축복을 받아보지 못했으면서도, 당신을 위해 이스라엘 민족보다도 더욱 열심히 살아온 우리 어머니를 위해서입니다. 그래서 나는 나의 최선을 다했습니다. 도와주십시오. 하나님! 그러면 나도 두 번 다시 당신에게 대항하지 않겠습니다.'

다리 난간에서 보이는 어두운 밤하늘은 짙은 감청빛 구름이 조금씩 걷혀가고 새로 별들이 빛나기 시작했다. 시간은 주인 모르는 고양이처럼 살금살금 깊어만 갔고 바람은 더욱 휘몰아쳤다. 더이상 견딜 수 없게 굳어진 형민은 그제야 돌아섰다.

그날은 아침 일찍부터 하얀 눈이 펑펑 쏟아졌다. 멀리 판자촌도, 이층 양옥집도, 오물이 흐르는 동네 가운데 하수도도, 철길도 모든 게 지금은 하나로 덮였다.

벌써 이삿짐을 트럭에다 싣기 시작했다.

"좀처럼 보기 힘든 눈이 형민이네 이사하는 날 오다니, 이것도 복이에요!"

주인아주머니가 이삿짐을 꾸리는 윤씨를 보고 말했다.

"그러게 말이에요. 참, 좋지요. 길이나 미끄럽지 않아야 할텐데..."

"근데, 형민이는 보이지 않네요. 어디 갔나 봐요?"

"네, 오늘이 발표예요..."

"아, 참! 그렇구나! 꼭 합격해야 할텐데, 어때요? 자신 있데요?"

"글쎄요..."

가뜩이나 일이 손에 잡히지 않던 윤 여인은 다시 방문턱에 멍하니 주저앉고 말았다. 울렁이고 애타는 가슴이야 어떻게 표현하랴! 윤여인은 다시 눈을 감고 두 손을 꼬옥 쥐었다.

"오, 주여..."

　바람 한 점 불지 않았기 때문에 눈 쌓이는 소리가 소복소복 들렸다. K대는 걸어서 50분은 걸리는 꽤 먼 거리였지만, 형민은 차를 타지 않고 걸어갔다. 그것은 불치병에 걸린 환자가 당신은 이제 곧 죽을 것이라는 의사의 사형선고를 거부하고 한순간이라도 더 삶의 의미를 느끼고 싶어 하는 심리였을 것이다. 이런 두려움은 재수생이 아니고는 아무도 이해할 수 없으리라.

　벌써 많은 사람들이 교문을 들어서고 있었다. 발표가 나는 본관까지는 아직도 한참을 가야만 한다.

　쿵! 쿵! 한발 한발 내디딜 때마다 심장은 예포가 울리듯 팔딱였고, 본관까지의 몇백 미터의 거리가 수천리는 되는 듯했다. 어질하게 현기증이 날 만큼 그 시간 또한 무한한 것 같았다.

　유죄냐, 무죄냐! 마지막 공판장에 들어서는 죄수들의 행렬처럼 침통한 분위기가 그들의 머리 위를 감돌았다. 깎아놓은 목각같은 그 행렬은 모퉁이를 돌아 멀리 본관까지 이어져 있었고, 그 위에 계속해서 눈이 내려 얼어붙은 것 같았다.

　담쟁이 넝쿨에 붙은 하루살이 벌레들처럼 각인된 그들의 주사위를 찾기 위해 숫자판으로 밀리는 군중들의 틈새에 끼어 형민은 앞으로 다가갔다. 벌써 발표를 보고 난 사람들의 모양은 천태만상이었다. 35년 만에 만난 이산가족처럼 아이를 끌어안고 법석을 떠는가 하면, 어떤 아버지는 보쌈하듯 딸을 업으려 하자 딸은 업히지 않으려고 희극을 벌이는 부녀도 있었다. 반면에 그 복잡한 사람들 틈새에서, 중앙로에 나앉은 다리 잃은 거지처럼, 눈 쌓인 땅바닥에 자리잡고 대성통곡을 하며 '아이고!'를 연발하는 어머니도 있었다.

　형민은 가로막힌 머리, 머리들 때문에 좀처럼 숫자판을 알아볼 수가 없었다. 겨우 앞으로 나아가 '의과대학' 번호판을 찾았다. 번호를 읽어가던 형민은 갑자기 전기에 감전된 것처럼 온몸이 뒤틀렸고 눈앞이 흐릿해졌다. 눈을 크게 뜨고 다시 한번 번호판을 쳐다보았다.

'8119번!'

거기에는 분명히 형민의 주사위가 각인되어 있었다. 눈물이 왈칵 솟구쳤다. '어머니!' 자기도 모르게 터져 나온 외침이었다. 그 외침은 하나님일 수도 있었고 형민 자신일 수도 있었고, 그리고 어머니, 어머니였다.

사람들을 헤치고 뛰어나오면서 두 주먹을 힘껏 쥐고 눈 오는 하늘로 높이 쳐들었다. 그리고 외쳐대었다.

"어머니! 어머니―"

정신없이 달리기 시작했다. 계속 밀려드는 사람들과 부딪치고 또 미끄러져서 자꾸만 눈바닥에 뒹굴었다. 일어나 달리고 또 달렸다. 눈앞이 자꾸만 흐릿해졌고 그 볼위로 눈이 나려 흐르는 눈물을 감추어 주었다.

"어머니! 어머니!"

형민이가 외쳐대며 대문을 뛰어 들었다. 윤여인은 그 음성만 듣고도 미소를 지었다.

"어머니!"

"오냐, 그래. 말하지 않아도 안다. 장하다, 우리 아들!"

모두들 울었다. 어머니도, 동생들도, 주인집 아주머니까지도.

"아이구 윤씨! 이사 한번 홀가분하게 가는구먼, 허허허…"

"모든 게 하나님의 은혜예요. 어떻게 의과대학 6년을 시켜넬지 걱정이 앞서지만요…"

"윤씨야 잘 해내겠지요. 축하해요, 정말!"

트럭이 출발하기 전 윤여인은 다시 한번 방안을 둘러보았다. 이슬이 맺히는 윤여인의 눈망울 속에 많은 일들이 지나갔다. 비만 오면 오르기 힘들었던 오르막길과 판자촌, 항상 서러움을 당했던 이층집도, 이젠 가지 않아도 된다. 그리고 하루 한 번씩은 들어야 했던 소장의 잔소리도 지금은 모두 눈으로 덮였고 세상은 하얗기만 했다. 되돌아보는 윤여인에게는 모든 게 감사할 따름이었다. 지금보다는 어쩌면 더 불안정한 곳으로 가는 것인지도 모른다. 그래도 자신이 있었다. 이제껏 그래 왔듯이.

트럭이 엔진 소리를 내며 움직이자 말랐던 눈물이 까닭도 없이 다시 솟구쳤다. 윤여인도 형민도, 포기했던 삶의 종착점에서 다시 솟는 태양 같은 희망을 맛본 희열은 온 대지를 녹이고도 남았다. 형민은 어머니의 손을 꼬옥 쥐었다. 그리고 가슴에 깊이 새겨 넣었다. 어머니의 눈물과 땀과 피로서 놓은 징검다리를 딛고, 겨우겨우 건너온 한 해였다는 것을...

트럭이 지나는 자리에는 형민이와 어머니의 밝은 웃음이 길게 남았다. 잡다한 이삿짐을 실은 트럭 위로는 하늘로부터 내리는 솜사탕 같은 눈송이들이 자꾸만 쌓여갔다.

〈당선소감〉

형! 아직 마르지 못한 그때의 우리 눈물들은 그대로 진주방울이 되어 현실의 꿈으로 크고 있지. 그때, 왜 내가 그런 말을 했을까? 그 뼈아픈 한마디를 왜, 나는 책임도 없이 내뱉었을까?

철이 없는 탓이었겠지...

아직도 죄스런 마음에서 벗어나지 못해, 형에게 이 글을 바치고 싶은 충동을 억누르지 못하고 필을 들었지.

눈이 나리던 그날, 기억하고 있지?

우리는 이삿짐을 싸고 있었지. 형은 눈 덮인 언덕을 달려오고...

그리고 세월이 흘렀는가!

맛도 모를 인생이 쓰게만 느껴질 때, 책상 위에 놓인 붉은 테의 사각모를 쓴 형의 졸업사진은 나에겐 하나의 좌표와도 같이, 아니 종교만큼이나 강한 무언으로 나에게 다시 한번의 삶을 생각하게 해주었지.

그래, 우리의 말 없는 그 절박한 약속을 더 높은 곳에서 이루기 위해선, 이 하루는 아무래도 짧구나.

이 졸작을 너무 강한 예지와 섬세한 직관으로 고독 속에 참된 삶의 예의를 조각해나간 나의 형님에게 감히 바칩니다.

134   제2부 소설

발을 씻는 빌라도

- 1984년 비사문예상 소설 당선작
- 2012년 경희대학교, 한국문학평론가협회 공동주최 해외동포문학상 소설 가작

- 프롤로그 -

빌라도가 가로되 '그러면 그리스도라 하는 예수를 내가 어떻게 하랴' 저희가 다 가로되 '십자가에 못 박혀야 하겠나이다.' 빌라도가 가로되 '어찜이뇨? 무슨 악한 일을 하였느냐?' 저희가 더욱 소리 질러 가로되 '십자가에 못 박혀야 하겠나이다.' 하는지라 빌라도가 아무 효험도 없이 도리어 민란이 나려는 것을 보고 물을 가져다가 무리 앞에서 손을 씻으며 가로되, '이 사람의 피에 대하여 나는 무죄하니 너희가 당하라.' 백성이 다 대답하여 가로되 '그 피를 우리와 우리 자손에게 돌릴지어다.' 하거늘 이에 바라바는 저희에게 놓아주고 예수는 채찍질하고 십자가에 못 박히게 넘겨 주니라."

*　　*　　*

겨울이 시작되고 있었다. 채찍 소리를 내며 갈라지는 허공 위로 먼지가 꼬리를 물고 피어올랐다. 길 건너 전파상의 스피커는 세월에 빛바랜 노래들을 배설물처럼 토해 내고 있었다. 때가 몇 겹으로 도배를 해 빤질빤질 윤기가 흐르는 군용 파카를 뚫고서 싸늘한 냉기가 숨구멍을 관통해 대었다.

"자, 이것이 무엇이냐! 쥐 잡는 쥐틀이다! 쥐틀이면 다 쥐틀이냐? 아니다, 이 거야! 금 번 서울에 본사를 두고 있는…"

요사스레 생긴 쥐틀과 끈끈이 판을 땅바닥에 펼친 더벅머리 녀석은 배터리가 다 된 트랜지스터라디오 같은 쇳소리로 악을 써대기 시작했다. 낙동강 똥물처럼 떠내려갔다 밀려오는 시장판의 행인들은 호기심에 기웃거리면서도 끈끈이 판에 들러붙은 쥐를 보고는 쇠똥을 밟은 인상들이 되었다.

　'싸가지가 오그라든 고추 씨앗이냐? 하필이면 쥐약 장수 코앞에서 진을 칠 게 뭐람.'

　리어카 위에다 나프탈렌과 쥐약을 수북이 쌓아 놓고 있던 장 씨는 은근히 독이 올랐다. 가뜩이나 요즘 같은 불경기에 녀석이 나타나고는 손님들이 이쪽은 아랑곳도 하지 않았기 때문이다. 고함을 쳐서 다른 곳으로 쫓아버리고 싶었지만, 그러지 못한 것은 끈끈이 판 위에 들러붙은 쥐 때문이었는지 모른다.

　더벅머리 쥐틀 장수는 손님들에게 시범을 보이기 위해 끈끈이 판에다 판박이마냥 쥐를 붙였다 뗐다 했다. 그때마다 털이 뽑혀나가 괴로운 듯이 찍찍대던 쥐는 다시 달라붙은 끈끈이 판 위에서 벗어나 보려고 거친 숨을 몰아쉬며 흐느적거렸다.

　"이놈이 향기에 취해, 임을 만나듯이 입만 갖다 대와 봐! 철커덕!"

　이번엔 입이 들러붙어 찍찍 소리도 못 질렀다.

　"디스코 잘 추는 엉덩이도 여부 있나! 철커덕!"

　이번엔 엉덩이였다. 군데군데 털이 빠져 허옇게 드러난 것을 보며 장 씨는 온몸이 근질근질해지는 것을 겨우 참고 있었다. 자꾸만 제 몸의 털이 몽땅 뽑혀나가는 것 같은 끈적거림을 떨칠 수가 없었다. 그 옆의 쥐틀에서는 허벅지가 짓눌려 질금질금 피를 흘리고 있는 놈이 찍소리를 지르며 경련을 일으키고 있었다.

　'치사한 자식! 장사를 해도 더럽게도 해 처먹는다. 크헤액!'

　장 씨는 불편한 심기를 한꺼번에 모아 퉤 뱉었다. 하기야 쥐약 장수가 쥐새끼를 불쌍하게 여긴다는 코미디는 어디 가서 들어볼까? '흐흐흐...' 음흉스런 웃음이 저도 모르게 새어 나왔다.

"보소, 장 씨요!"

주인아줌마의 앙칼진 목소리가 웃음에 묻어나 허깨비처럼 어른거렸다.

"집이 놓이심더, 섭섭하이 생각 마이소. 장 씨 사정이사 내도 모르는 기 아이지만도, 낸들 우야겠능교! 내도 새끼들 데꼬 묵고 살라카이 어쩔 수가 없는 기라예. 일주일 뒤에 이사를 올라 케심더. 알아서 집 좀 비워 주이소."

'그래, 낸들 우야겠노? 겨울이 오고 있는데. 새끼들 데리고 낸들 우야겠노...'

36만 원, 사글셋방이 기한이 넘은 지 여섯 달이 다 되었다. 비만 오면 장단 맞춰 밥그릇을 온 방바닥에 늘어놓아야 하고, 동짓달 서곡에 춤추는 동장군의 칼날이 휙 휙 스쳐 가는 허물다 만 하꼬방이었지만, 그래도 그곳은 장 씨와 아이들의 마음을 심어주는 모판 같은 곳이었다.

'그런데 이젠 어떻게 해야 한단 말인가? 겨울은 오고 있는데...'

밀린 방세를 마련해 보겠다고 동서 팔방, 리어카 바퀴가 구르는 곳은 다 돌아다니며 발악 발악 대어 보았지만, 그놈의 재물 귀신은 산 넘어 아지랑이라더냐! 쌓이는 건 먼지밖에 없으니. 돈 좀 벌었다고 수억씩 노름판에서 날렸다는 대가리 피도 안 마른 젊은 놈들의 하룻밤 술값도 안 될 돈에 다리 밑에 가마니라도 깔아야 할 형편이니, 허허, 어간이 콱 막히는 게 웃음밖엔 나오질 않는다.

'떠그랄꺼, 이럴 때 마누라만 있어도 좀 좋을까마는, 젠장!'

집 나간 어미를 그리워하는 새끼들을 볼 때마다 염통은 밤송이가 되어 갔다.

마누라가 집을 나간 건 그놈의 공사판에서 다리를 다쳐 근 두어 달을 누워 있을 때였다. 장 씨는 어린 시절 발가락 몇을 잃어버려 걸음걸이가 온전치 못해 크고 작은 부상을 입기가 다반사였다. 이번에는 무거운 벽돌을 지고 5층 공사장을 오르다 그만 추락하고 말았는데 허리도 다치고 성한 다리가 복합골절상을 입고 말았다. 사실은 그 높은 곳에서 떨어져 죽지 않은 것만도 감지덕지할 일이었다.

그러나 집구석에는 쌀은커녕, 밀가루 한 줌 남아 있지 않아 며칠째 수제비도 못 띄워 먹고 있었다. 그러니 누군들 울화가 치밀지 않겠는가? 마누라가

채소 행상으로 간신히 살림을 꾸렸는데 그나마 본전도 건지지 못하고 썩혀 버리는 날이 더 많았으니, 집안 형편이야 삼 년 가뭄에 행랑 집 누렁이 신세였다.

고등학교를 중퇴하고 양장점에 견습공으로 다니던 큰 딸년이 간혹 푼돈께나 가져 오곤 했는데, 그거야 거북이 등 같은 논바닥에 수저로 두레박질하는 격이었다.

"아이구, 병신! 지지리도 못난 병신! 아들 하나 있는 거, 저거 귀빠진 날 밥 한술 못 해 먹이는 이 병신아! 콱 죽어 삐리지 무슨 미련이 있다꼬 말똥말똥 눈알만 굴리고 있노!"

어두워서 집에 들어온 마누라가 빈 냄비를 방바닥에 내리치면서 악을 써댔다. 그날이 바로 외아들 용상이 녀석, 귀빠진 날이었나 보다. 아비 마음이야 편할 리 있을까 마는 마누라는 맺혔던 한이 한꺼번에 터진 모양이었다.

"먹여 살릴 힘도 없이 왜 ✕대가리는 놀려갔꼬, 돼지새끼마냥 펑펑 싸질러 났노! 이 떠꺼머리 병신아!"

미안한 마음이 없는 것도 아니고, 자신의 책임을 통감하지 않는 것도 아니었다. 누군들 늦장가 들어 얻은 외아들 생일날 따뜻한 쌀밥에 고깃국 끓여놓고 생색내고 싶은 마음이 없겠는가? 이건 사람의 심정을 몰라도 너무 몰라준다.

내가 어디 빈둥거리며 놀기만 했는가? 나도 묵고 살겠다고 허리 부러지도록 발악을 해대는데 사람을 그렇게 몰아붙이는 데야 참을 길이 없다. 더군다나 새끼들이 보는 앞에서...

"야, 이년아! 누군 이러고 있고 싶다 카더나? 니는 뭐했노? 니는 성한 몸뚱이 끌고 뭐했노!"

"어이구, 이것 보래이! 꼴에 사나라꼬 큰소리 친데이! 오냐, 이판사판이다. 니 죽고 내 죽고 몽땅 끌어 엎어 죽자! 죽어!!"

마누라는 비스듬히 일어나 앉은 장 씨의 멱살을 움켜잡고 늘어지며 나자빠졌다.

"똥파리 떴다! 똥파리 떴다아-"

한참 심란하던 장 씨를 흔들어 깨운 소음이었다. 아차, 싶어 눈을 떠보니 더벅머리 쥐틀 장수랑 다른 노점상들이 난리 통의 피난민들처럼 벌써 보따리를 싸 들고 자기들만의 대피소를 향해 법석을 떨며 달아나고 있었다. 노점상들을 단속하는 청원 경찰들이 저쪽에서부터 판을 뒤집으며 올라오고 있었다.

감전당한 미꾸라지가 튀어 오르듯이 자리를 박차고 일어난 장 씨는 의자를 리어카 밑에다 집어넣었다. 그리고 언제나 똥파리들을 피해서 달아났던, 시장 근처에 있는 공원으로 막 달아나려고 했을 때였다. 장 씨의 눈길을 붙잡는 것이 있었다. 아까 더벅머리 쥐틀 장수가 버리고 간 끈끈이 판에 들러붙은 쥐였다.

'망할 자식! 장사 밑천으로 써먹었으면 도망갈 때도 갖고 갈 것이지.'

장 씨는 아직도 숨을 헐떡이며 찍찍대는 쥐를 끈끈이 판 채로 리어카 위에 집어 얹고는 달리기 시작했다. 횡단보도의 신호등이 막 빨간 불로 바뀌고 있었다. 불편한 걸음걸이로는 남들이 다 지나고 난 횡단보도에 뒤늦을 수밖에 없었다.

기다려야 할 것인가, 그냥 건너갈 것인가? 기다리다 똥파리들에게 잡히는 날이면 동물 냄새나는 보호소에서 하룻밤 신세를 지고 즉결 심판에 넘어가 벌금이 오천 원이다. 그 돈이 어디 있노? 죽든 살든 건너가야 한다! 그 짧은 순간에 장 씨의 뇌리에 스친 결론이었다.

끼이익! 달려오던 버스가 급정거하는 굉음에 온몸에 소름이 좍 끼쳤다.

"야, 이 새끼야! 죽을라꼬 환장했나!"

고개를 내민 버스 운전사가 쌍심지를 돋우고서 욕을 해대었다.

"그래, 환장했다! 천지에 환장하지 않은 놈 어디 있노!"

자신도 모르게 핏대가 솟구친 장 씨도 고함을 지르며 죽을힘을 다해 뛰었다. 관절염 때문에 요즘 들어 잘 걷지도 못하게 뜨끔대던 왼쪽 무릎은 빨리 뛸수록 시뻘건 인두로 지져대는 듯이 화끈거렸고, 아직 성치 않은 허리의 통증은 척수를 타고 올라와 코끝이 매워 왔다.

언제부터인가 장 씨에게는 이상한 버릇이 생겼다. 바늘로 콕콕 찌르듯이 무릎이 아파올 때마다 어무이가 생각나는 것이었다. 마지막 본 어무이의 모습이 세월에 씻기기는커녕 뜨끔대는 신경을 타고 더욱 또렷해지기만 했다. 그러나 언제나 떠오르는 것은 이상스럽게도 어무이의 치마뿐이었다. 어무이가 입었던 저고리가 어떤 것이었는지, 어무이의 얼굴이 어떻게 생겼는지도 생각이 나지 않았고, 단지 어무이가 노상 입고 있던 빨간 치마만이 몽달귀신이 되어 항상 떠오르는 것이었다.

"어무이! 내도 따라 갈랍니더, 어무이!"
"야, 이 악머구리 같은 자슥아! 빽빽 소리 지르지 말어! 내 돈 많이 벌면 데릴러 올 끼다!"
"어무이! 내사 어무이하고 살 낍니더, 어무이!"
그때도 아마 동짓달이 깊은 겨울이었을 게다. 일곱 살, 짚신 속의 효수의 발가락이 모두 얼어버려 지금도 가려운 걸 보면.
"어무이! 다시는 어무이 애 안 먹이께요. 인자는 배고파도 절대로 안 울끼라요. 어무이, 나도 같이 갈랍니더!"
먼 산의 메아리가 되는 울음소리만 쌓일 뿐, 효수의 일곱 살의 겨울날, 어무이는 동네 교회에 딸려 있던 고아원에다 효수를 데려다 놓고는 빨간 치마를 휘감은 엉덩 짝을 삐딱거리며 뒤도 돌아보지 않고 가버렸다. 돈 많이 벌어 오겠다는 어무이의 약속만이 채찍이 되어 북풍을 모질게도 휘갈기고 있었다. 이젠 관절염으로 화석이 되어 가슴 속에 응어리져 버린 어무이, 그리고 빨간 치마...
그 빨간 치마 위로 빛바랜 적삼이 덮여 오고, 그 위에 머리카락을 풀어헤친 꺼칠한 얼굴이 희미하게 엉켜왔다. 그것이 점점 뚜렷해지더니 완전한 형상을 이루었다. 마누라의 얼굴이었다.
"어무이, 아이라예, 친구 어무이가 내 생일이라꼬 흰 쌀밥하고 고깃국을 끓여주길래 내사 실컷 묵었심더."
아홉 살 밖에 안 된 늦둥이 외아들은 저 때문에 아비, 어미가 다투는 게 가슴 아팠는지 사이에 끼어들어 싸움을 말리는 것이었다.

"내사 오늘 밤은 참말로 배가 부른기라예. 어무이, 아부지 하고 싸우지 마이소, 어무이…"

울먹이며 말리는 아들 녀석에게 면목이 없었기 때문인지, 아니면 너무나 어이가 없어서였던지, 마누라는 물먹은 솜처럼 겨우 조용해졌다.

물론 아들 녀석은 아비, 어미 싸움을 말리겠다고 거짓말을 한 것이었다. 귀빠진 날, 식은 밥은커녕, 수제비 한쪽 입에 대지 못하고 잠든 아들 녀석을 바라보며 울지 않을 아비가 하늘 아래 있을까? 꼬르륵거리는 아들의 들러붙은 뱃가죽 소리가 온몸을 쑤시며 파고들었다.

바로 그날, 밤새도록 훌쩍이던 마누라는 새벽처럼 집을 나가 밤이 늦어 새로 달이 기울어도 돌아오질 않았다. 다음 날도, 또 그다음 날도…

양손으로 무릎을 주무르며 허리를 숙이고 있던 장 씨가 겨우 고개를 들고 몸을 바로 했다. 그리고 아픔에 못 이겨 꽉 감고 있던 눈을 떴을 때였다. 무릎이 너무 뜨끔거렸기 때문인지, 눈꺼풀이 끝내 지탱하지 못하고 주르륵 눈물이 흘러내리고 말았다. 정말 무릎이 너무나 뜨끔거리기 때문이라고 파카의 소매에 얼굴을 쓱 문질러 보지만 생각은 이미 다른 곳에 가 있었다.

날씨가 조금만 궂어도 무릎은 귀신같이 알아맞혔다. 그날은 때아니게 아침부터 비가 추적추적 내렸기 때문에 장사도 못 나가고 할 수 없이 집에 머물러 있어야 했다.

"아이! 이거, 용상이 아이가? 니, 이 추운데 비 맞고 와 거기 서 있노? 야야! 감기 든다!"

가난한 서생원, 긴긴 동짓날 할 일은 밤 농사밖에 없다고, 절름발이 애 병신, 느는 것은 잠뿐이다. 소득도 없는 낮잠이 주인아줌마의 깨지는 고성에 엎어지고 말았다. 변명같이 새 나오는 하품을 막으며 두 눈을 찡그린 채 방문을 삐죽이 열었다. 그런데, 삽작문 앞에 용상이가 비를 맞으며 서 있는 게 아닌가!

"야야! 용상아! 니, 거기서 뭐하노, 으잉? 니, 학교는 우야고 왔노? 어여 들어오이라!"

그래도 녀석은 꼼짝도 않고 서 있었다. 빗물인지 눈물인지 젖은 얼굴은 추위에 시퍼렇게 부어 있었다.

"아이고, 야야! 뭐하노? 어서 들어오라카이!"

장 씨는 급히 마당으로 내려가 아들을 끌어 올렸다. 수건으로 머리와 얼굴을 닦아주며 다그친다.

"니, 학교 우옛노? 학교 안 갔나?"

그래도 아들은 아무 대꾸가 없다.

"이 자슥아! 아비가 묻는데 퍼뜩 대답하거라!"

장 씨는 아들의 팔을 잡고 흔들며 고함을 쳤다.

"아부지-"

아들 녀석은 아비에게 쓰러지듯 안기더니 울음을 터뜨렸다. 어깨를 들먹이며 서럽게 통곡하는 것이었다. 장 씨도 까닭 모르게 눈물이 핑 돌았다. 어미가 집을 나가 소식이 없어도 제 동생 달래가며 울지 않던 녀석이었는데...

"니, 무슨 일이 있었제? 무슨 일이고, 으잉? 울지만 말고 말을 하거라, 이 자슥아!"

목이 멘 장 씨가 수건으로 얼굴을 닦아주며 다시 묻는다.

"아부지!"

"그래, 와카노? 어서 대답하거래이."

그래도 녀석은 한참을 계속 울먹이기만 했다.

"아부지 나 인자 학교 안 갈랍니더."

"아이, 와? 학교를 안 가다이?"

녀석은 다시 울음을 터뜨렸다.

"가시나도 아인 사나 새끼가 왜 자꾸 우노! 말을 하거라, 퍼뜩!"

"아부지, 선생님이 인자 학교 오지마라 캅디더, 엉-"

"아이, 뭐라카노! 와? 뭐 때문에?"

왜라고 물을 자격도 없는 아비가 무슨 낯짝으로 물었는지 모르겠다. 아들에게 등록금이라곤 주어 본 적이 없는 아비도 아비라꼬, 그래도 고등학교, 대학교 보내서 일자무식 한을 풀고 금수레라도 타볼까 하고 개떡 같은 꿈은 꾸었제. 니미랄꺼, 마누라만 있었어도 이 지경은 안됐을 낀데. 감기가 든 용상이는 고열에 시달리며 지금도 싸늘한 냉방을 지키고 있을 것이다.

장 씨는 파카 뒷자락을 잡아당겨 몸을 움츠리며 고개를 가슴에 파묻었다. 생각을 털어내기 위해서라기보다는 현실의 무게가 가슴을 아프게 쪼아대었기 때문이라는 게 더 정확할 것이다. 왜냐하면 오늘이 집을 비워 주어야 할 일주일의 마지막 날이었기 때문이다. 변소에 자빠진 놈 똥통에 차 넣기라든가...

하늘이 무심한 거야 뱃속에 든 새끼라도 아는 일이지만, 이건 정말 해도 너무 한다.

처음엔 이렇지 않았는데, 가난이야 원래부터 타고난 것, 그 가운데서도 꿈은 여물고, 감치는 맛도 없잖았는데. 하나, 둘 밥 먹는 입이 늘어갈 때도 새끼들 키우는 재미가 그런대로 짭짤했는데... 어디서부터 꼬여 들기 시작했을까?

장 씨는 부질없는 생각으로 헛배를 불리고 있었다.

어쨌거나 간에 마누라는 용케도 새끼들을 버리고 갔다. 돈 많이 벌어 오겠다는 그런 덜 떨어진 약속도 없이 강남제비 날개짓 하듯 그렇게 가비얍게 가 버린 것이다. 일곱 살짜리 막내딸 선영이는 구석구석 다니며 훌쩍이고, 눈만 뜨면 삽작문 앞에 나앉았다. 그럴 때마다 선술집 벽의 작대기는 늘어만 갔고, 용상이는 아비 대신 칭얼대는 동생의 보챔을 받아넘겼다. 혈관을 타고 흐르는 '쐐주'의 취기를 따라 고슴도치가 오장육부를 활보하고, 밤송이가 눈에서 피어났다.

"내, 돈 많이 벌면 데릴러 올 끼다. 이 자슥아, 빽빽거리지 말어! 재수 옴 붙어!"

빨간 치마를 휘감은 엉덩짝을 삐딱거리며 모래바람을 등지고 뒤도 돌아보지 않고 가버린 어무이. 온 겨우내 발이 얼어서 부르트도록 고아원 문을 지켜서 있었지만 어무이는 소식도 없었다. 장질부사, 열병에 저승사자가 곁에서 맴돌 때도 어무이는 돌아오지 않았다. 해가 바뀌어 봄이 오고, 버들강아지 꽃이 때아닌 눈송이 되어 날리고, 고아원 뜨락에 서 있던 복숭아나무에서 탱자만 한 열매가 잎사귀 사이에서 숨바꼭질할 때도 어무이는 저기 멀어져 갔던 신작로 끝에 그림자조차 드리우지 않았다.

그리고 난리가 터졌다. 밤낮을 가리지 않고 수도 없이 많은 사람들이 어무이가 가버린 신작로로 밀려 왔다. 효수는 신이 나기 시작했다. 저 밀려오는 사람들 속에 끼여 이제 곧 어무이가 돈 많이 벌어 자기를 데리러 올 것이기 때문이다. 끊임없이 계속되는 보따리의 행렬 속에서 어무이의 환상은 날이 갈수록 더욱 또렷해지기만 했다. 이제 오늘이나 내일쯤이면 어무이는 시루떡, 인절미를 소쿠리째 이고서 오실 것이다.

그러나 맹인 잔치 마지막 날 심청이 심정 같은 가슴만 탈 뿐, 지켜 선 고아원 문 앞으로 빨간 치마를 입은 사람은 많이도 지나갔지만 어무이는 오지 않았다. 올 듯, 올 듯하면서도 어무이는 끝내 저 신작로 끝, 능선을 넘어오지 않았고 난리를 끝이 나 버렸다.

그때부터였는지 모른다. 효수가 어무이를 찾아 나서기로 마음먹은 것은. 난리가 끝나고 죽음만이 살아 있는 거리로 어무이를 찾아 나섰다. 효수의 인생이 시작된 것이었다.

어미가 집을 나간 지 3주일 만에 양장점에서 '시다'로 일하던 열다섯 맏딸 선녀는 양장점에서 돈을 훔쳐 달아나 버렸다. 무릎 관절염이 그렇게 사람을 뒤틀어 놓아도 병원은 무슨 망조가 든 소리! 약 한 첩 제대로 써보지 못하면서 딸년이 훔쳐간 500만 원을 갚아야 했다. 손에 한 번 쥐어 보기는커녕, 구경도 못 한 돈을 뼛골이 빠지게 갚아야 했다.

망할 것 같으니라고. 제 어미를 닮았는지, 그렇게 사람의 숨통을 밟아 놓고 도망을 가버린 것이다. 그게 벌써 4년 전 일이니까, 지금은 엉덩짝이 얼마만큼은 펑퍼짐하고 가슴팍이 볼록한 열아홉 처녀가 되었을 것이다.

선녀처럼 곱게 자라 봉황을 맞으라고 이름을 선녀라고 지었는데, 염병할 년! 지금쯤 어느 니나노 판에서 젓가락 장단이나 맞추고 있을지, 오가는 사내들 팔을 끌어당겨 웃음을 파는 불나비가 되었을지 모를 일이다. 육시랄 년, 제 어미만 있었더라도….

하늘은 무게를 충분히 느끼리만치 내려앉아 있었다. 누군가 크게 소리만 질러도 '툭'하고 터질 것 같았다. 차츰 거센 숨을 몰아쉬기 시작하는 시베리아산 채찍은 행인들의 발걸음을 자꾸 재촉해 대었다. 길 건너 도로변에 늘어선 금은방들의 진열장에서는 똥색의 쇠붙이들이 마지막 여운을 남기는 서쪽 하늘을 향해 얼어붙고 있었다. 가게들 사이의 벽에는 '민족의 위대한 영도자 전두환 대통령' 어쩌고 하는 벽보들이 이쪽을 향해 쩨려보고 있었다. 벽보에 눈길이 닿은 장 씨는 괜스레 위산이 역류하는 느낌이 들었다.

관절이 지끈거리는 무릎부터 굳어 왔다. 이젠 사타구니마저 얼얼해졌다. 눈알이 자꾸만 흐릿해져 때 묻은 소매에다 얼굴을 쓱 문질렀다. 멀건 콧물이 실낱처럼 풀어져 길게 묻어났다. 뻣뻣하게 굳어진 왼손으로 코를 풀어 바지 뒤춤에다 문질러 닦았다. 집에서 아버지가 돌아오길 기다리며 짐을 꾸리고 있을 아이들…

짐이랬자 찌그러진 냄비에다 이 빠진 요강이 제 몫을 할 뿐, 고물장수도 침이나 뱉을 것들뿐이었다. 그래도 아버지가 어딘가 갈 곳을 마련해서 돌아오길 기다리며 주인집 아주머니의 잔소리도 함께 보따리에 싸 넣고 있을 아이들이 눈앞에 자꾸만 어른거렸다. 머리는 호도가 깨어지듯이 바스러질 것 같았다.

그때 공원 안쪽으로부터 한차례 회오리바람이 일어났다. 쉬이잉! 흙먼지를 업고서 지나치는 회오리바람에 아이들 생각을 뺏겨 버렸다. 끔벅이며 다시 눈을 떴을 때 리어카 위에 쌓여있던 쥐약들이 낯설게 느껴졌다. '쥐약'이란 붉은 글씨 밑에 굵직한 화살이 쥐새끼의 배때기를 꽉 뚫고 관통한 겉봉을 보자 까닭 모르게 배가 아파 왔다. 그때야 온종일 굶은 것이 생각났다. 사실은 회오리바람을 뒤따라 온 싸늘한 냉기가 배고픔을 들추어낸 것이리라.

배가 고팠다. 그 사실만은 그 어느 것보다 현실적으로 느껴졌다.

'지금 나는 춥고, 배가 고프다.'

그 느낌은 몽롱한 장 씨의 의식 속에서 무엇보다 강하게 살아 움직였다.

배고픔 속에는 언제나 어무이가 있었다. 난리가 터지고 이제 곧 어무이가 돌아올 거라는 기대는 또 다른 고통으로 되돌아 왔다. 그것은 굶주림이었다. 배가 고플수록 돈 많이 벌어 오겠다던 어무이에 대한 기대감은 고무풍선이 되어 자꾸만 부풀어 올랐다.

난리가 터지고 나자 고아원 아이들이 구경할 수 있는 것은 오줌 한 번 싸기에도 부족한, 하루 강냉이죽 한두 끼니가 고작이었다. 그래도 원장 장로는 언제나 아이들에게 감사해야 한다고 그랬다. 아이들 중 어느 누구도 배고픈 것을 왜 감사해야 하는지를 이해하지는 못했지만, 금방 설사를 해 놓은 것 같은 강냉이죽을 앞에 놓으면 원장 장로의 기도 소리에 모두 고개 숙여 눈을 감아야 했다. 그러나 아이들의 손과 입은 쉬지 않았다.

"뚜여! 태초에 천지를 창조하시고, 아담과 하와를 만드신..."

혀가 짧은 원장 장로의 기도는 창세기로부터 계시록까지 이어졌고, 모세가 출애굽을 하기도 전에 떨거덕거리는 밥그릇 소리는 찬양을 이루었다.

그래도 계속되는 원장의 기도가 마침내 계시록을 거쳐 원수 같은 빨갱이들을 하나도 남기지 말고 천벌을 내려 싹 쓸어버릴 것을 '뚜여'에게 단호히 명령하는 데서 기도가 끝이 났을 때, 아이들은 그저 입만 다시고 있을 뿐, 뒤늦게 식은 죽을 먹는 것은 언제나 원장 혼자였다.

어쨌거나 엿가락 같은 원장의 기도는 항상 아이들의 배고픔을 가중시켰다. 왜냐하면 기도 때마다 꼭 등장하는 '뚜여'가 이스라엘 사람들을 고기와 하늘의 과자로 배 터지게 먹여준 얘기나, 오천 명을 먹이고도 열두 바구니나 남은 얘기는 항상 아이들의 배고픔을 자극하였고 남은 떡의 행방에 대해 아이들은 항상 궁금해했다.

억울한 세월만 흘러 배고픔에 익숙해진 장 씨에게 그 고아원 시절 강냉이죽이 그리운 적이 한두 번이 아니었다. 배고픔이야 천장에 붙어사는 벼룩이도 함께 당하는 것이었고 걱정 없이 강냉이죽 그릇이라도 두드려 댈 수 있었던 것이 아득한 향수로 피어오르는 것이었다.

굶었는지 먹었는지 아리송한 날들은 생각이 저도 모르게 고아원을 향해 가 버렸다. 그때마다 떠오르는 것은 원장 장로의 피 가래 섞인 기도 소리였다. 먹다 남은 떡에나 관심을 가졌지 제대로 귀 기울인 적이라곤 없었던 원장 장로의 기도 소리는 때때로 무당의 푸닥거리 주문 같은 특별한 의미로 다가와 서는 통창을 녹여 줄 때도 있었다. 그것은 천당을 낚시질 하는 찌처럼 치솟은 예배당의 십자가들을 볼 때도 간혹 그랬다.

그래서였는지 모른다. 장 씨가 까닭 모르게 예배당을 가보고 싶은 유혹에 이끌린 것은. 실제로 몇 번인가 장 씨는 광야의 유혹당한 선지자처럼 예배당 을 찾아간 적이 있었다. 그러나 그때마다 식은 밥을 노리는 각설이 꾼이 무엄 하게도 초인종을 누른 것 같은 따가운 눈총에 조리돌림을 당하곤 했다.

젠장 할, 세상은 바야흐로 더럽고 앵꼬운 세상이었다. 니미랄꺼...

난리가 끝나고 숨이 끊어진 도시 위로, 한을 품은 북풍이 다시 쳐들어 왔다. 모든 것이 죽어가고 있었다. 살아 있는 거라곤 하늘에서 버려지는 눈 부스러 기뿐이었다.

유난히 흰색을 좋아했던 사람들. 그들 속으로 흐르는 붉은 피는 시간을 두 고 얼어붙고 있었다. 단지 번뜩이는 것은 열흘을 굶은 식인종의 눈에서 보이 는 살기뿐. 군데군데 줄 지어선 피난민 텐트 위로는 느낌 없는 눈발만이 생동 감을 유지하고 있었다. 모든 것이 그대로 정지되어 있었고 삶도 죽음도 한계 를 넘은 지 오래였다.

어무이를 찾아 나섰다. 빨간 치마를 휘어 감은 엉덩짝만 삐딱거리며 뒤도 돌아보지 않고 가버린 어무이. 그 어무이에 대한 그리움은 배고픔과 함께 흰 주검들이 쌓이는 꼬부라진 길 위에 검정 고무신의 화인이 되어 고리를 끼고 있었다.

하루 두 끼니 강냉이죽도 어무이를 그리는 여린 마음을 덮어주지 못했고, 바람막이 판자로 둘러싸인 고아원의 조개탄 난로도 어무이가 보고 싶어 맺힌 마음을 녹여주지 못했다.

뻥 뚫린 고무신 앞 대가리로 싸늘한 냉기가 스밀 때마다 처음엔 망치로 두드리다가 그다음엔 톱으로 쓸어내는 것 같이 시리던 발가락은 시리고 시려서 더는 시리지 않도록 감각을 잃어 갔다. 펑크 난 고무신에 양말도 신지 못했으니 맨발로 눈 위를 걷는 것이나 다름없었다.

그 잃어버린 감각은 밤이 되어 피난민촌 구석에 자리를 얻어 누울 때마다 지랄 같은 근지러움으로 되살아났다. 밤을 새워 발가락을 움켜잡고 긁어대어도 근지러움은 그보다 안쪽으로 숨어버렸다. 피가 질질 흘러 지쳐서 쓰러지고, 다시 아침이 오면 발가락은 또 감각을 잃어 갔다.

밤을 지새우는 근지러움은 어무이에 대한 생각을 간절하게 만들었다. 이젠 어무이가 돈 많이 벌어 오지 않아도 좋았다. 남의 집 쓰레기통을 뒤져 시래깃국을 끓여 먹더라도 어무이만 있으면 좋을 것 같았다.

'어무이! 어무이― 지금 어디 있능교!'

빨간 치마를 입은 사람들을 볼 때마다 가슴은 참새 가슴이 되어 팔딱거렸고 '어무이!'란 고함소리는 생각보다 먼저 튀어나왔다. 그러나 어무이의 모습은 아무리 달려가도 가까워지지 않았다. 그런 꿈이 꾸이지 않는 날은 너무나 지쳐서 꿈마저 잠이 든 날이었다.

세상에 그렇게 길이 많은 것은 하나님의 잘못인 것 같았다. 오르막길과 내리막길, 굽어져 휘어진 길과 숨이 차도록 가파른 길, 끝이 없이 뻗어나기만 한 길, 아스팔트 신작로에 자갈길과 진흙 길, 그리고 길, 길, 길...

눈이 녹아 얼면 그 위에 다시 눈이 쌓이고 그러면 고무신의 화인이 다시 고리를 엮고. 해가 지는 길에서는 어디서고 잠자리를 구해야 했다. 다른 인심들은 야박하지 않았지만, 먹는 것만은 누구도 남의 입장을 생각할 여유가 없었다. 하루 두 끼니 강냉이죽이 그리워 고아원으로 돌아섰던 발자국도 매일 눈길 위에 얼어붙고 있었다.

멀리 있는 어무이보다 현실의 주린 배는 수단 방법을 가리지 않게 만들었다. 수단도 방법도 한 가지밖에 통용되지 않았다. 구걸하는 것보단 훔치는 게 현명한 짓이었다. 도둑은 맞아도 남의 깡통에 강냉이 가루든, 우윳가루든 스스로 내밀 배짱이 사람들에겐 없었기 때문이다. 그것은 누구도 원망할 수 없는 현실의 질서였다. 그 속에서 살아남아야 했다. 열 살의 어린 나이에 어무이를 찾겠다는 일념만을 장대에 높이 매단 채…

신기하게도 발가락의 간지러움이 수그러들고 고통이 점점 느껴지지 않게 되었다. 눈 위에 닿아도 시린 감정이 점점 없어져 갔다. 시릴 때의 아픔도 간지러울 때의 뒤틀림도 느낌에서 빠져나갔다. 손으로 만져도 밀가루 반죽처럼 물렁거릴 뿐, 아프지도 근지럽지도 않았다. 밤은 단지 하나의 고통일 뿐, 언제나 무서운 마음으로 밤을 쳐다보았었다.

그러나 이제 밤은 어디까지나 밤이었고, 숨을 재우는 꿈의 아지트였다. 겨울이 익는 숨소리가 나약한 판자의 살갗을 뚫고 들어오면 타는 듯 마는 듯하던 '거지탄' 난로는 단말마의 비명도 없이 숨을 거두어 버렸다. 까불거리는 호롱불에 전쟁에 죽어간 유령들이 천장에 뛰놀면 난생처음 들어보는 요사스러운 억양들이 추위를 녹여 주었다. 그러면 졸음은 어느새 꿈에 매단 어무이를 쫓아 가버린다.

그렇게 끊어지지 않는 희뿌연 아침들이 오그라든 새우 몸뚱이 위로 금 가루 같은 햇살로 날리며 기어오르던 어느 날. 바닥에 깐 가마니는 냉기에 얼어 버린 지 오래였고, 뒤덮어 쓴 거죽에서 나는 메케한 냄새에 아직도 목이 메웠다. 굳어버린 몸뚱이는 말라붙은 명태 조각마냥 뻣뻣해졌고, 싸늘한 기운은 창자를 타고 오르내렸다. 옆에서 자던 사람들은 대부분 일어나 앉아 거죽을 덮어쓰고 있었다. 입술들이 굳어버린 탓인지, 귀찮아서인지 그렇게도 시끌시끌하던 아주바이, 아주마이들도 거죽을 둘둘 말아 걸치고서 돌무덤처럼 멍하니 아침을 헤아리고 있었다.

아침이 왔다고 아침을 준비하는 사람은 아무도 없었다. 하루 한 번의 강냉이 가루와 우윳가루의 배급이 그들이 매어 달린 유일한 숨줄이었기 때문이다. 아직 배급이 시작되려면 두어 시간은 지나야 할 것이다.

효수도 굳어버린 몸뚱이를 간신히 일으켰을 때였다. 발가락의 촉감이 갑자기 섬뜩했다. 거죽을 들추고 발을 치켜들었다. 그런데...

"아이구! 야레, 이거 큰일났구마, 으잉!"

옆에 있던 아주마이의 비명 같은 소리는 초점 잃은 눈들에게 일순간 불을 질렀다.

"어이쿠, 이런!"

"아직 어린 게 안됐네, 쯧쯧쯧..."

"아이, 우째 저카도록 놔뒀노! 저걸 우야노! 이게 다 그놈의 전쟁 탓 빨갱이 탓이고마!"

주위에 모여든 사람들은 제각기 이상스런 말투로 한마디씩 보탰지만, 눈길은 모두 한곳에 머물렀다.

거죽에 둘러붙은 새까맣게 썩어 문드러진 발가락, 하나, 둘, 셋, 모두 세 개였다. 아프진 않았다. 그래서 울지도 않았다. 아마도 어무이가 있었더라면 울었을지 모른다. 그러나 지금 눈물은 아득히 먼 곳에 있었다.

"찍! 찌익!"

끈끈히 판 위의 송곳 털 쥐가 비명을 지르는 바람에 파묻혔던 환영의 늪에서 헤쳐 나왔다. 굳게 잠긴 하늘은 이미 어둠에 침범당한 뒤였다. 바람은 그어둠을 틈타 더욱 본색을 들추어내었고, 그런 횡포에 기가 질린 사람들은 누구도 감히 맞서지 못하고 제 앞길들만 재촉하고 있었다. 길을 따라 듬성듬성서 있는 가로등만이 얼어붙은 어둠을 녹이려고 악을 써대고 있을 뿐이었다.

"찍! 찍! 찌익..."

장 씨의 짐작이 맞는 것 같았다. 끈끈이 판 위의 쥐는 배가 볼록한 게 새끼를 밴 암컷이 분명했다. 그래도 지금 당장 새끼를 낳으리라곤 생각하지 않았다.

숨을 헐떡이는 쥐의 모습이 희미하지만, 분명히 느껴졌다. 어쩌면 죽어버릴지도 모른다. 그렇다고 해서, 쥐새끼 한 마리 죽는다고 해서, 쥐약 장수가 무슨 느낌이나 감정이 있을까? 그건 말도 되지 않는, 한길에 싸돌아다니는 미친개가 들어도 우습다고 짖을 일이다.

그런데도 지금의 장 씨 기분은 자꾸만 이상한 느낌에 유혹당하고 있었다. '죽지 마라, 죽지 마라!' 그런 근원도 알 수 없는 외침이 저 깊숙이 똥창으로부터 솟구치는 것이었다. 바람은 계속해서 그 위력을 과시하고 있었다.

물기에 젖은 털이 얼어붙어 삐죽해진 쥐가 다시 한번 가냘픈 비명으로 찍찍대었을 때, 장 씨는 무의식적으로 끈끈이 판 위에서 쥐를 떼어 내어 쥐약 더미 위에 놓아 주었다. 추위 때문인지 경직된 근육 때문인지 쥐는 도망도 가지 못하고 한참이나 파르르 경련을 일으켰다. 장 씨의 시선은 거기에 고정되어 흰자위 부분만 무섭도록 커져갔다.

어쨌거나 밤은 아랑곳하지 않고 제 갈 길을 서두르고 있었다.

아이들, 하루 온종일 굶고서 지금쯤 대문 앞에다 화적 보따리 같은 짐들을 쌓아두고 아버지를 기다리고 있을 아이들. 거세지기만 하는 북풍에 가슴팍을 옴짝 오므리고 발이 시려서 동동거리고 있을 아이들. 내 새끼들...

하루 종일 번 돈은 백동전 스무 남은 개와 천 원짜리 지폐 몇 장. 갈 곳이 어디냐? 배는 고픈데...

'죽지 마라! 죽지 마!'

다시 쥐가 찍찍대기 시작했다. 설마, 지금...

그런데 그 설마가 찍! 하는 외마디의 비명에 금이 가고 말았다. 송곳 털 쥐는 새끼를 까기 시작했다. 고통에 찢어진 산모 같은 거친 숨을 헐떡이며 계속해서 새끼를 까발렸다. 죽음이 깔린 리어카 위에서 새끼손가락만 한 생명이 꼼지락대었다.

'이럴 수가!'

점점 확장되는 장 씨의 동공으로 여섯 마리의 쥐새끼가 들어왔다. 이런 같잖은 일이 또 어디 있단 말인가! 어디 자리가 없어서 하필이면 저희 배때기에 굵은 화살이 콱 처박힌 쥐약 더미 위란 말인가? 헉! 헉! 소리는 없었지만 느낌은 충분했고, 송곳 털 쥐는 참새 발 같은 사지를 부르르 떨었다.

'죽지 마라, 죽지 마!'

별도 달도 얼어붙어 와장창 깨어진 지 오래였고, 가슴팍까지 내려앉은 암청색의 하늘을 가르고 밉살스런 바람 줄기만 껍죽대고 있었다. 끝내... 아무리 만지작거려도 송곳 털 쥐는 미동도 하지 않았다.

'이런 죽일! 망할 년의 쥐새끼! 새끼들은 우짜노! 니 새끼들!'

쥐약 더미 위에서 태어난 쥐새끼들, 언젠가 자라면 그걸 먹고 뒈져버릴 새끼들이 쥐약 위에 태어나다니! 미친 새끼들! 웃기는 새끼들!

다시 한번 그놈의 굵직한 화살이 심장을 뚫고 지나갔을 때, 배고픔이 목젖 끝에 매어 달렸다. 배가 고프다. 나는 지금 춥고 배가 고프다. 그 느낌만은 장 씨의 것이었고, 장 씨로 하여금 자신을 느끼게 하는 단말마 같은 것이었다. 그 느낌마저 없었더라면 장 씨는 지금 무덤도 없는 송장이 되었을 것이다.

배고파 있을 아이들. 동장군 매서운 칼날에 몸을 도사리고 있을 아이들. 내 새끼들... 쥐새끼들... 불쌍한 새끼들...

꼼지락거리는 것은 살아 있다는 것이다. 그러나 삶은 아니었다. 눈도 뜨지 못한 핏덩이 여섯 마리 쥐새끼들. 어차피 눈을 떠 보았자 볼 것도 없는 세상이었지만, 손가락 한 마디 정도도 안 되는 것들이 살아서 꿈틀거리고 있는 것이다. 쥐약을 먹기도 전에 얼어 죽고, 굶어서 뒈져버릴 것들이...

그 꼼지락거림은 휑하니 찬바람만 이는 창자를 슬슬 긁어대었다. 끈질기게 살아남은 배고픔이 자꾸만 목젖을 끌어당기자 창자의 뒤틀리는 근육이 입가에 묻어났다.

'ㅎㅎㅎㅎㅎㅎㅎ...'

그때였다. 번뜩이는 칼날의 서슬 푸른 빛이 장 씨의 눈에서 튕겨 났다. 나는 지금 배가 고프다. 살아야 한다! 어떻게 해서든 살아야 한다! 내 새끼들, 어차피 뒈져버릴 쥐새끼들.

관절염이 되살아 난 왼쪽 무릎이 다시 쑤셔댔지만, 꼼지락대는 쥐새끼들에게 고정된 눈길은 돌처럼 굳어 버렸다. 의수처럼 뻣뻣하게 굳어서 느낌이 없어져 버린 손이 어둠 속을 뻗어 나가 새끼 한 마리를 집어 들었다. 분명히 살아 있는 촉감이 짜릿하게 느껴져 왔다. 부서지는 가로등 불빛을 제치고서 머리 위로 치켜들었다. 꼼지락거리며 움직이는 것은 분명히 살아 있다는 것이었다.

'그래, 살아야지! 살아야 해!'

독기가 번진 장 씨의 눈길이 매섭도록 쥐새끼를 후려쳐대었다. 바람은 팔방으로 몸서리치며 설쳐대고 어둠은 땅에서부터 새롭게 지펴났다. 그럴수록, 손바닥 안의 쥐새끼가 꼼지락거릴수록, 생각은 한 곳에 모여들었다.

'배가 고프다! 살아야 한다!'

생각이 그렇게 응고되어버렸을 때, 장 씨는 고개를 뒤로 젖히고 목젖이 깔딱거릴 만큼 입을 벌려서 손바닥에 거머쥔 모든 것을 털어 넣었다. 그리곤 사정없이 씹어대었다.

쩍! 쩍!

어느 굿거리 판에서 얻어먹은 돼지비계 같은 물컹거림이 엷은 비린내와 함께 콧구멍으로 새어 나왔다. 입안을 감도는 느끼하고 씁쓰름한 맛. 그러나 고기 맛이 싫지는 않았다. 두 마리, 세 마리... 계속해서 씹어대었다. 깡 소주판, 멸치 작살 내듯이 장 씨는 마지막 여섯째 마리까지 단숨에 해치웠다. 오랜만에 맛보는 고기 맛은 입가에 허연 미소를 그려 놓았다.

흐흐흐...흐히히히히...히이...꺼이꺼이, 꺼...어...

그냥 삼켜버린 마지막 놈이 식도를 더듬는 게 느껴졌다.

히히히...

배고픔 위에 겹친 느끼함은 목을 조르는 갈증과 구역질을 돋우었고, 화살이 뚫고 지나간 배때기가 자꾸만 쓰려왔다. 이제 리어카 위에 쥐새끼는 한 마리도 남아 있질 않았다. 남은 거라곤 배꼽에 화살이 박힌 놈들뿐이었다.

그중의 한 놈을 집어 들었다. 꿀렁거리는 위장은 그것을 간절히 필요로 하고 있었다. 한잔의 소주를 마실 때처럼, 하늘로 손을 치켜들어 건배를 외쳤다.

'빨간 치마를 휘감은 엉덩짝만 삐딱 거리며 뒤도 돌아보지 않고 가버린 어무이! 허구한 날 빈 냄비로 장단만 맞추다 용케도 제 새끼를 버리고 간 마누라! 어디서 화냥년이 되어 있을지 모를 선녀! 그리고 대문 앞에 화적 보따리 같은

꾸러미를 쌓아두고 시린 발만 동동거리고 있을 새끼들! 몽조리 건배다! 히야 하하하하하! 건배!'

예수가 마신 마지막 잔의 포도주 빛 액체가 목젖을 태우며 흘러들었다. 아직도 꿈틀거리는 웃기는 쥐새끼! 크크크! 어무이, 마누라, 내 새끼들... 어떻게든 살아야지, 암, 살아야지! 살아야지!! 내 새끼들, 내 새끼들!!

킥! 카아악, 켁, 켁, 켁! 크에에엑! 끼악! 쿠쿠쿡! 꿔어이, 꿔어이, 꺽! 깍! 캬악! 꾸억...꾸어...끄...

〈에필로그〉

강 목사가 전화를 받은 건, D병원 원장인 송 장로에게서였다. 창문을 흔들어 제치는 바람에 세상은 금시라도 절단 날 것 같았다. 자정이 가까워져 오고 있었다.

'젠장, 해도 너무 한다. 이 바람 불고 추운 야밤에 우리 교회 교인도 아닌, 누군지도 모르는 비렁뱅이가 죽어간다고 목사를 깨우다니!'

옆에서 뒤척이는 아내는 까닭 없이 '주여!'를 되새김질하며 몸을 뒤척였다.

어둠 속에 죽어가고 있는 거리는 찬물을 퍼붓는 듯한 싸늘함으로 얼어붙은 가로등을 깨뜨리고 있었다.

"무슨 일입니꺼, 장로님."

"자살을 기도한 것 같습니다."

"자살? 어이쿠 그건 죄악이지! 어떻게 됐심니꺼?"

"치사량은 아닌 것 같지만 극심한 영양실조로 신체의 저항력이 약해져서 소생하기는 힘들 것 같습니다."

"저런! 쯧쯧쯧, 지옥문이 훤하게 생겼구먼."

"......!"

"도대체 이 사람 누굽니꺼?"

"저도 잘은 모릅니다. 주일 날 교회에서 몇 번인가 본 것 같기도 합니다만, 하여튼 교회에 나온 적이 있었던 건 분명한 것 같습니다. 여기 이렇게 목사님 앞으로 편지를 남긴 걸 보면. 그래서 목사님을 부른 겁니다."

"편지요! 내게요?"

강 목사가 받아 든 찢어진 시멘트 포대 조각 위엔 삐뚤삐뚤 서툰 글씨가 굴곡을 이루고 있었다.

'목사님, 내도 살고 싶었심더. 죽는 기 두려웠심더. 내 새끼들 데꼬 하루라도 더 살고 싶었어예. 목사님, 그런데 앞이 캄캄하고 도저히 헤어날 길이 안 보이는 기라예. 이 길 밖에 길이 없었심더. 에미를 그리는 새끼들의 슬픈 눈망울을 보면서, 애비 노릇도 못하는 기 더 이상 두 눈을 말똥거리고 있을 수가 도저히 없었심더. 이 못난 애비 심정을 목사님이사 이해하시겠지예. 아무리 생각해도 목사님 밖엔 지 새끼들을 부탁할 곳이 없었심더. 염치없는 소리지만도 고아원에만은 보내지 말아 주이소. 내도 고아로 컸심더. 내 새끼들까지 고아로 만들 수는 없는…….'

그 뒷부분은 찢어지고 없었다. 종이를 바닥에 집어 던지며 강 목사는 눈을 부릅떴다.

"허허, 아무리 세상살이가 어렵다케도 스스로 목숨을 끊다이! 말도 안 되는 소리구마! 세상에 힘들게 사는 사람들이 어디 한 둘이라꼬! 하나님이 주신 생명을 없애는 거는 절대로 용서 못 받는기라예!"

송 장로는 안경을 고쳐 쓰며 강 목사의 진주 알 넥타이핀만 느낌 없이 바라보았다. 형광등 여린 숨결 아래, 창백하게 반사되는 눈물 빛 그 앙증스런 끔뻑거림에 자꾸만 울적한 기분이 감싸 돌았다. 조금 전 위세척을 하다 받은 충격이 좀처럼 손끝에서 벗어나지 못하기 때문인지도 모른다.

정상적인 인간이 과연 그럴 수가 있었을까? 왜? 왜… 단순히 배가 고파서? 그러면 도둑질이라도 할 일이다. 어떻게 그럴 수가 있단 말인가? 한 되 반밖에 되지 않는 인간의 위장을 채울 것이 그렇게도 없었을까.

"원장님, 환자가 눈을 떴어요."

간호사가 다급하게 소리쳤다.

"맥박은 어때?"

"아주 느려요."

"흐음, 여보세요! 말할 수 있겠어요? 당신 집이 어딥니까? 이름이 뭐예요?"

송 장로는 환자의 귓가에다 입을 대고 소리쳤다. 그러나 이미 초점이 풀려버린 환자의 눈빛은 말을 할 수 있을 것 같지 않았다.

"여보세요! 집을 알아야 어떻게 도와줄 수가 있지요! 집이 어딥니까?"

여전히 초점 잃은 동공이 불빛에 반사될 뿐, 반응이 없었다. 맥을 짚어 보았다.

뚜 욱...뚜 욱...

그것은 살아 있는 자의 호흡이 아니라 생명이 꺼지는 소리였다. 꺼져가는 생명 앞에 서 있는 의사보다 더 허무한 것은 없다.

"목사님, 마지막 기도나 해주시지요."

송 장로는 자신의 허전한 마음을 감추려 뒤로 물러나며 강 목사에게 여린 목소리로 말했다.

"이 보소! 내 말 들리능교? 당신 그냥 죽으면 지옥 가고 말아! 회개하시오!"

강 목사는 환자의 어깨를 잡아 흔들기 시작했다.

"회개하시오! 당신 지옥 간다 말이야! 하나님께 회개하시오!"

그때였다. 환자의 입술이 달싹거리며 움직이는 것 같았다. 강 목사는 급히 귀를 갖다 대었다.

"ㅂ...ㄱ...ㅍ..."

"뭐라카노? 크게 말해보소!"

환자의 입술은 열심히 무언가를 말하려는 것 같았다. 송 장로도 긴장이 되었다. 연락처라도 알아야 했기 때문이었다.

"다시 말해 보소!"

강 목사가 환자의 귀에다 입을 대고 고함을 질렀다.

"배가...고파요..."

"아니, 이런! 이봐요! 회개하라카이! 회개!"

송 장로는 환자가 뭐라고 말했는지 알아듣지 못했지만 강 목사는 마구 화를 내는 것이었다.

제2부 소설

"이런 답답한 사람 봤나. 이봐! 회개하라구! 당신 지옥간다카이!"

강 목사는 환자의 어깨를 흔들며 계속 고함을 쳐댔다.

"배가......고파요......"

이번엔 송 장로도 분명히 알아들었다. 허공에 박혀있는 환자의 눈동자에 신기하게도 물방울이 매달렸다.

"회개해! 당신, 지옥 가! 하나님께 '잘못 했심더' 하고 용서를 빌어!!"

송 장로는 점점 신들린 사람처럼 자제력을 잃어가는 강 목사를 보고 무서운 생각이 들었다.

"배가...고파요. 배가..."

"아니, 이 사람이! 이봐! 하나님께 잘못했다고 빌어! 안 그러면 당신 지옥 가! 이게 마지막 기회야!"

산 자와 죽은 자의 싸움이었다. 살아 있는 자는 죽은 자를 향해 마음껏 허세를 부릴 수가 있는 법이었다. 살아 있다는 그것만 가지고도...

"회개하라카이! 그라마 천당갈 수 있다카이! 이 보소!!"

"배가...고파...요..."

"회개해! 회개하라카이!"

"어...무이...배가...고파...요..."

그러다가 환자는 갑자기 손을 치켜들어 허공을 꽉 움켜잡았다. 그와 함께 단말마의 비명처럼 외마디를 토해 내었다.

"내 새끼들!!"

그리곤, 강 목사가 아무리 몸뚱이를 뒤흔들어도 더 이상 대꾸하지 않았다.

회개하지 못한 불쌍한 영혼에 대한 강 목사의 목을 조르는 고함은 죽음을 넘어 계속되었고, 간호사가 백색 시트를 환자의 얼굴 위로 덮어주는 것을 보고 송 장로는 돌아서서 응급실 밖으로 나왔다.

병실 문 밖에는 세월의 때가 묻어 빤질빤질 윤기가 흐르는 환자의 군용 파카가 병원 냄새를 홀로 삼키고 있었다.

〈당선 소감〉

실존이니 존재니 저는 그런 철학을 잘 알지 못합니다. 제가 아는 것이라고는 서문시장 리어카 쥐약 장수가 하루에 몇 번 삶을 위해 도망을 쳐야 하며, 일흔이 훨씬 넘은 마늘을 파는 할머니가 서른이 넘은 아들의 술값을 대기 위해 하루에 얼마를 벌어가는지 정도뿐입니다.

'인간은 패배하라고 만들어지지는 않았다'라는 헤밍웨이의 말을 저는 신앙합니다. 그렇습니다. 인간은 파멸되고 찢기워질 수는 있어도 패배할 수 없는 의식체임을 저는 굳게 믿습니다.

그러므로 삶을 영위하기 위한 최초의 의무가 견디는 것임을 또한 믿습니다. 비록 인간이 고통을 통해 성장한다고는 하지만 고통은 어디까지나 고통인 것입니다. 외람되지만 저는 그 고통을 뛰어넘고 싶었습니다. 그러나 우리 주위엔 자신의 의도와는 달리 불행한 이들이 너무나 많습니다. 제가 던져주는 백동전 하나로 그들의 삶이 행복해지기를 간절히 바라지 않은 날들이 기억에는 없을 정도이지만, 그래도 저는 희망을 잃어버리고 싶지 않습니다.

행여 제가 쓴 졸작을 읽으신 분이 다만 삶의 비참한 면만을 느끼신다면 저는 두 번 다시 글을 쓸 용기를 잃어버릴지도 모릅니다. 제 좁은 소견으로는 작가는 독자로 하여금 현실의 어둠을 깨우치게 해야 하는 의무감이 있지만, 그와 동시에 그 독자의 허한 아픔을 쓰다듬어 줄 수 있어야 한다고 믿기 때문입니다.

인간실존의 애매성! 제가 대학에서 건져낸 가장 의미 있는 위로와 채찍의 말입니다. 제가 그것을 몰랐던들 앞으로의 제 삶이 얼마나 비참했을까를 종종 되새겨 봅니다. 그 깊은 의미를 지금도 모두 다 이해할 수는 없지만 제가 그 실존의 애매성을 망각할 때마다 채찍이 되어주는 종희에게 이 기쁨을 모두 전하고 싶습니다.

실은 또다시 느낄 뿐입니다. 당선이란 순간의 기쁨과 긴 시간의 아픔으로 남는 그 무엇임을…

뻐꾸기 둥지

(2005)

최선한 선생의 무남독녀 외동딸 주희는 산삼보다 귀하다는 고3이다.

주희는 자기 학교 전교에서 다섯 손 안에 드는 성적을 유지할 정도로 똑똑한 딸이고, 마음씨 또한 착해서 모두들에게 인기가 꽤 있는 딸이다. 장차 한비야 같은 탐험가가 되어 어려운 사람들을 도와주며 불꽃같은 삶을 살겠다고 입버릇처럼 말하던 속 깊은 딸이다.

그러나 요즘은 그 딸을 생각나게 하는 것들만 봐도 최 선생은 가슴이 아려왔다. 자신의 학교의 고3 수험생들이 밤늦게까지 야간자습을 하는 것을 보고 있노라면 가슴이 시리고 저려왔다. 주희는 당분간 공부를 계속할 수 없기 때문이다. 어쩌면 영원히 공부를 못하게 될 지도 모른다. 사실 이런 상황에서 공부가 무어 그리 대수겠는가? 그보다 자신의 깨어진 꿈의 아픔을 마음껏 토해내지도 못하고 깊은 속 안에 감추고 있는 딸을 보는 게 더욱 아비 마음을 야위게 했다. 딸애의 꿈이 푸르른 만큼 아픔 또한 원초적으로 아비 가슴을 바스러뜨려 놓았지만 무기력한 아비는 그저 허공을 바라볼 수밖에 없었다.

봄꽃처럼 소담스럽던 딸이 쓰러진 것은 윤중로의 벚꽃들이 보석처럼 흩날리던 눈부신 봄날이었다. 병명은 이름만 들어도 무릎이 떨리는 '급성 골수성 백혈병'.

딸아이의 병원비에 보탬이 되겠다며 일을 시작한 아내가 늦게야 퇴근하기 때문에 학교에 잠시 양해를 구하고 병원으로 가는 최 선생이 오늘 따라 더욱 긴장하는 것은 딸아이의 치료를 위해 '자가 골수 이식'이 가능한 지 테스트 결과가 나오는 날이기 때문이었다. 만만찮은 병원비도 문제지만, 남의 골수를 이식해야 한다면, 주희의 경우는 남들과 달리 문제가 보통 복잡한 게 아니기 때문에 초조함이 더할 수밖에 없었다.

  가운을 입고 손을 소독하고 모자랑 마스크까지 쓰고 나서야 딸아이가 입원한 통제병동으로 들어갈 수 있다. 그것도 아주 잠깐만 면회가 허락된다. 하루 종일 혼자 누워 있던 주희는 아빠를 보자, 웃으면 없어지는 눈이 실 같은 초승달이 되었다. 커다란 마스크가 얼굴을 전부 덮어버려 겨우 내어 민 두 눈이 오늘따라 까마득히 깊어 보여 버릇처럼 가슴이 시려 왔다. 자신은 잠시면 되지만, 주희는 하루 종일 마스크를 하고 있어야 한다. 화학 요법과 함께 방사선 치료를 받은 지 얼마 되지 않았는데 벌써 그 고운 머리털이 많이 빠져버려 아비의 가슴에는 더 많은 구멍이 숭숭 뚫려 철 이른 가을바람이 제멋대로 드나들었다.
  "사랑하는 딸! 오늘 기분은 어때?"
  혹여 자신의 마음을 들킬새라 최 선생은 짐짓 힘을 주어 말했다.
  "저야 늘 기분이 최고죠, 아빠는요?"
  힘에 지쳐 기운이 없으면서도 언제나 명랑함을 잃지 않는 딸이 너무 고마울 따름이다.
  "아빠도 늘 최고지. 우리 공주마마가 있는데……."
  "의사 선생님 만나 보셨어요?"
  "그래."
  "뭐라고 그러셔요?"
  "응, 주희는 착해서 자가 골수 이식이 가능하대. 근데 확률이 반반이라나."
  "그럼 어떡하지 아빠?"

"우리 공주님은 걱정하지 마. 이따가 엄마가 오면 상의해서 결정할거니까. 아빠 또 학교 들어 가봐야 하거든. 이따가 저녁에 다시 올게."

"아빠, 나 올해 수능 어떻게 하지?"

"주희야, 그건 나중에 생각하자. 지금은 건강만 생각하는 거야. 시험은 내년에도, 으흠……."

"……."

아빠가 헛기침 속에 말꼬리를 감추자, 고개를 가만히 창가로 돌리는 주희는 사물이 갑자기 뿌옇게 흐려오며 코끝의 따가움이 척수를 타고 흘러내렸다. 그런 딸아이의 시린 마음이 두터운 유리를 비집고 나와 목젖을 따끔거리게 했다. 꿈 많던 여고 3년생이 겪어야 하는 좌절감의 응어리는 아빠의 가슴 속에서 태풍을 일으키며 이렇게 화사한 날을 짙은 안개 속에 가두어 버렸다.

학교로 돌아오는 전철 안에서도 주치의인 닥터 송이 한 말이 자꾸 귓속을 맴돌며 호흡을 거칠게 만들었다. 퇴근길의 복잡한 전철 안에 아득히 저 먼 꿈속처럼 느껴졌다.

"주희의 병이 급성으로 진행되고 있어 골수 이식이 시급합니다. 다행히 자가 골수 이식이 가능하긴 한데 성공적으로 안착할 확률이 반반입니다."

"선생님, 자가 골수 이식도 실패할 수가 있습니까?"

"물론입니다. 타인 골수 이식보다는 성공률이 높을 수 있지만, 면역거부 반응을 일으키는 경향은 예측하기가 어렵습니다. 가족들께서 빨리 상의하셔서 결정을 해 주셔야 합니다. 그리고 일전에 의료보험 공단에 문의한 것에 대한 결과를 오늘 받았는데, 자가 골수 이식은 보험수가로 인정이 되지 않는다고 통보해 왔습니다. 아시다시피 요즘 보험 공단이 사정이 좋지 않아서 굉장히 깐깐하게 나오네요."

"그럼 어떻게 되는 겁니까? 수술비가 많이 나올 텐데……."

"예, 수술 뒤의 처치 비용까지 합하면 부담이 좀 되겠지요. 우리가 그 동안 줄기차게 주장을 해도 잘 받아들이질 않는군요."

자가 골수 이식이 성공해서 예전처럼 딸아이의 건강한 웃음소리를 들을 수 있다면 어디 돈이 문제겠는가? 누구보다 푸른 꿈을 꾸었던 딸이 접었던 날개를 다시 펼칠 수 있다면 무엇이 아깝겠는가? 종교보다 간절한 소망들이 한강철교 아래로 길게 물든 노을 속에 함께 일렁이고 있었다.

"확률이 50%가 아니라 10%라도 해야죠. 지금 주희와 꼭 맞는 골수를 찾는다는 게 어디 쉬운 일이겠어요? 지난주에 천수를 보았잖아요."

저녁에 학교로 잠깐 들른 아내는 주희의 자가 골수 이식을 강력히 주장했다. 아내는 지난주에 천수가 하늘나라로 가는 것을 본 뒤로 더욱 마음이 조급해졌다. 천수는 주희와 같은 병을 앓던 9살 아이였다. 자가 골수 이식이 불가능했던 천수는 골수 기증자를 찾기 위해 백방으로 노력했지만, 결국 운이 닿지 못했다.

운동장 한 편의 벤치에 앉은 부부는 불이 환히 켜진 3학년 교실을 습관처럼 쳐다보았다. 창문에서 번져 나오는 안타까움들이 자신들 가슴속으로 진하게 느껴져 왔지만 서로의 마음을 다칠까봐 누구도 내색하지는 않았다. 흘러내리는 미안함이 어둠에 묻히는 게 오히려 고맙게 생각이 되었다.

"왜 자가 골수 이식은 보험으로 인정해주지 않는데요? 누가 아프고 싶어서 아프데요?"

"그러게 말이야. 어쩌겠어, 규정이 그렇다는데, 후우! 집을 팔아야 할까봐."

깊은 한숨 소리와 함께 뱉어낸 한 마디가 겨우 가다듬고 있던 최 선생의 감정의 둑에 금이 가게하고 말았다. 약해져서는 안 된다는 의식은 분명한데 자신도 모르게 빠져나간 감정들이 눈앞을 흐리게 만들었다. 교실에서 흘러내린 형광등 불빛을 너무 오래 쳐다 본 탓이리라.......

"아뇨, 아직 앞으로 치료비가 얼마나 더 나올지 모르고, 자가 골수 이식이 성공하면 다행이지만 그렇지 않을 경우를 생각해서 집은 남겨둬야죠. 적금을 해약하고 다른 데서 돈을 융통해봐야죠. 당신 교원 공단에서 융자 받을 수 있다고 했잖아요?"

아내의 목소리는 오히려 한껏 힘이 들어가 있었다. 위급한 상황에서는 여자가 더 강하고 억척스러운 건 세상을 유지하기 위한 신의 섭리일지도 모른다.

"융자가 되긴 되는데, 그게 내가 납부한 교원 회비 총액의 80% 이내라고 하더라고. 그게 얼마나 되겠어?"

운동장 곳곳에 숨어 있는 귀뚜라미들이 쌀쌀한 가을밤을 토막 내고 있었고, 밤이 깊어갈수록 최 선생 부부의 이런저런 근심도 함께 깊어만 갔다.

항암제를 투여하는 '키모'는 투여할 때 보다 하고 나서가 더 고통스럽다. 항암제는 유리부스러기로 만들어졌는지도 모른다. 주사를 맞고 나면 온몸의 핏줄들이 갈기갈기 찢어지는 듯 통증이 뒤덮여 온다. 옆에서 보는 마음이 더 아프고 힘이 든다. 끝없이 이어지는 울렁거림으로 조금만 음식을 먹어도 금방 토해버리는 딸아이를 보며 엄마는 가슴으로 산통을 느낀다.

아니다! 죽어가는 새끼를 바라보아야 하는 어미의 고통은 산통으로 비교될 게 아니다. 온 마음도 생각도 모든 감정도 그리고 세포조직 하나하나까지 예리한 면도날로 난도질을 당하는 아픔이 바로 그 어미의 아픔이 아니겠는가? 하루가 다르게 파리해져 가는 딸아이의 얼굴보다 엄마의 심장은 벌써 미라가 되어 버렸다.

"주희야 힘든 줄 알지만 조금만 먹어보자. 이 국물이라도 삼켜봐, 응!"

엄마는 간절한 마음으로 딸애의 입 앞에다 숟갈을 들이 밀었다. 엄마의 그 애틋한 마음을 주희가 모를 리 없지만, 파르르 떨리는 손을 겨우 들어 좌우로 흔들었다.

"엄마, 미안해... 정말 못 먹겠어... 나... 너무 힘들어... 세상이 온통 빙글빙글 돌아..."

수액이 몽땅 뽑혀나간 메마른 나무처럼 갈라진 목소리가 병실 안에 힘겹게 내려앉았다.

"그래, 알아, 힘들지? 엄마를 생각해서 한 술만 먹자, 응! 살기 위해선 먹어야 해. 토하더라도 조금은 남을 거 아냐, 응, 주희야."

"엄마... 목도... 너무 따갑고... 쓰려..."

엄마의 두 볼에 흘러내리는 안타까움이 뒷말을 삼켜버렸다. 자꾸만 토하다 보니 위산이 함께 올라와 식도가 헐어 버렸다고 조금 전 담당의사가 말해주었기 때문이다.

고통에도 색깔이 있다면, 자식의 고통을 바라만 보아야 하는 엄마의 고통은 아마도 짙은 회색일 것이다. 어떤 감정도 더 이상 침입할 수 없는 감정의 색이 회색이 아니겠는가.

지금 주희 엄마의 마음은 딸아이를 고칠 수만 있다면 파우스트를 대신해서 악마 메피스토텔레스에게 영혼이라도 팔고 싶은 심정이었다. 그래서 짙은 회색이 되어 버렸다.

겨우 잠든 딸아이를 보며 또 하루를 살았다는 사치스러운 안도감이 잠시 스쳐갔다. 통제병실 앞에 쓰여 있는 '오늘 당신이 허비한 하루는 그토록 바라던 누군가의 내일이었을 수도 있습니다.'라는 문구를 볼 때마다 최 선생 내외는 하루 삶의 가치와 무게를 새롭게 느끼곤 했다. 새봄에 시작된 투병 생활은 병원 주차장 주변의 캐나다 레드메이플들을 노랗게 물들이고 있었다.

살아 있다는 것만으로도 오늘 이 하루는 분명 축복인 것이다.

"어떡하지? 후우!"

깊은 밤, 병실 문을 나서며 최 선생은 아내를 보고 걱정스레 한 마디 던지고는 변명처럼 길게 한숨을 내쉬었다. 아내인들 딱히 해결책을 가지고 있을 리 만무하지만 답답한 마음을 헛기침처럼 내뱉은 것이다.

딸아이의 자가 골수 이식을 위해서는 정상적인 기능을 하는 적혈구와 혈소판의 수치가 어느 정도 유지를 해주어야 한다. 그러기 위해선 작게는 40명에서 많으면 60명분 정도의 혈소판 헌혈이 필요하다. 그것이 의미하는 바가 무엇인지를 잘 알고 있기 때문에 최 선생의 마음은 또 한편에서 무너지고 있는 것이다.

제2부 소설

"어떻게 사방으로 알아보는 대로 알아봐야지요. 요즘 헌혈들을 잘 하지 않는다는데……."

가로등 주변을 소란스럽게 뒤적이고 있는 하루살이들의 철 지난 몸부림 속에 아내의 한숨이 함께 뒤섞여 버렸다. 병원 길가를 따라 떨어진 낙엽들이 바람에 까불리며 발길을 가로막아 가뜩이나 무거운 마음을 더욱 스산하게 만들었다. 요즘처럼 살기가 팍팍해지면 사람들이 헌혈을 더욱 기피하고 특히 주희의 경우는 일반 헌혈로 해결될 일이 아니었기 때문이다.

일반 헌혈은 10여분 동안 380CC 정도의 피를 뽑으면 되지만, 혈소판 헌혈은 간단치 않다. 피를 거르는 특수 장치가 있는 병원에 헌혈자가 직접 가서 온몸의 피를 걸러 내어서 일정 양의 혈소판만을 채취해야 하기 때문에 보통 4시간 정도 걸린다. 때문에 헌혈을 부탁하기가 결코 쉬운 일이 아니다.

또한 혈관이 약한 여자들은 헌혈을 해주고 싶어도 할 수가 없다. 몸속의 피를 4시간 정도 뺐다 넣었다 반복하기에는 여자들의 혈관이 약해서 파열될 수가 있기 때문이다. 그래서 깨끗한 피를 가진 젊고 건강한 남성만이 헌혈이 가능하기에 헌혈자를 찾는 것이 이들 부부에게는 또 다른 장벽이 아닐 수가 없었다. 혈소판 헌혈은 비록 헌혈자들의 건강에는 아무런 해가 없는 일이긴 하지만 선뜻 나서는 사람들이 잘 없기 때문에 백혈병으로 투병하는 환자들에겐 무척이나 고통스러운 일이다. 투병 중에 있는 환자와 가족들의 고통이 얼마나 큰 것인지 피부에 와 닿지 않는 사람들이 자신들의 번거로움을 더 크게 느끼는 것을 나무랄 수는 없는 일이다.

최 선생 내외는 딸아이와 같은 혈액형을 가진 건강한 남자들을 찾아야 한다는 과제를 오늘 하루 몫의 무거운 짐으로 지고 병원을 나섰다. 졸음에 겨운 가로등 불빛에 걸음을 옮길 때 마다 병실에 두고 온 딸아이가 자꾸 어른거렸다.

그럴수록 스스로에게 다짐하고 마음속으로 외쳐보았다. 내일은 또 다른 희망의 하루가 시작될 거라고. 오늘 하루를 희망으로 절망을 이겨온 것처럼.

걱정한 거와는 달리 혈소판 헌혈 문제는 쉽게 해결이 되었다. 최 선생의 학교가 있는 관할의 경찰 기동대에서 최 선생의 사정을 알고는 기동대원들이 많이 지원을 해 주었다. 학교 선생님들 몇 분도 수업을 바꾸어 가면서까지 헌혈을 해 주어서 눈물겹도록 고마울 뿐이었다. 게다가 무엇보다 큰 격려가 된 것은, 딸아이가 다니는 학교에서 성금으로 모은 500만원과 150여장이나 되는 헌혈 증서를 모아 온 것이었다.

세상이 각박해졌다고들 하지만, 아직 우리가 사는 세상에 따스한 가슴이 살아있는 증거라며 최 선생은 감사하고 또 감사했다. 아마도 태어나서 '감사하다고, 고맙다고' 가장 많이 말한 한 주간이었을 것이다. 정말이지 눈물 나게 고마울 뿐이었다.

모든 것이 순조로워서 이식 수술도 잘될 거라는 주치의 닥터 송의 말에 최 선생 내외도 큰 희망을 품게 되었다.

수족관처럼 사면이 유리로 둘러쳐진 무균실에 누워 독한 항암제에 의식을 빼앗겨버린 딸아이를 바라보며 최 선생의 마음은 끝없이 무너져 내렸다. 인터폰으로 이름을 부르면 눈꺼풀은 깜빡이지만 주희는 의식이 오락가락 하는 듯했다.

무균실에 있는 동안에는 함부로 들어가 보지도 못한다.

조금 전 주희의 학교 친구들이 바쁜 수험 준비에도 시간 들을 내어서 문병을 왔다 갔다. 주희는 눈을 뜨는 듯 했지만 의사 표현을 전혀 하지 못해 안타깝게도 친구들과 한마디 인사도 나누지 못했다. 독한 약 때문인지 힘겨운 수술 때문인지 물에 불은 건빵처럼 퉁퉁 부은 주희의 얼굴을 보곤 친구들이 하나 둘씩 울음보를 터뜨렸다. 핑계 삼아 최 선생도 참았던 눈물을 토해내었다. 친구들은 나중에 주희가 의식을 차리면 보라고 무균 실 병동의 유리창에 문병오지 못한 친구들이 썼다는 형형색색의 엽서들을 테이프로 붙여 놓고는 돌아갔다.

주희의 친구들이 돌아가고 나서도 최 선생은 한 동안 흐르는 눈물을 개의치 않고 유리벽 너머의 딸아이를 바라보고 있었다. 딸아이를 가슴에 껴안고 실컷 울고 싶은 마음으로 유리창에 양손을 벌리고 기대어 서서 흐느끼고 있었다.

최 선생의 흐느낌이 이렇게 길어지는 이유는 주희의 자가 골수 이식이 안타깝게도 착상에 실패했다는 소식을 조금 전에 닥터 송으로부터 들었기 때문이다. 그토록 많은 사람들이 기도하고 도움을 주었건만, 결과는 참담하게 실패로 나타난 것이다. 이러다가 어느 날 갑자기 열이 나고 호흡이 거칠어지다가 천수처럼 잘못되는 게 아닐까 하는 절박한 마음이 차가운 유리벽에 흘러내렸다.

주희가 잘못되면 남은 세상을 어떻게 살까 하는 두려움이 흉측스럽게 최 선생의 심장에 엄습해 왔다. 이제까지는 늘 희망만을 생각했었지만, 죽음이 그리 멀리 있는 게 아니라는 것을 인정한다는 것이 너무나 두렵고 아팠다.

창문 너머로 보이는 한강 둔치의 고개 숙인 억새풀 사이로 하루의 잔해가 힘겹게 흩어지고 있었다.

다음 날, 이른 아침부터 닥터 송과 미팅이 있었다. 주희에게는 지금 시간이 별로 남아 있지 않다는 것을 모두가 알고 있다. 이제 남은 마지막 희망은 타인 골수 이식인데, 가장 우선 대상이 환자의 가족이기 때문에 모임을 가진 것이다. 그러나 주희의 경우는 남다른 복잡한 문제가 있었기에 최 선생 내외는 온 밤을 꼬박 지새우면서 많은 얘기를 하고, 많은 것들을 결단해야 했다.

심각한 표정으로 앉아 있던 닥터 송이 자가 골수 이식이 착상에 실패해서 유감이라며 안타까움과 미안함을 다시 한 번 표현하며 입을 열었다.

"그런데 한 가지 이상한 게 있어서 묻고 싶습니다."

그러고는 책상 위에 놓인 골수 이식을 위한 가족 기초 조사서를 만지작거리며 한 동안 말이 없었다.

"말씀하시지요."

보다 못한 최 선생이 먼저 입을 열었다.

"예, 좀 이상한 질문이 될지 모르겠지만, 아버지의 혈액형이 Rh 파지티브 O형이고 어머님의 혈액형이 Rh 네거티브 A형입니다. 맞습니까?"

"예……."

"그런데 주희의 혈액형이 Rh 파지티브 B형입니다."

닥터 송은 난처한 듯 최 선생 내외를 번갈아 바라보았다. 옆에서 흐느끼고 있는 아내의 무릎을 가볍게 토닥거리며 최 선생이 나지막이 입을 열었다.

"지금, 무슨 말씀을 하시는 건지 알고 있습니다."

최 선생의 말에 닥터 송은 안경을 고쳐 쓰며 입을 굳게 다문 채, 최 선생 내외를 번갈아 바라다보았다. 최 선생은 허리를 뒤로 제쳐 길게 심호흡을 하더니 떨리는 목소리로 신음하듯 한 마디를 내 뱉고는 목이 잠겨 버렸다.

"주희는 우리가 낳은 아이가 아닙니다."

그리고는 두 팔꿈치를 무릎에 대고 허리를 숙여 두 손 안에 얼굴을 파묻었다.

오히려 당황한 것은 닥터 송이었다. 의자를 고쳐 앉으며 두 손을 마주 잡고 어찌할 바를 몰라했다. 최 선생은 두 손으로 얼굴을 천천히 쓸어내리고선 무겁게 말을 이었다.

"주희는 돌이 갓 지나 입양을 한 딸입니다. 이런 일이 없었다면 영원히 우리 부부 가슴에 묻어 둘 이야기입니다만, 상황이 어쩌다 이렇게까지 되었군요."

"아, 예……."

닥터 송은 고개를 끄덕이며 조심스레 대꾸를 했다.

"주희는 전혀 모르는 일이니까, 닥터 송께서만 알고 계시면 좋겠습니다."

"아, 물론입니다, 예, 그리고 말고요."

그리곤 어색한 침묵이 또 한동안 흘렀다. 닥터 송 등 뒤로 보이는 강변도로에는 상, 하행선 모두 교통체증으로 길게 늘어선 차들이 보는 사람으로 하여금 무척이나 답답하게 보이게 했다.

"문제는 골수 이식입니다. 그러면 주희의 친부모 형제는 없습니까?"

"주희의 친아빠는 주희가 생후 3개월쯤 되었을 때, 교통사고로 세상을 뜬 것으로 알고 있습니다. 그래서 형제자매가 없습니다. 주희의 생모는 주희를 입양할 무렵에 딱 한 번 스쳐 가듯 보고 나서 지금까지 연락을 한 적이 없습니다."

"그렇군요. 그러면 주희의 생모를 찾는 게 급선무일 것 같습니다. 가능할까요?"

"뭐라고 장담할 수는 없지만, 할 수 있는 최선을 다해봐야죠. 주희를 살리는 길이라면⋯⋯."

최 선생은 17년이나 지났지만, 주희가 처음 집에 오던 날을 생생히 기억하고 있다. 그 때 최 선생은 춘천의 모 여고에서 교편을 잡고 있었다.

아기를 데려온 수녀님의 품에서 얼마나 울었는지 길게 콧물을 흘리던 더벅머리 아기는 아내에게 안기자마자 신기하게도 울음을 딱 그쳤다. 그리고는 코알라처럼 아내의 품에 꼭 안겨서 사방을 경계하는 눈초리로 둘러보았다. 구슬 같은 그 큰 눈망울에 최 선생은 끝 모르게 빠져들었다. 그 운명의 날이 세월이 간다고 어찌 잊히겠는가?

낯선 집이라 많이 울면 어떡하느냐는 최 선생의 염려와 달리 아기는 최 선생의 집에 오던 첫날부터 너무나 편안하게 적응을 했다. 아기는 아내를 엄마로 착각하는 듯했다. 울어서 보채는 일도 없었고 낯가림을 하지도 않았다. 돌이 갓 지났지만 아직 걷지 못하던 아기는 '강영옥'이라는 이름 대신, '최주희'라는 이름으로 최 선생 내외의 운명 속으로 깊숙이 들어 온 것이다.

주희의 생부는 주희가 생후 3개월 되던 즈음, 어느 비 오는 늦은 저녁, 퇴근길에 뺑소니 차량에 치여 감을 수 없는 눈을 감고 말았다. 처가의 부모가 없다고 시댁에서 몹시 반대하던 결혼을 해서 아직 시댁 부모의 마음이 채 열리기도 전에 당한 사고로 주희의 생모는 시댁으로부터 철저히 외면당했다. 원래부터 자기네 식구와 연줄이 없었는데 억지로 결혼을 하더니만 애꿎은 남의 아들 잡아먹은 팔자 거센 년이라고 문전박대를 받아야 했다.

전적으로 남편에게 경제적인 의존을 했던 주희의 생모는 생계를 유지하기 위해 아기를 돌봐줄 사람이 절실히 필요했다. 그러나 어려서 친정 부모님이 모두 돌아가시고 언니 밖에 없는 외로운 처지에 아직 핏덩이 같은 갓난아기를 돌봐줄 수 있는 사람이 쉬 있을 리가 만무했다. 가끔씩 언니가 봐주기는 했지만 언니 네도 넉넉지 못한 살림에 아이들이 셋이나 있어서 기댈 수 있는 형편이 되지 못했다.

　이제 겨우 20대 중반의 젊은 여자가 남편 없이 갓난아기를 양육하며 살아가기에는 현실이 너무나 힘에 부쳤다. 하루 한 번 희망을 가져보았지만, 백 번도 넘는 절망이 가녀린 의지를 무참히 짓밟아 버렸다.

　때로는 아기의 분유 값도 없을 때가 있었다. 어렵사리 언니에게 손을 내밀게 되고, 그러면 언니는 아기를 키울 수 없으니 입양을 시키든지 고아원으로 보내든지 하라고 여간 성화를 부린 게 아니었다. 아이에게도 그게 더 낫다고 핀잔을 줄 때는 시댁의 냉정함보다 언니가 더 야속하게 느껴지기도 했다.

　그러나 거친 삶의 무게에 눌려 지쳐가면서 주희의 생모는 현실을 이길 힘을 서서히 잃어갔다.

　결국은 아기를 위해서라도 입양시키지 않을 수가 없다는 생각을 스스로 하게 된 것은 아기가 돌이 되었을 때였다. 돌이 되어도 축복 받지 못하는 아기를 보면서 주희의 생모는 이제껏 지탱해오던 마지막 애착이 한꺼번에 무너지고 말았다. 하루하루 삶에 허덕이면서 꼭 자신이 아기를 키운다고 해서 그게 아기에게 더 나은 내일을 보장한다는 확신은 이미 흔적도 없이 사라져버린 것이다.

　그래도 고아원에 아기를 보내는 것은 도저히 마음이 내키지 않았다. 어려서 부모님을 여의고 고아 아닌 고아로 자란 어린 시절이 너무나 아프게 남아 있었기 때문이었다. 그래서 언니에게 입양할 수 있는 믿을만한 가정을 알아봐달라고 부탁을 했다.

　언니는 자신이 다니는 성당에서 엄마처럼 의지하던 안젤라 수녀님에게 동생과 조카의 사정을 말씀드리고 정말 사랑으로 아기를 양육할 수 있는 가정을 알아봐달라고 부탁을 한 것이다. 마침 그 안젤라 수녀님이 최 선생이 주도하여 모이는 시동호회의 회원이었다. 그런 인연으로 최 선생이 결혼 한 지 10년이 넘게 아기를 갖지 못해 입양을 준비하고 있다는 것을 우연히 알게 되었던 것이다. 최 선생의 부인은 네거티브 혈액형이라 몇 번 임신을 했었지만 모두 자연 유산이 되어 아기를 가질 수가 없었다.

최 선생은 아기를 입양하기 위해 여러 입양 기관들을 수소문하고 다니던 터에 안젤라 수녀로부터 아기 입양에 대한 제의를 받고는 너무나 기뻤다. 마치 하늘의 응답이라도 받은 느낌이었다.

　주희의 생모는 그 때 동네의 슈퍼마켓에서 일을 하고 있었는데 안젤라 수녀님이 가르쳐 주어서 먼발치에서 한 번 본 것이 전부였다.

　최 선생은 주희를 입양이 아닌 아내가 낳은 아이로 출생 신고를 했다. 우리네 정서가 아직은 입양이라는 것을 받아들이지 못하는 혈통 중시의 사회인 것도 문제이거니와 고집 세고 완고한 최 씨 가문의 종손을 자부하는 자신의 집안에서 주희가 입양된 것을 알면 결코 가족으로 받아들여지지 않으리라는 두려움이 있었기 때문이었다. 그렇게 되면 주희에게 너무 몹쓸 짓을 하는 것 같아 가족들에게 아내가 출산한 것으로 일을 꾸몄다. 이담에 주희가 커서 어떤 식으로든 기죽는 일이 없기를 바랐다.

　출생신고를 하면서 최 선생 내외는 주희는 10달 동안 함께 배 아파 낳은 딸임에 분명하다고 스스로들 생각하였다. 그리고 그런 생각은 지난 17년 동안 한 번도 흔들린 적이 없었다. 주희가 쓰러지고 난 지금은 더더욱 그러했다.

　주희의 출생 신고를 마치고 이태를 지날 즈음, 아무래도 주희의 장래를 위해 서울로 이사를 가는 게 좋겠다고 생각해서 서울로 온 지가 벌써 15년이 다 되었다. 이제 와서 주희의 생모를 찾는다는 게 가능한 일인지는 정말이지 장담할 수가 없는 일이었다. 주희의 이모와 연결이 되어서 중간에 다리 역할을 해 주었던 안젤라 수녀님은 이미 몇 년 전에 세상을 떴기 때문이었다.

　그보다도 만약 이번 일로 해서 주희가 자신의 출생의 비밀을 알게 된다면 가뜩이나 건강이 좋지 않은데 혹시나 큰 충격을 받지나 않을까 하는 게 무엇보다 걱정이 되었다. 그래서 닥터 송에게 최선을 다해 주희의 생모를 찾겠다고 말은 하면서도 내심 어떻게 해야 할지 판단이 서지가 않았다.

　최 선생의 부인은 한동안 소리 없이 흐느끼기만 하다가 남편의 손을 굳게 잡으며 말했다.

"여보, 주희의 생모를 찾아야 해요. 주희를 살리는 일보다 더 중요하고 급한 일은 없잖아요. 우리 그 다음 일은 닥친 다음에 생각해요. 지금은 주희를 살리는 일만 생각해요. 머뭇거릴 시간이 없어요. 주희에게는 시간이 없잖아요."

최 선생도 침묵으로 강한 동의를 표했다. 주희를 살릴 수 있는 일이라면 그게 어떤 고통을 가져오더라도 피할 수 없는 일임을 어찌 거부할 수가 있겠는가?

가을이 익어가는 경춘가도의 수려한 풍광이 지금은 그저 서럽기만 했다. 가을걷이가 한창인 들판 위로 졸음에 겨운 고추잠자리들이 떼로 모여 다니며 한껏 게으름을 피우는 게 그렇게 부러울 수가 없었다. 강바람에 아무런 저항도 없이 일렁이며 줄지어 선 코스모스 꽃잎들은 또 왜 그렇게 외로워 보이는지…….

늘 흥에 겨워 오가던 길인데 오늘은 이렇게도 낯설게 느껴졌다. 춘천의 성모원을 찾아가는 최 선생의 마음은 이사 떠난 빈집처럼 어수선한 게 온갖 상념들이 문지방을 넘나들었다.

성모원에 연락이 닿아 안젤라 수녀님과 친했던 수녀님께 사정을 말씀 드렸더니 주희 생모의 언니와 용케도 연락이 닿았다는 소식을 지난 밤 늦게 받았다. 아마도 최 선생이 올라올 즈음에는 동생에게도 연락이 될 수 있을 거라는 소식에 이른 아침부터 부리나케 춘천으로 가는 길이다. 주희의 생모는 아직도 춘천을 떠나지 않고 새로운 가정을 이루어 작은 식당을 운영하며 살고 있다고 했다.

'과연 주희의 생모가 우리를 만나줄까? 자칫하면 그 여인의 가정에 고통을 줄 수도 있는 일인데…….'

그런 상념들이 차 바퀴보다 앞서 굴러가고 있었다. 특히나 주희의 생모가 딸의 소식을 듣고 어떻게 반응을 할지 알 수가 없어 불안한 마음이 계속 차창을 할퀴고 갔다.

'만약 이제와서 주희의 생모가 주희와 우리 사이에 끼어든다면 어떡할까?

양육권을 주장하기라도 한다면 어떻게 하나? 주희가 아픈 것에 대해서 원망하지나 않을까?'

여러 가지 생각들이 사방에서 비집고 들어 최 선생 내외는 머릿속이 온통 헝클어졌다. 처음엔 하늘 아래 주희의 유일한 혈육인 생모를 찾았다는 안도감에 감사했었는데, 시간이 갈수록 똬리를 튼 불안함이 불쑥불쑥 고개를 치밀어 올라오는 것은 어쩔 수 없는 일이리라.

그러나 가장 중요한 것은 주희를 살리는 것이라고 마음을 재차 다잡았다. 그것이 주희를 다시 보지 못하는 절망으로 다가오더라도 지금은 주희를 살리는 것이 가장 급선무라고. 그런 걱정은 지금의 입장에서 사치스러운 것이라고…….

춘천으로 향하면서 최 선생은 주희의 어릴 적부터 기록을 담은 사진첩을 챙겨왔다. 주희의 생모를 만나면 보여주기 위해서였다. 그게 어린 딸을 떠나보내야 했던 아픔을 가진 엄마에 대한 최소한의 예의라고 생각했기 때문이다.

삶이 힘들어서이긴 했지만 어린 딸을 남의 집에 보내야 했던 모정이 어떠했을 지는 쉽게 가늠하기 어려운 거라고 아내가 한 말이 가슴 깊이 공감되었기 때문이기도 했다.

여인은 경련을 일으키는 가녀린 두 손으로 사진첩을 받아 들고는 가슴으로 꼭 끌어안았다. 한참이나 그렇게 앉아 눈을 감고 감정을 절제하려고 무진 애를 썼다. 최 선생은 여인이 어떻게 반응을 할지 긴장을 한 탓에 입술이 바삭바삭 타 들어가고 심장의 둔탁한 고동소리에 속귀가 멍해져 오는 것을 간신히 참고 있었다.

얼마나 시간이 흘렀을까, 여인은 양손으로 눈가를 훔치며 가슴 저 밑에서 우러나오는 단편적인 말들을 겨우겨우 연결해내었다.

"한 순간도…잊은 적이 없었어요. 영옥이는… 내 가슴 속에 늘… 아픔으로 남아 있었어요."

"우리가 이름을 주희로 했습니다. 입양이 아니라 출생 신고를 하느라 그렇게 했습니다. 나중에 어디 가서도 기죽지 말라고……."

여인의 눈물에 전염되어 떨리는 목소리로 겨우 입을 연 최 선생의 부인도 불치병처럼 눈물을 훔쳤다.

"그러셨군요. 주희라……."

여인은 나지막이 낯선 딸아이의 이름을 읊조리며 떨리는 손으로 간신히 사진첩을 넘기기 시작했다. 그러자 잠시 멈추었던 서러움이 새롭게 솟구쳐 흘렀다.

사진 속에 활짝 웃고 있는 주희의 모습들, 세상에 어찌 그보다 귀엽고 아름다운 존재가 있을까 싶은 앙증맞은 주희의 사진들은 절절히 살아서 여인의 가슴 속을 파고들었다. 어미로서 잃어버린 단절된 시간의 파편들이 세월을 거슬러 하나씩 연결될 때 마다, 여인의 눈썹은 파르르 떨며 깊은 강물 속에 잠겨 들었다.

여인은 한 손으로 사진 속의 주희를 연신 쓰다듬으며 계속 똑같은 한마디를 중얼거렸다.

"아가……. 불쌍한 우리 아가……. 우리 아가……."

17년의 세월은 흐르지 않고 엄마의 가슴속에 그대로 멈추어 있었다.

17년이란 세월을 넘어 여전히 '아가'로 남은 처음 보는 딸의 모습들 앞에, 엄마는 또 다시 죄인이 되었다. 주먹을 꽉 쥔 손을 입으로 깨물어 보지만, 지난 세월의 그리움들은 손가락 사이로 비집고 나와 응접실 바닥을 하염없이 적시고 있었다.

눈물은 여인의 목덜미에 찾아 든 세월의 주름을 타고 흘러 최 선생 내외의 가슴 속으로도 비집고 들었다. 기도하듯 한 장 한 장 사진첩을 넘기던 여인이 다시 그 사진첩을 가슴에 꼭 안고 눈을 감았다. 그리고는 자그맣게 떨리는 목소리로 입을 열었다.

"고...맙...습니다, 이렇게 아름답게 키워주셔서……."

눈물은 전염성이 강한 법이다. 최 선생 내외도 괜스레 자꾸 눈물이 났다.

"항상 죄스런 마음이…… 질게 남아 있었습니다. 영옥이…… 아니, 주희가 이런 불행을 겪는 게 다 내 탓인 것 같아…… 뭐라고 할 말이 없습니다.”

“그런 말씀 마세요. 주희는 저희들 부부에게 너무나 큰 축복이었어요. 정말이지 너무나 소중한 축복이었어요. 주희와 함께 한 시간들이 저희들에게 얼마나 소중하고 감사한 시간들이었는지 몰라요.”

“이렇게 귀하게 키워주신 두 분의 사랑을 보니 질기게 남아 있던 죄스런 마음이 조금은 가벼워지는군요. 자식을 지키지 못한 어미가 무슨 할 말이 있겠어요. 저는 영옥이, 아니, 주희에게는 죄인입니다.”

“아닙니다. 영옥이 엄마께서 절대로 죄책감을 가지실 일이 아니십니다. 이렇게 주희를 위해 마음을 열고 기꺼이 도움을 주시겠다니 저희들이 너무나 감사합니다. 나중에 주희도 알면 기뻐할 거예요.”

“그 까짓 게 무슨 큰일이라고요. 낳은 정, 기른 정 말들 하지만, 기른 정이 무서운 거라는 걸 저도 겪어 보아서 너무나 잘 알아요. 저도 지금 남편의 전처 아이 둘을 건사했거든요. 제가 이제 와서 주희 앞에 나선들 주희에게 무슨 도움이 되겠어요. 상처만 줄 뿐이지…….”

40대 중반을 넘긴 여인의 목소리에서는 고통 속에서 조각 된 남다른 삶의 연륜이 묻어나고 있었다.

“낳은 정 없이 어찌 기른 정이 있겠어요? 주희는 우리 모두의 딸이니까, 우리 모두의 사랑으로 꼭 치료가 될 거라고 믿어요.”

최 선생 부인의 말에 여인은 고개를 숙여 끄덕이며 다시 사진첩을 쓰다듬었다.

골수 채취가 끝나고 주희를 보기 위해 무균실로 함께 올라갔다.

잠이 든 듯 기척이 없이 누워있던 주희는 인터폰으로 들려오는 아빠의 음성을 듣고 간신히 눈을 떴다. 항암제를 맞아 아직도 붓기가 빠지지 못해 퉁퉁 부은 주희는 무균실 창문 너머로 희미한 미소를 띠우며 간신히 손을 흔들었다.

그런 주희를 창을 사이에 두고 대면한 여인은 한 동안 넋이 나간 사람마냥 벌겋게 충혈된 눈을 끔뻑이며 쉽사리 가까이 다가가지 못했다. 천천히, 아주 영원 같은 시간으로 무균실 창가로 걸음을 옮기던 여인은 다리가 풀려 휘청

거리더니 두 팔을 벌려 유리창을 쓸어내리며 바닥에 주저앉아 버렸다. 그리곤 터져 나오는 통곡을 두 주먹으로 꽉 틀어막으며 고개를 숙이고 한동안 미동도 하지 않고 한참이나 그렇게 있었다. 마치 그대로 굳어서 화석이 된 듯이 그렇게 주저앉아 있었다.

얼마나 시간이 지났을까? 최 선생 부인이 머뭇거리며 다가가 어깨를 감쌌다. 여인은 겨우 다시 일어서서 유리창에 기대어 너무나 커버려 알아볼 수 없는 딸아이를 찬찬히 뜯어보기 시작했다. 그러더니 유리창에다 입을 대고 긴 입맞춤을 했다. 그리곤 뭐라고 속삭이기 시작했다. 마치 주문을 외우듯, 여인은 계속 주희를 바라보며 중얼거렸다. 그것은 어린 아기를 위한 자장가처럼 들리기도 하고, 한 맺힌 여인의 넋두리처럼 들리기도 했다.

17년 만에 만난 딸, 그것도 몹쓸 병마에 지친 딸을 바라보는 엄마의 마음은 잔인한 고문이었다. 한 순간, 무균실 유리 병동은 엄마의 자궁이 되어 버렸다. 지금 주희의 생명은 새롭게 태어나려는 산고를 겪고 있는지도 모른다.

'주희는 지금 자신을 보고 있는 여인이 누구인지 상상이나 할까?'

여인의 등 뒤에서 쫓기는 마음으로 지켜보고 있던 최 선생은 새삼 뭉클 치솟는 뜨거움에 목 안 깊숙이 통증을 느꼈다. 그 아픔과 함께 간절히 빌고 또 빌었다. 주희에게 생명을 주었던 이 여인의 애틋한 바람으로라도 주희가 건강해지기를……. 이 사투에서 꼭 싸워 이겨 주기를…….

골수 채취가 끝난 후, 여인은 최 선생 부인의 손을 꼭 잡고 말했다.

"고맙습니다, 정말……."

"고맙긴요, 저희들이 더 감사하지요."

이제는 눈물이 마를 만도 한데, 말만 하면 설움은 다시 북받쳐 올랐다. 아마도 눈물로 더 많은 대화를 나눌 수 있기 때문일 것이다. 최 선생 부인은 흐르는 눈물을 닦을 생각도 않고 여인을 가슴으로 안았다. 여인의 어깨가 가볍게 흔들리며 대꾸를 했다.

"너무나 감사합니다. 이렇게 사랑해주시고, 아름답게 길러주셔서……."

젖은 목소리에 말꼬리를 묻으며 여인은 터져 나오는 흐느낌을 어금니로 깨물어 간신히 목 안에 가두어 두었다. 그리고 긴 숨을 토해내며 흔들리는 목소리를 애써 감추려 했다.

"주희에게는 알리지 마십시오, 저의 존재를."

"아니에요, 그런 말씀 마세요. 주희는 우리 모두의 딸이잖아요. 우리가 함께 살리는 거예요."

"아닙니다. 이처럼 사랑으로 보살펴 주시는 두 분이 있는데 제가 이제 와서 무얼 하겠습니까? 후우!"

다시 긴 숨을 몰아 내쉬는 여인의 두 손을 맞잡으며 최 선생 부인이 애절한 눈빛으로 마음을 전했다.

"주희에게 생명을 주신 분이잖습니까? 어미 마음은 다 같은 거 아니겠습니까?"

최 선생 부인의 말에 여인은 고개를 조용히 좌우로 흔들며 눈길을 돌렸다. 한참을 말없이 창 너머 먼 곳을 바라보던 여인은 길게 숨을 토해내며 고여 있던 울음을 씻어내었다.

"난생처음으로 딸에게 도움이 될 수 있었다는 게 너무나 감사할 따름입니다. 난 정말 주희에게 아무런 것도 해 준 게 없는데……. 그리고 그런 기회를 주신 두 분께 깊은 감사를 드립니다."

병원 문 앞까지 전송을 나온 최 선생 내외분을 향해 여인은 허리를 깊숙이 숙여 자신의 마음을 다시 전했다.

그리곤 긴 어제에서 걸어 나와 지금껏 존재하지 않았던 새로운 오늘을 향해 기꺼운 발걸음을 내디뎠다.

아침나절부터 마음 급하게 징조를 보이던 하늘에서는 첫눈이 내리고 있었다. 첫눈 치고는 제법 커다란 눈송이들이 바람 한 점 없는 고요한 하늘을 떠나 소담스레 쌓이고 있었다. 병원 문을 나서는 여인의 어깨 위로도 지난 세월을 감싸 안듯 하늘의 손길이 따사롭게 쌓이고 있었다.

최 선생 내외의 가슴에도 한 아름 축복이 쌓여 갔다.

이제껏 살아오면서 느껴본 가장 포근한 눈송이가 세상의 모든 것들을 하나로 덮고 있었다.

〈에필로그〉

삶과 죽음의 경계를 넘나들며 무던히는 애를 태우게 만들던 주희가 올해 벌써 대학 졸업반입니다. 동기들보다 2년이나 늦게 들어간 대학이었지만, 덤으로 사는 인생에 늦은 건 아무것도 없습니다. 춘천과 서울을 오가며 생명과 사랑의 의미를 새롭게 되새기며 살게 된 것도 큰 축복입니다.

춘천행 특별기차가 이제는 아득히 전설이 되어버린 기적 소리를 스피커로 토해냅니다. 그와 함께 자욱한 스팀까지 한바탕 구색을 맞춰 뽑아내자, 기관차가 기지개를 켜기 시작합니다. 맛있게 익은 가을 햇살이 차창으로 한 아름 쏟아져 들어와 주희의 하루를 포근하게 감싸줍니다. 침목 위를 덜컹거리는 구수한 장단에 맞추어 더 없이 상쾌해진 마음이 철길을 따라 설렘으로 달리기 시작합니다.

탄력을 받은 기차는 경춘선의 전설을 소중히 간직한 채 힘차게 달려 나갑니다.

아버지의 전쟁

(2004)

　　　　　　　모든 존재는 흔적을 남긴다. 인생이 아무리 허무하다고
해도 흔적 없는 삶은 없다. 애써 그 흔적을 지우려고 하지 말라. 모든 삶은 자기 몫의 가치를 가지고 태어난다. 스스로 원해서 태어나지 못했다고 해도 가치 없는 삶이란 없다. 한 인간이 온 우주이기 때문이다.

　시들은 꽃잎에 아무도 관심을 두지 않듯, 아버지는 그렇게 돌아가셨다.
　현민의 아버지가 비록 기력이 없는 노인네이긴 했지만, 식구들 누구도 아버지가 그렇게 갑자기 돌아가시리라고는 생각하지 못했다. 좀 더 정확히 표현하자면 아무도 관심을 두지 않았다는 것이 맞을 것이다.
　아버지는 몸이 무겁다고 자리를 하고 누우신 지 겨우 사흘 만에 숨을 놓으셨다. 아버지의 삶이 그러했듯이 마지막 가는 길이 또한 그렇게 허망했다.
　아버지는 언젠가부터 가족들에겐 철저히 잊힌 존재가 되었다. 되돌아보면 그런 세월이 꽤 오래였다. 그것이 비록 아버지가 맺은 가시덤불 인생의 결과이었다고 해도 현민에겐 망각된 아버지의 존재가 세상을 떠난 아버지의 육신보다 더 아프게 느껴졌다.
　아버지의 죽음이 슬픈 것은 그 죽음 자체가 아니라, 아무도 아버지의 죽음 앞에 슬퍼하지 않는 것이었다. 장례가 끝나고 모두 말이 없었지만, 그렇다고 애도하는 분위기는 결코 아니었다. 어쩌면 가슴에 응어리져 있던 삶의 군더더기가 떨어져 나간 홀가분함을 다들 느끼고 있는 것일까?

겉으로 누구도 표현하지는 않았지만 그런 마음들이 들킬까 봐 모두들 무의미한 일상의 일들에 정신을 두고 있었다. 현민이 그렇게 느끼는 것은 아마도 자신의 마음이 그래서인지도 모를 일이지만, 장례를 치르는 동안, 장례를 마치고 돌아오는 차 안에서도, 그리고 오랜만에 흩어졌던 가족들이 모여 앉은 지금 이 순간에도 모두들 침묵에 핑계를 대고 앉아 있었다.

'어머니는 어떨까? 어머니도 우리들과 같은 마음이실까?'

현민은 아까부터 어머니의 눈치를 보고 있었다. 어머니는 장례식 내내 거의 감정을 드러내지 않으셨다. 그저 아버지의 영정을 들여다보며 저 먼 과거의 들녘을 헤매시는 듯했다.

"불쌍한 사람……"

스쳐 지나가다 현민이 들었던 단 한마디는 그것뿐이었다.

'아버지로 인해 한평생을 한숨과 눈물로 지새오셨을 어머니. 일생의 고통으로 자리했었던 아버지가 어머니에겐 어떤 의미였을까? 불쌍하다는 것은 아버지를 두고 한 말일까, 어머니 자신을 두고 한 말일까?'

"어머니, 뭐 좀 드셔야지요."

현민의 아내가 방안의 묘한 침묵을 비집고 뛰어들었다.

"아니다. 난 생각 없다. 너희들이나 챙겨 먹어라."

벽을 향해 드러누우며 던진 어머니의 기계적인 목소리는 깊은 바닷속을 헤엄치는 말미잘처럼 흐느적거리며 차가운 방바닥을 쓸고 지나갔다. 현민의 아내는 그런 어머니에게 두 번 다시 말을 붙일 엄두가 나지 않아 남편을 쳐다보았다. 현민은 고개를 끄떡이며 안방을 나섰다. 어머니의 공간을 지켜드리는 것이 낫겠다는 생각이 들어서였다.

아버지는 현민과 현민의 가족들에겐 목에 걸린 가시 같은 존재였다. 뱉을 수도 없고, 삼킬 수도 없는 하나의 운명이었다. 그래서 아팠고, 그래서 미웠다.

아버지가 삶을 아무렇게나 내팽개친 게 전적으로 아버지만의 책임은 아닐지 모른다.

그러나 아버지의 뒤틀린 인생의 파편들은 늘 현민의 가족들이 온몸을 던져 막아내야 하는 삶의 한 부분이 되었다.

'아버지에게도 뒷동산에 올라 뭉게구름을 바라보면 가슴이 뛰던 시절이 있었을까?

소리 없이 내리는 가을비에 외롭게 흔들리는 코스모스를 보면 코끝이 찡하던 때가 있었을까?

꿈꾸는 것만으로도 인생이 벅차게 아름다웠던 낭만이 있었을까?

풀피리 꺾어 불며 무지개를 좇던 순수의 시절이 있었을까?

아버지에게도…….'

철이 들면서 현민은 자주 그런 생각을 버릇처럼 했다. 아버지로서가 아니라, 처음부터 일그러진 형상으로 태어나지 않았을 한 영혼에 대한 연민이 그렇게라도 위로받지 않으면 너무나 절망스러웠기 때문이었다.

그러나 그런 아버지에 대한 상상은 현실의 아버지에 의해 무참히 깨어져 버리곤 했다.

아버지에게도 아버지 몫의 소중한 청춘이 있었음을 어찌 부인할 수가 있겠는가?

파괴된 아버지의 이미지와는 너무나 어울리지 않지만, 아버지의 지나간 한때는 시를 쓰고 음악을 사랑하던 꿈 많던 문학도였었노라고 어머니께서 여러번 들려준 적이 있었다.

하지만, 아버지가 윤동주의 서시를 누구보다 사랑하던 열아홉 순수에 몸부림치던 청춘이었다는 것은 아라비아 사막의 신기루처럼 느껴질 뿐이었다. 게

다가 아버지가 연희 전문학교 문과에 입학까지 했었던 분이라는 게 신기할 따름이었다.

　아버지가 품었었다는 그 순수한 꿈과 따스한 호흡이 다치지 않고 열매를 맺었을 수도 있었을까? 그랬다면 지금과는 다른 인생을 사실 수도 있었을까? 그랬다면 현민의 가족들이 겪어야 했던 그 처절했던 핏빛 절망은 겪지 않아도 되었을까? 만약에 아버지의 꿈이 다치지 않았다면…….

　과거를 돌아보는 삶에 안타깝지 않을 인생이 있을까만, 아버지의 그 안타까운 꿈들은 아버지가 연희 전문학교에 입학을 했다던 열아홉 여름의 시작과 함께 산산이 부서지고 말았다. 허리 잘린 국토의 통곡 속에 일어난 허무한 전쟁은 아버지의 모든 것을 한순간에 앗아가 버린 것이다. 시를 꿈꾸며, 연둣빛 미래를 꿈꾸던 열아홉 청춘이 거대한 해일처럼 밀어닥친 민족의 불행을 막아내기에는 애당초 역부족이었을 것이다.

　그 무렵의 순수한 젊음이 그러했듯이 북한군의 불법 남침 소식에 끓어오르는 혈기는 자신의 목숨을 기꺼이 총알받이로 내던졌다. 그러나 순간의 감정만으론 삶과 죽음의 경계가 없는 현실의 비정함을 이길 수는 없는 노릇이었다. 함께 입대한 동료들이 말 그대로 파리 목숨처럼 사라져가는 전쟁터 한복판에서, 아버지는 육신이 파괴되기 전에 영혼이 먼저 파괴된 것인지도 모른다.

　면목 없는 목숨으로 살아남은 날들을 힘겨워하던 아버지의 육신 또한 얼어붙은 압록강변에서 몸서리치는 눈발처럼 처절하게 무너져 내리고 말았다. 총알보다 많은 숫자로 밀고 내려오는 중공군을 맞서던 아버지의 마지막 전투에서 중공군이 던진 수류탄이 아버지 바로 곁에서 폭발한 것이다. 살점들이 허공으로 분해되는 핏빛 하늘이 아득히 멀어지고, 정신을 잃었던 아버지는 기적처럼 질긴 생명으로 살아남아 후방으로 후송되었다. 그건 당시의 혼란한 상황에서는 특권을 누린 것이었지만, 그 특권도 아버지에겐 한으로 남고 말았다. 그때 그 자리에서 죽었어야 했노라고 평생의 술안주로 되씹고 되씹힌 아버지의 절망은 그렇게 시작이 되었기 때문이다.

아버지는 그때 부상에서 오른쪽 팔 하나를 잃어버렸다. 시를 사랑하는 마음으로 모든 것을 노래하리라 꿈꾸던 열아홉 문학도의 꿈도 함께 날아간 것이다. 팔 하나 날아간 것이 무어 그리 절망이었을까. 이승을 억울하게 떠나간 동료들에 비하면 살아남은 목숨이 고마울 뿐이지.

여느 아버지 같았으면 자식들의 가슴에 훈장으로 남았을 그 아픔의 대가가 현민의 가족들에게는 너무 가혹한 것이었다.

왜냐하면, 아버지의 불행은 팔 하나 만이 아니었기 때문이다. 수류탄 파편이 얼굴을 타격했었는데 그 바람에 아버지의 코 부분이 흉측하게 날아가 버려 잔인한 흔적을 남기고 말았다. 아버지는 팔 하나 없는 병신에다가 흉측한 얼굴에 평생 코 가리개를 하고 살아야 하는 멍에를 짊어져야 했다. 또한, 몸 안에 박힌 여러 개의 파편들은 아버지 평생을 찌르는 가시가 되었다.

그러나 가장 문제가 된 것은 문드러져 없어진 코였다. 코로 숨을 쉴 수가 없으니 늘 입으로만 숨을 쉬어야 했다. 특히 힘든 때가 음식을 먹을 때였다. 뜨거운 국이라도 먹을 때는 입을 벌리고 거칠게 후루룩거리는 통에 함께 밥 먹는 사람들의 입맛을 뚝 떨어지게 만들곤 했다. 잘려나간 팔에 매달린 갈고리 또한 그 날카로움만큼이나 세상과 아버지를 나누는 견고한 장벽이 되었다.

아버지는 전쟁이 끝날 때까지 병원에 머물다가 제대를 하고 나온 뒤로 인생의 모든 등불을 스스로 꺼버렸다. 누구도 가까이하려 하지 않았고 철저히 홀로 자신의 일그러진 형상을 쓸어안고 아파하며 죽음을 꿈꿀 뿐이었다. 아버지의 그런 형편을 이해해 주는 유일한 말동무는 술이었다. 마음의 병이 깊어질수록 술도 깊어져 갔다.

그런 아버지에게도 기회가 없었던 것은 아니었다.

그 뜻밖의 기회는 영원히 현실과 단절되어 홀로 생을 마감하리라 체념하던 스물다섯 억울한 생명에게 하늘이 보내준 소중한 인연으로 다가왔다.

사랑과 희생으로 감싸고 돌보면 깨어진 꿈도 회복될 수도 있으리라, 하늘을 향한 믿음을 가졌던 스물두 살의 처녀가 동화 속 선녀처럼 아버지 앞에 나타난 것이었다.

아버지의 고향 후배였던 어머니 또한 전쟁 통에 중학교 교장이었던 아버지와 어머니 그리고 오빠까지 한꺼번에 잃은 아픔을 겪었다. 건강할 때의 아버지 모습을 너무나 잘 알고 있던 어머니에 의하면 아버지는 천성이 몹시 착하고 의지가 강한 사람이었다고 한다. 그래서 아버지를 다시 세상 속으로 되돌아가도록 하는데, 힘이 될 수 있으리라고 믿었다.

불쌍한 사람끼리 서로 위로하고 힘이 되어 살아보자고 가정을 이루었을 때, 아버지는 어머니의 바람대로 다시 희망의 끈을 붙잡았었다. 가정을 책임진 가장으로서 술도 끊고 나름대로 노력하려고 했었다.

하지만 외팔이에 코가 문드러진 흉측한 몰골로 세상을 상대하기가 그렇게 만만할 리가 없었다. 살아보려는 아버지의 의지는 안타깝게도 하루가 다르게 꺾여 갔다. 예전의 세상은 전쟁에서 몸을 다친 사람들까지 돌보아줄 만한 여유가 없었다.

특히 아버지에게 취직을 시켜준다며 다가온 아버지의 선배에게 속아 그나마 있던 돈을 사기로 다 날려 버린 것이 결정적인 타격이었다. 믿었던 선배에게 사기를 당한 뒤로 아버지는 다시 세상을 등지고 아버지의 세계 안으로 숨어들고 말았다. 이전보다 더욱 철저히……

아버지는 자식들이 하나둘 태어날수록 그 절망의 깊이를 더해갔다. 당연히 그 모든 한풀이의 뒤치다꺼리는 어머니 몫으로 돌아갔고, 현민의 형제들 또한 자라면서 통제장치가 없는 아버지 괴벽의 희생양이 되어야 했다.

아버지의 일상은 술과 함께 시작하고, 술과 함께 끝이 났다.

술에 지쳐 잠이 들고, 아침에 눈을 뜨면 다시 술을 찾았다. 조금이라도 술이 늦게 준비되면 그 난폭한 성질은 방향 없는 수류탄의 파편이 되어 사방으로 튀어 나가기 일쑤였다. 어린 시절 현민 또한 어머니가 쥐여주는 주전자를 들고 콩닥거리는 가슴을 죽이며 동네의 술도가를 얼마나 다녔는지 모른다.

술에 취한 아버지의 다음 코스는 동네를 훑고 지나가며 가슴에 쌓여온 한을 아버지의 방식으로 조금씩 틀어내는 것이었다. 그런 아버지는 동네 또래 친구들의 좋은 놀림감이 되었다.

"문둥이 병신!"

"갈고리 병신!"

현민의 가족이 살던 해방촌에서 아버지는 어느새 유명인사가 되었다. 특별한 놀잇거리가 없던 아이들에게 아버지는 좋은 소일거리였다. 아이들은 아버지를 향해 돌을 던지거나, 가만히 뒤로 가서 막대기로 치고는 빠른 걸음으로 도망을 갔다. 그러면 아버지는 비틀거리는 걸음을 돌이켜 아이들을 쫓다가 넘어져 나뒹굴곤 했다. 그럴수록 아이들은 까르르대며 더욱 재미를 붙여 아버지를 괴롭히는 놀이에 열중이었다. 현민은 그런 아버지가 창피하기도 하고, 또한 무섭기도 해서 뒤돌아 도망간 적이 한두 번이 아니었다.

그렇지만 그런 것은 얼마든지 참고 견딜 수가 있었다. 아버지를 힘겨워하거나 부끄러워하면 어머니가 혼을 내는 통에, 내색하지 못하기도 했지만, 아버지로 인한 현민 형제들의 고통은 다른 곳에 있었다.

현민이 정말 힘든 것은 밤이었다.

밤이 오는 게 싫었고, 밤이 와서 잠드는 것이 정말 싫었다. 누구도 말하지는 않았지만, 현민 가족들 모두가 그러했으리라.

현민의 형과 동생들이 잠자리에 들고 통행금지 시간을 막 넘기면 아버지는 동네를 휘젓다가 집으로 돌아왔다. 저 멀리서부터 악을 쓰고 노래를 부르며 오기도 하고, 소리도 없이 가까이 와서는 대문을 거세게 발로 차기도 했다. 그러면 곤한 잠에 빠져있던 현민 형제들이 졸음에 겨운 눈을 비비며 일어나 오늘만은 무사히 넘어가 주기를 간절히 바라는 마음으로 아버지를 맞아야 했다. 하지만 현민의 어린 형제들의 바람과는 다르게 아버지의 술주정은 집으로 돌아온 그 시간부터 절정에 이르렀다.

무슨 꼬투리든지 잡아서 주먹을 휘두르는 아버지의 자기 절망은 순식간에 집안을 공포의 도가니로 몰아넣었다.

어머니가 아무 말 없이 대문을 열면 남편을 무시한다고 주먹이 날라 오고, 술 좀 그만 마시라고 한마디라도 하면 말대꾸를 한다고 투박한 군홧발로 사정없이 걷어찼다. 아이들이 힘드니 잠을 자게 해달라고 하면 왜 새끼는 퍼질러 놨냐고 아이들에게 차례대로 주먹을 휘둘렀다. 굳은살이 박혀 공룡의 발처럼 커 보이는 아버지의 하나 남은 손바닥이 현민의 어린 얼굴에 사정없이 내리쳐지면 아득하게 정신을 잃은 적도 많았다.

아버지의 이유 없는 폭력이 시작되면 현민의 형은 어린 나이에도 어머니를 보호하기 위해 몸을 던져 아버지를 말렸다. 그러면 아버지는 더욱 화를 내고 고함을 치며 난리를 부렸다. 그와 함께 어머니의 비명소리는 밤하늘을 갈기갈기 찢어 놓았다. 곧이어 피투성이가 된 어머니가 쓰러져도 그칠 줄 모르는 아버지의 광기는 아버지가 지쳐 쓰러질 때까지 계속되었다.

아버지로 인한 공포 분위기는 어린 현민의 숨통을 잔인하게 조여 왔다. 아버지의 광기로 인한 불안함과 두려움, 그리고 피가 튀는 어머니의 절규가 한데 어울려 죽음 같은 공포가 어린 현민을 덮쳐와 견딜 수가 없었기 때문이다.

그 고통스러운 공포에 숨을 쉴 수가 없었던 현민은 급기야 초등학교 입학하던 해부터는 아버지의 술주정이 시작되면 잠자리를 걷어차고 집을 도망쳐 나왔다. 형과 어머니에게는 미안한 마음이 없지는 않았지만, 그렇게 도망치지 않고선 견딜 수 없는 공포감이 어린 현민의 목줄을 너무나 조여들었기 때문이었다.

아직 통행금지가 해제되지 않은 어두운 새벽 거리를 야경꾼들을 피해 도망다니면서도 차라리 집에 머물러 있는 것보다는 편안함을 느꼈다.

날씨가 좋은 날은 그나마 견딜만했다. 그렇지만 비가 오는 날이나, 추운 겨울에는 어린 현민이 자신을 보호하기에는 현실의 새벽은 너무나 벅차게 힘들었다. 곤히 잠든 친구네 집의 처마 밑에서 굴뚝을 껴안고 벽 너머 곤히 잠자고 있을 친구가 얼마나 부러웠는지 모른다.

'우리 집은 왜 이렇지 못할까?'

서러움에 소리 죽여 울어야 했던 날들은 얼마나 시간이 지나면 잊힐 수가 있을까?

제2부 소설

그렇게 졸음에 겨운 새벽길을 아버지가 지쳐 잠들 때까지 돌아다녀야 했던 어린 시절은 현민의 가슴 한편에 차곡차곡 쌓여 화석이 되어버렸다.

아버지의 이유 없는 폭력과 함께 지겨운 팔자타령은 현민의 유년 시절을 꽁꽁 묶어 두는 가시 철망이 되었다. 이유 없이 매를 맞으면서도 현민의 형제들은 어머니를 생각하며 참고 또 견디는 것 외에는 다른 방법이 없는 현실이 너무나 아팠다.

그러나 현민의 형이 그 어려운 환경에서도 기적처럼 대학을 가고, 현민 또한 더벅머리 사춘기 소년이 되어갈 무렵엔 술에 찌든 아버지의 기력도 많이 쇠해져 예전처럼 술을 많이 드실 수가 없었다. 자연히 예전의 막무가내 술주정도 많이 사라졌다. 물론 예전처럼 아버지가 술을 먹고 주정을 부린다 해도 이제 가만히 앉아 망연히 당하고만 있을 현민의 형제들도 아닐 터였다.

아버지의 술주정은 사라졌지만, 누구도 아버지를 가까이하려 하지 않았다. 아버지의 팔자타령은 여전히 계속되고 있었기 때문이었다. 자식들이 장성하여 바깥으로 돌고 또 각자 가정을 이루고 난 후로는 더욱 아버지와 마주칠 일들이 없어졌다. 아버지는 가족들에게 완전히 소외되었다. 어머니는 그래도 자식 된 도리를 해야 한다고 늘 말씀하셨지만, 자식들 가슴에 새겨진 생채기가 아물기에는 더 많은 세월이 흘러야 한다는 것을 어머니인들 왜 모르셨을까?

때문에, 아버지가 몸이 아프다고 자리에 누웠을 때도 어머니 외에는 관심을 두는 사람이 없었다. 아버지는 원래부터 혼자였으니까.

아버지가 마지막 숨을 거두실 때는 어머니도 외출 중이어서 아무도 임종을 하지 못했다. 아버지의 한 생애가 자신의 껍질 안에 둥지를 튼 달팽이의 삶 같았으므로, 마지막 가는 길이 또한 그렇게 서글펐는지 모른다. 임종하지 못했던 자식들이 아버지의 운명 소식을 들었을 때 죄책감이 들지 않는다는 죄책감에 시달려야 했던 것은 그런 이유에서일 것이다.

'아버지는 혼자서 마지막 눈을 감으면서 무슨 생각을 하셨을까? 가슴에 묻었던 한들을 함께 가져가셨을까?'

한 사람의 생애가 이런 식으로 흔적이 지워져도 되는 것인가 하는 생각에 현민은 아까부터 불편한 마음을 애써 털어내고 있었다.

바로 그때였다.

"따르릉! 따르릉!"

상대적으로 더욱 요란한 전화벨 소리가 공간을 채우고 있던 어색한 침묵을 깨뜨리며 온 집안을 흔들어 놓았다.

"내가 받을게!"

거실 소파에 비스듬히 누워있던 현민이 소리치며 수화기를 집어 들었다.

"여보세요, 상계동입니다."

"아, 여보세요."

수화기 저 너머로 아주 탁한, 쇳소리 나는 남자의 낮은 목소리가 울려 나왔다. 나이가 꽤 든 사람의 목소리 같았다.

"예, 말씀하세요."

현민은 목소리를 들으며 혹시나 문상하지 못한 어떤 분일까 생각했다. 전화기의 목소리는 아주 천천히 바닥을 끄는 소리로 말을 이어 갔다.

"아, 여기는…… 한마음 공동체인데요."

"예? 그런데요?"

순간 현민은 아마도 잘못 걸려온 전화 같다고 생각했다.

"강공일 선생님 댁이지요, 선생님 계신가요?"

뜻밖에도 전화의 주인공은 아버지를 찾았다. 순간 당황한 현민은 목소리를 낮추며 되물었다.

"실례지만, 누구신지…….."

"예, 저는 강 선생님이랑 함께 '밥 퍼' 봉사활동을 하는 사람인데요, 요 며칠 선생님이 보이질 않아서 혹시 어디가 편찮으신지 염려가 되어서 전화를 드렸어요. 선생님 괜찮으시지요?"

아무래도 전화가 잘못 걸려온 듯싶었다.

아버지와 밥 푸는 봉사활동이란 도무지 어울리지 않는 것이었기에 당연히 그렇게 생각했다.

"아무래도 전화를 잘못 거신 것 같은데요?"

전화 속의 쉰소리가 약간 흔들리며 되물었다.

"혹시 강공일 선생님 아드님이신가요?"

"예, 이름은 맞습니다만, 저희 아버님을 찾는 게 아닌 것 같은데요?"

"아니, 아버님이 한쪽 팔이 없으신 분 아니세요? 코마개도 하시고."

현민은 너무나 당황이 되었다. 아버지를 찾는 게 분명했기 때문이다.

'아버지가 봉사단체와 무슨 관계가 있단 말인가?'

그런 생각을 하며 현민은 떠듬거리며 말꼬리를 흐렸다.

"예, 맞습니다만, 어떤 일이신지..."

"그렇지 맞고만! 나는 아버님이랑 같이 밥 푸는 봉사를 하는 사람이오. 강 선생님이 하루도 빠지는 날이 없었는데 근 두 주일이나 소식이 없어서 어디 몸이라도 불편하신 게 아닌가 걱정이 되어서 전화를 드린 거요"

순간 어떻게 말을 해야 할지 당혹스러웠다. 아버지가 돌아가신 소식을 전해야 하는 것도 그렇지만, 아버지가 밥 푸는 봉사활동을 했다는 것이 무슨 의미인지 도무지 감이 잡히지 않았기 때문이었다.

"죄송합니다만, 아버님께서는 돌아가셨습니다. 오늘 장례를 마치고 오는 길입니다만......."

"아이고, 역시 그랬었구먼! 아무래도 내 예감이 안 좋더니만, 아이고 역시 그랬어! 클록, 클록!"

갑자기 쉰소리와 함께 가래가 몹시 끓는 목소리가 전화기를 뛰어나와 현민의 귓전에 크게 공명이 되어 울렸다.

"오늘이 장례였다고? 그랬었구먼, 내가 집으로 전화를 여러 번 했는데 소식이 닿질 않았어. 마지막 가는 모습을 보아야 했었는데……."

"아, 예, 죄송합니다, 장례를 치르느라 모두들 집을 비우고 있었습니다."

현민이 기억하는 한, 아버지 평생에 친구라고는 없었다. 아버지와 친분이 있다고 연락이 온 사람은 현민이 기억하는 한 이게 처음이었던 것 같다.

"죄송하긴, 내가 미안하지, 가신 분에게도 그렇고. 얼마나 망극하신가? 그래, 장례는 잘 치렀는가?"

"예, 덕분에……."

현민이 얼버무리는 말이 채 끝나기도 전에 쇳소리의 노인네가 말을 가로채었다.

"아버님이 자제분들 자랑이 대단하시던데, 마지막 가는 길이 외롭지는 않으셨을 거야. 암, 그렇고말고!"

노인네의 말에 현민은 이제껏 느끼지 못했던 죄스러움이 괜스레 스멀스멀 목 언저리를 타고 올라왔다.

'아버지가 자식들 자랑이 대단하셨다고!?'

"그런데 아버님과 잘 아시는 분이신가 보지요."

"그럼, 이곳에서 함께 봉사활동을 한 지가 아마 7년은 넘었을걸."

"아니, 아버지께서 그곳에서 봉사활동을 하셨다는 겁니까? 그것도 7년이나요?"

"허허, 가족들이 몰랐던 거구만. 그려, 아버님께서 말이야, 몸도 성치 못하시면서 여기 청량리 굴다리에서 노숙자들을 위해 누구보다 열심히 밥을 펐지! 하나밖에 없는 팔로 말이야!"

"그게 정말입니까?"

현민은 놀라서 자신도 의식하지 못한 채 자리에서 벌떡 일어났다. 갑자기 숨이 막혀왔다. 동시에 시야가 뿌옇게 흐려왔다.

'아버지에게 가족들이 모르는 비밀이 있었다니!

하나밖에 없는 팔로 노숙자들의 밥을 퍼주었다는 게 정말일까?

그것도 무려 7년이나 되었다니!'

　평소 아버지의 이미지와는 도무지 어울리지 않는 그림을 그려보려고 애를 써보았지만 마음보다 생각은 저 앞서 달아나버렸다.

　'그게 과연 가능한 일일까? 평생을 이기적인 자신의 한풀이로 세상을 살아오셨던 아버지. 더군다나 한쪽 팔도 없고 흉측하게 일그러진 얼굴로 남들에게 밥을 퍼주었다는 말인가?'

　현민은 순간 어찔한 현기증을 느껴 인상을 찌푸리며 눈을 감았다. 다리에 힘이 빠져 한쪽 손으로 이마를 감싸 안으며 소파에 그대로 주저앉았다.

　"아니, 여보 무슨 일이세요? 왜 그래요?"

　식사 준비를 알리러 왔던 아내가 현민의 그런 모습을 보고 뭔가 심상찮은 낌새를 채고 걱정스레 속삭였다. 현민은 그런 아내에게 팔을 휘저으며 눈을 다시 꼭 감았다.

　"좀 자세하게 말씀해 주시겠습니까?"

　"아드님들이 아버님이 하시는 봉사활동을 모르고 있었구먼."

　"예, 저희 가족들 누구도 알지 못하고 있었습니다."

　"그래! 그래! 그 양반이 그럴 분이지. 자기 일을 어디다 떠벌릴 분이 아니지."

　노인네의 말에 따르면 아버지는 IMF가 터지고 난 그다음 해 봄부터 노숙자들의 쉼터로 자리 잡은 청량리 굴다리 밑에서 노숙자들에게 점심을 제공하는 봉사단체에서 매일 밥을 푸는 일을 해왔다는 것이었다. 눈이 오나, 비가 오나, 하루도 거르지 않고 아버지는 그 일을 무척 사랑하셨다고 했다. 처음엔 불편한 몸으로 퍼주는 밥이라 사람들이 꺼리는 경향이 없지 않았지만, 오히려 아버지의 그런 모습이 노숙자들에겐 더 큰 위로가 되었다고 했다. 아버지는 사람들에게 밥을 퍼주면서 늘 희망을 주려고 애를 썼다는 것이다.

　"나 같은 사람도 사는데 희망을 가지고 살아야지.

젊은 사람들이 아직 희망의 끈을 놓으면 안 돼!
우리의 인생이 아직 끝난 것이 아니니까, 우린 아직 실패자가 아니야!
두 팔, 두 다리 건강한 것만으로도 아직 희망은 있는 거야!"

그리고 노인네는 떨리는 목소리로 한 마디를 덧붙였다.
"사실 아버님은 사람들에게 밥을 퍼주신 게 아니네."
"……?"
"아버님은 희망 잃은 그들에게 희망을 퍼주신 것이네. 삶에 대한 희망, 아직
도 살아볼 만한 가치가 있다는 희망 말일세."
현민은 갑자기 목이 따끔거려 왔다.

'청량리 굴다리 밑에서 밥을 퍼주던 사람이 정말 아버지가 맞을까?'
그건 자신이 평생 알아왔던 아버지의 모습이 분명 아니었다.
마지막까지도 현민이 의심의 끈을 놓을 수가 없었던 것은 당연한 일일 것이다.
'정말 이 노인네가 말하는 사람이 아버지가 맞을까? 나의 온 평생에, 아니
우리 온 가족이 삶의 멍에로 짊어졌던 그 사람이 맞는 것일까?'
누구보다 아버지를 가장 잘 안다고 생각했던 현민은 묘한 감정에 휩싸이며 혼
란스러웠다. 익숙한 길을 가다가 갑자기 마법의 숲에라도 들어선 느낌이었다.
"제가 그곳에 한 번 가보아도 되겠습니까? 어르신도 한번 뵙고 싶군요."
현민은 호기심과 믿기지 않는 현실이 뒤엉킨 마음에 그곳에 꼭 가보고 싶은
강한 충동을 느꼈다.
"물론이고말고! 오늘은 이미 끝났네. 매일 오전 11시부터 봉사가 시작되네.
점심녘에 아무 때나 오면 나를 만날 수가 있네. 와서 보면 나를 금방 찾을 수
있을 걸세. 여기 밥 푸는 영감은 이제 나뿐이거든."
"예, 그럼 내일 뵙겠습니다."
전화를 끊고 나서도 한동안 현민은 유령이라도 본 듯한 얼굴로 멍하니 앉아
있었다.

제2부 소설

어느새 온 가족들이 현민의 주위에 몰려와 있었다. 그리고 현민의 입으로 모두의 눈길이 모아졌다. 현민의 심상치 않은 행동과 통화 내용을 통해서 그게 아버지와 관계된 일이라는 것쯤은 모두 짐작을 하였기 때문이다.

아버지의 비밀을 알고 난 가족들 모두 적잖이 충격을 받았다. 당연한 일이었다. 한에 젖어 지겨운 신세 한탄이나 하던 술주정꾼 아버지와 노숙자들을 위해 하나뿐인 팔로 밥을 푸는 전혀 생소한 모습을 일치시킨다는 건 쉬운 일이 아니었다. 그건 평소에 가족들이 알고 있던 아버지와는 너무나 거리가 멀었기 때문이다.

아버지가 밥 푸는 봉사활동을 7년이나 넘게 했다는데 가족 중 누구도 그런 아버지를 눈치채지 못했다. 현민의 가족들 사이에서 아버지란 이미 기억에도 없는 오래전에 철저히 잊힌 존재였기 때문이다. 아버지는 육신이 땅에 묻히기 오래전에 이미 가족들 사이에서 오래도록 홀로 죽어 오고 있었는지도 모른다는 생각이 순간적으로 스쳐 가자 현민은 싸한 소름을 느꼈다.

3월의 꽃샘추위가 물러간 지도 두어 주간이 지났건만, 두꺼운 옷을 입은 거리는 아직 봄을 내쫓고 있었다.

현민이 청량리 굴다리에 도착했을 땐 차가운 보도블록에 줄지어 앉아 배식받은 밥을 먹고 있는 사람들이 많이 있었다. 그리고 배식구 앞에는 어림잡아 100여 명은 넘을 사람들이 길게 줄지어 서 있고, 그 옆으로는 젊은 청년 몇 명이 기타를 치며 가스펠을 부르고 있었다.

테이블 위의 밥솥과 국솥에서 솟아오르는 하얀 김에 파묻힌 아주머니들이 열심히 식판을 채우고 있는 모습들이 예사롭지가 않았다. 그 아주머니 틈새에 초로의 한 노인네가 밥주걱을 이리저리 돌리며 신명 나게 밥을 푸고 있는 모습이 현민의 눈에 클로즈업되었다. 한눈에 그 노인네가 어제 통화한 주인공일 거라는 생각이 들었다. 도로를 등지고 선 그들의 뒤로 현민이 조심스레 다가갔다.

"저, 바쁘신데 죄송합니다."

현민은 그들의 바쁜 손길을 방해하는 것이 마음에 걸렸지만, 노인네의 뒤편에서 나지막이 노인을 불렀다. 흘긋 돌아본 노인네는 현민을 단번에 알아보고 활짝 웃어 주었다. 세월의 계곡이 깊이 팬 노인네의 얼굴이 탈바가지가 되었다.

"아이고, 강 선생님 아드님이시구먼, 맞지!"

"네, 강현민이라고 합니다. 전화 주셔서 감사합니다."

"이봐 들, 인사들 하셔, 여기 강 선생님 아드님이시네."

배식하던 아주머니들의 바쁜 손이 일제히 멈추었다. 그리고 하나같이 반갑게 인사를 했다. 아버님 일은 정말 유감이라며 다들 한 보따리씩의 안타까움을 풀어 놓았다. 그리곤 다시 손들이 바빠졌다.

"잠깐만 기다려요. 내가 이것 끝내고 나면 시간을 낼 수 있을 테니. 시간이 괜찮은가 모르겠구먼."

"저는 신경 쓰지 마십시오. 바쁘신 것 같은데 제가 죄송하지요, 뭐."

"나도 언제까지 할 수 있을지 모르지만, 여기서 이렇게 밥을 푸고 있으면 살아 있다는 느낌이 들거든. 이 사람들이 내게는 고마운 사람들이지. 내가 살아 있다는 느낌이 들게 해주니까 말이야. 나 같은 늙은이가 요즘 어디 쓸 데가 있어야지, 헛헛헛!"

노인네의 헛웃음이 짠하게 현민의 가슴에 깊이 와 박혔다. 그와 동시에 아버지도 그랬을까 싶은 마음이 잠시 스쳐 갔다.

가까이서 보니 노인네의 이마에는 땀방울이 송골송골 맺혀 있었다. 쌀쌀한 날씨도 노인네의 뜨거운 열정 앞에는 맥을 추지 못하는 듯했다.

군용 식판을 들고 굴다리 밑을 걷는 사람들의 어깨가 당당하게 보이는 것은 괜한 생각은 아닐듯했다. 노인네 같은 분들이 각별한 마음으로 밥을 푸면, 그 밥을 먹는 사람들도 당당하게 자존심을 펴고 걷게 되지 않을까 생각이 들었다.

굴다리 밑을 빠른 속도로 지나가는 차량들의 소음으로 인해 이곳이 처음인 현민은 혼이 빠져나가듯 정신이 아득해졌다.

그러나 밥을 푸는 사람들이나, 그 밥을 먹는 사람들이나 모두가 이 모든 상황과 환경이 아주 익숙한 듯이 너무나 자연스럽고 편안해 보였다.

배식을 받기 위해 줄 서 있는 사람들이 줄어들수록 노인네의 팔놀림이 차츰 느려져 갔다. 노인은 잠시 허리를 펴고는 소매로 이마를 한번 훔치며 숨을 돌렸다. 앞니가 빠진 노인네 입으로 한 움큼 입김이 솟아났다. 그리곤 이내 다시 얼굴을 따스한 온기가 솟구치는 밥솥 속으로 묻었다.

순간, 자신은 이곳에 완전히 이방인이라는 생각이 들었다. 어느 쪽에도 속하지 못한 이방인. 밥을 푸는 사람들과 그 밥을 받아서 여기저기 흩어지는 사람들을 한참이나 신기한 마음으로 쳐다보던 현민의 의식의 틈을 비집고 하나의 느낌이 꿈틀거리며 스쳐 갔다.

'이곳에서 아버지는 어떤 존재였을까? 아버지에게 이곳은 어떤 의미였을까? 하나뿐인 팔로 힘겹게 밥을 푸면서 무슨 생각을 하셨을까? 무엇보다 내가 여기에 왜 온 것일까? 무엇 때문에 여기에 오고 싶었을까?'

그런 생각에 떠밀리고 있던 현민 생각이 한순간 출렁거리며 충격을 받았다. 밥을 푸고 있는 노인의 모습 위로 아버지의 모습이 선명하게 포개져 왔기 때문이다.

아버지가 땅에 묻히는 순간, 아니 어쩌면 그보다 훨씬 전에 현민의 마음속에서는 완전히 죽은 줄 알았던 아버지가 지금 눈앞에 살아서 밥을 푸고 있었다. 그토록 자신만의 견고한 성벽에 갇혀 한을 품고 살아가던 모습과는 너무나 다르게, 신명이 지핀 모습으로 밥을 푸고 있었다. 노인네가 말한 것처럼 희망을 푸고 있었다.

'아버지는 정말 이곳에서 아버지의 한을 털어내셨던 것일까? 평생을 짊어지고 오셨던 아버지의 절망을 극복하셨던 것일까? 아버지는 완전히 죽은 줄 알았는데…….'

갑자기 코끝이 매워졌다. 스스로도 깜짝 놀랄 만큼 이상했다. 아버지로 인해 어떤 감정이 남아 있다는 것이…….

　그때 부부로 보이는 중년의 두 남녀가 함께 배식을 받을 차례가 되었다. 그런데 자세히 보니 남편은 앞을 보지 못하는 사람이었다. 남편은 아내의 팔을 붙잡고 있었고, 아내는 남편 대신 두 개의 식판을 힘겹게 들고 배식을 받았다. 그들은 밥을 푸는 노인네와는 익히 아는 사이인 듯 다정하게 인사를 나누고는 현민의 앞을 지나 밥을 먹을 자리로 천천히 돌아서 갔다. 현민은 잠시 망설이다 그 아주머니에게 다가갔다.
　"제가 좀 들어 드릴까요?"
　"아네요, 괜찮아요. 고마워요."
　여인은 수줍게 웃으면서 공손하게 거절을 했다. 덩달아 앞을 보지 못하는 남편의 입가에도 웃음이 번져갔다. 현민은 겸연쩍게 웃으며 그 부부의 뒷모습을 한참이나 바라다보다 다시 노인네 쪽으로 등을 돌렸다.
　이제 줄을 선 사람이 많이 줄었을 만한데, 어디서인가 모여든 사람들로 전혀 줄지 않고 오히려 늘어난 것 같았다. 밥을 푸는 노인네나 국과 반찬을 푸는 아주머니들이 많이 지쳐 보였다. 그래도 다들 표정은 밝기만 했다. 나중에 안 일이지만 오늘이 일요일이어서 평소보다 배나 되는 사람들이 모여든 것이었다. 많은 봉사단체가 일요일은 밥 터를 운영하지 않기 때문에 서울역이나 영등포 등 다른 곳에서부터 사람들이 원정을 오기 때문이라는 것이었다.
　현민은 주변을 다시 두리번거려보았다. 그 많은 사람들 중, 아무도 현민에게 관심을 두는 사람이 없었다. 정말이지 이곳에서 현민은 그저 지나가는 나그네일 뿐이었다. 현민의 눈이 다시 가서 머문 곳은 종교보다 거룩한 모습으로 밥을 푸는 노인네의 모습이었다. 본능적인 끌림에 따라 천천히 걸어가 노인네 뒤편에서 가만히 멈추어 섰다. 복잡한 심경이 교차하는 가운데 목젖을 치밀어 오르는 따가움을 억누르며 한참을 서 있었다.
　그리고 또다시, 노인네가 밥을 푸는 모습과 사람들에게 힘내라며 한마디씩 건네는 격려의 말들 속에서 아버지의 모습을 보았다.

다른 어떤 곳에서도 느낄 수 없었고, 만날 수 없었던 아버지의 활기차고 당당한 모습을 보았다.

그렇게 아버지의 의미를 느낀 것은 현민의 생애에서 처음이었다. 육신이 땅에 묻히기 오래전에 가슴 속에서 이미 죽은 줄로만 알았던 아버지가 펄떡이는 생명으로 살아 있는 것을 보았다.

목젖의 따끔거림은 이제 주체하기 힘든 울렁거림으로 바뀌어 가고 있었다.

"저, 어르신, 제가 한번 해봐도 될까요?"

그대로 있다가는 쏟아질 것 같은 과거가 두려워 현민은 노인네 옆으로 다가서며 불쑥 내뱉듯 한마디를 던졌다. 노인은 힐끗 어깨너머로 현민을 보더니 허리를 손으로 짚으며 몸을 곧추세웠다.

"헛헛헛, 한 번 해보시겠소. 젊은 양반들이야 힘이 좋지 않겠어. 그런데 이건 힘만으로 하는 건 아니라오. 그럼 어디 한 번 해보시구려. 아버님께서 하시던 일이시니……."

'마지막 말은 하지 않았으면 더 좋았을걸.'

아버지께서 하시던 일이라는 노인네의 마지막 말이 가뜩이나 예민해진 현민의 감정의 벽을 더욱 얇게 만들었다.

노인네로부터 주걱을 받아 든 현민은 옆에서 반찬을 담아서 넘겨주는 식판을 한 손에 받아들고 어설픈 동작으로 밥을 퍼담기 시작했다. 생각보단 힘이 많이 들어가는 동작이었다. 한쪽 팔을 억울한 세월 속에 묻었던 아버지에겐 더욱 힘든 일이었을 것이다.

때마침 금방 지은 밥솥이 현민의 앞에 배달되었다. 뚜껑을 열자 김이 확 솟구치며 숨이 막혔다. 순간 코로 숨을 쉬지 못하는 아버지가 무척 고통스러웠을 것이란 생각이 들었다.

코 가리개를 하고 입으로 숨을 몰아쉬며 하나밖에 없는 손으로 힘겹게 밥을 펐을 아버지의 자리에 서서, 자신은 두 손으로 밥을 푸고 있다. 코로 숨을 쉬며 편하게 밥을 푸고 있다. 눈앞이 자꾸 아물거리는 것은 아마도 밥솥의 뜨거운 김 때문일 것이다. 어금니를 꽉 깨물며 침을 꿀꺽 삼켰다. 뜨거운 밥솥이 이제는 목구멍 안까지 들어온 것 같았다. 뿌옇게 시야가 흐려져 겨우겨우 힘겹게 밥주걱을 놀렸다.

"이 주일 전만 해도 아버지께서 그 주걱으로 밥을 푸셨는데 말이야, 그렇게 가시다니, 참!"

현민의 마음을 아는지 모르는지, 노인네는 현민의 바로 곁에 서서 그렇게 아버지를 떠올렸다. 현민은 노인네에게 마음을 들킬까 봐 아무런 대꾸도 못하고 더욱 힘을 주어 주걱을 꽉 잡았다.

그러나 울컥 목젖을 밀치며 저 밑바닥에서부터 뜨거운 용암이 솟구쳐 올라왔다. 밥솥에서 솟구치는 뿌연 김 속으로 얼굴을 묻어 보지만, 한번 터진 분화구는 거부할 수 없는 파괴력으로 현민의 의지를 초라하게 만들어 버렸다. 영원을 숨죽이며 참아온 거대한 힘은 현민의 모든 감정의 벽을 한꺼번에 무너뜨리며 사방으로 파편들을 튀겼다. 테이블 아래로 고개를 감추고 주먹 쥔 손등을 입으로 깨물어보지만, 인간의 의지가 할 수 있는 것은 거기까지뿐이었다.

노인네가 가볍게 현민의 어깨 위에 손을 얹으며 말했다.

"울고 싶을 땐 참지 말게..."

그리곤 양팔로 현민의 어깨를 감싸 일으키며 자신의 품 안에 안았다. 노인네의 앙상한 어깨에 얼굴을 묻자 감정을 억제하려 애쓰던 현민의 노력이 맥없이 무너지고 말았다. 아버지 살아생전에 단 한 번도 품에 안겨 보지 못했던 아픔이 다섯 갈래 쇠스랑이 되어 가슴을 긁어내렸다.

"이봐, 승태 형제! 여기 좀 봐줘!"

노인네는 기타를 치며 가스펠을 부르고 있던 젊은이 중의 한 명을 부르며 밥솥을 턱으로 가리켰다. 부리나케 뛰어오던 청년과 어깨를 부딪치며 노인네는 현민을 굴다리 한쪽 편으로 데리고 가 자리를 잡고 앉았다.

현민은 주위를 의식하지도 않은 채 살아온 세월만큼 억눌려왔던 감정을 하염없이 토해내었다. 아버지의 장례를 치르면서 단 한 방울의 눈물도 흘릴 수 없었던 현민이었다. 그리고 그것을 당연한 듯이 받아들였다. 그러나 현민은 자신의 감정에 속고 있었는지 모른다.

양 무릎에 얼굴을 파묻고 자신의 감정에 모든 의지를 내어 맡긴 지 얼마나 시간이 지났을까?

"아버지는 돌아가셔도 돌아가신 게 아니네. 자네가 기억하는 한."

노인네가 현민의 어깨를 가볍게 두드리며 말했다.

"저는 아버지에 대해서 잘 몰랐습니다. 아니, 아버지를 이해할 수 없었습니다."

현민은 천천히 고개를 들며 가슴에 아프게 남은 한 마디를 내뱉었다.

이미 배식이 끝나고, 봉사대원들이 뒷정리를 하고 있었다. 쓰레기 치우는 것을 돕는 몇몇을 제외하고는 그 많던 노숙자들은 다들 자신들의 터전으로 돌아가고 거리는 텅 비어 있었다.

현민은 저만큼 허공에 눈길을 두고 변명처럼 말을 이어갔다.

"전, 아버지께서 당신의 불행의 늪 속에 빠져 한 생을 그저 낭비만 하다 가신 분이라고 원망했었습니다. 그러나 이제야 생각하니 아버지께서 얼마나 힘들고 외로운 세월을 사셨을지, 제가 너무나 무관심했던 것 같습니다. 오늘 이곳에 와서 보니 그걸 너무 늦게 깨달은 것 같아 더 면목이 없습니다."

노인네는 고개만 끄떡일 뿐 말이 없었다. 현민도 고개를 숙이며 잠시 생각에 잠겼다. 두 사람 사이에 이른 봄의 엷은 침묵이 흘렀다. 그 틈에 비둘기들이 일요일 오후의 한가로운 여유를 되찾아 날아들었다.

"아버지란 자식의 기억을 통해 영원히 살아남는 법이네. 좋았던 기억, 불행했던 기억 모두를 통해서 살아 있는 걸세. 비록 아버님의 생애가 평탄하지 않았더라도 이곳에서 아버지는 위대한 역사를 사신 분이셨네. 부디 아버님의 위대했던 역사를 잊지 말게. 자네가 그걸 잊지만 않는다면 아버지는 돌아가신 것이 아니지. 그걸 기억해 줄 사람은 자네가 아닌가? 그걸 잊지 말게."

"예, 정말이지 제가 아버지를 너무나 몰랐던 것 같습니다. 죄송합니다."

"나한테 죄송할 게 뭐 있나? 아버님은 아버님의 상황에서 최선을 다하셨던 것일세. 그걸 기억하고 사랑할 수 있다면 아버님은 행복한 분이시지. 육신이 죽는다고 아버지의 삶이 끝나는 건 아니네. 살아온 세월보다 더 오래 자식들의 추억의 박물관에서 아버지는 살아간다네."

자식의 추억의 박물관에 아버지는 살아 있다는 노인네의 말이 공감이 가면서도 자신에게도 그런 추억의 박물관이 존재할까 하는 서글픈 생각이 들었다. 현민의 마음을 눈치라도 챈 듯 노인네가 현민의 등을 소리가 나도록 '탁' 치며 마음을 빼앗아 갔다.

"자네 아버님이 서시를 무척 좋아했던 걸 아나?"

"예, 들은 적이 있습니다만……."

"나에게 자주 들려주곤 하셨지. 특히 힘들고 어려운 일이 있을 적에 홀로 몇 번씩이고 그 시를 외우곤 하셨지. 아버님은 그 시처럼 살아가기를 소망했었던 분이셨네."

　노인네의 말을 들으면서 현민은 한 번도 아버지의 그런 모습을 본 적이 없다는 것을 생각하며 새삼 아버지에 대해 모르는 게 너무 많다는 생각이 들었다.

　현민의 그런 때늦은 아쉬움은 노인네의 조용한 읊조림에 묻혀버렸다.

　"죽는 날까지 하늘을 우러러
　한 점 부끄럼이 없기를
　잎새에 이는 바람에도
　나는 괴로워했다.
　별을 노래하는 마음으로
　모든 죽어가는 것을 사랑해야지
　그리고
　나한테 주어진 길을 걸어가야겠다.
　오늘 밤에도 별이 바람에 스치운다."

　굳이 현민에게라기보다는 스스로에게 의미를 부여하듯 한 음절 한 음절에 힘을 주어 서시를 암송한 노인네는 입을 닫고는 정면을 응시했다. 마치 거기에 누군가 있기라도 한 것처럼 뚫어지게 그렇게 쳐다보았다.

　그런 노인네의 분위기에 눌려 현민은 이제 자신의 감정보다는 노인네의 감정에 더 마음이 쓰였다. 또다시 두 사람 사이에 한참의 침묵이 흘렀다. 침묵의 방법은 달랐지만, 침묵의 내용은 똑같았을 것이다.

먼저 침묵을 깬 것은 노인네였다.

"자네 아버지는 참 여린 분이셨네. 세상을 거역하지도, 타협하지도 못할 순수한 분이셨지. 그분이 늘 외우던 이 시처럼, 잎 새에 이는 바람에조차도 괴로워하던 분이셨네. 안타까운 건, 그분이 감당하기엔 현실이 너무 잔인했을 뿐이야. 우린 그걸 기억해 주어야 할 의무가 있는 거야."

노인네의 떨리는 목소리가 코끝을 맵게 자극했다. 현민은 고개를 돌려 얼굴을 감추며 한 손으로 코를 움켜잡았다.

"아버지는 자네들 얘기를 많이 하셨네. 나도 들어 알고 있네. 자네 아버지가 얼마나 힘들게 살았고, 자네들에게 얼마나 아픈 존재였는지. 그러나 나도 비슷한 세월을 살아왔기에 너무나 잘 알고 있네. 아버지께서 자네들을 사랑하지 않은 게 아니란걸. 오히려 너무나 사랑했었는데도 자네들을 지켜줄 수 없는 현실이 힘들어 그 사랑이 병이 되어버렸다는 것을. 그리고 말이야, 나도 언제 갈지 내일을 기약할 수 없는 나이가 되고 보니 뼈저리게 느끼는 게 하나 있네. 세상의 모든 아버지들의 아픈 세월은 그냥 없어지는 게 아니네. 그 아픈 세월이 징검다리가 되어 자식들이 살아가고 있는 거라네. 그걸 잊지 말게. 싫든 좋든 오늘 자네가 살아가는 하루는 그 아버지의 징검다리에 연결이 되어 있네."

따끔거리던 코끝이 더욱 화끈거려 현민은 노인네의 말을 들으면서 한 마디도 대꾸할 수가 없었다. 노인네의 말을 들으면 들을수록 자신은 아버지에 대해서 너무나 몰랐다는 죄스러운 생각이 뭉클뭉클 올라왔다.

특히나 아버지가 힘겹게 하나씩 건너온 징검다리의 세월 덕분에 자신들이 살아가고 있다는 노인네의 말은 거부할 수 없는 하나의 화인이 되어 현민의 가슴 한가운데에 콱 꽂혀 버렸다.

아버지는 돌아가신 게 아니었다!

노인과 헤어져 땅거미가 젖어 드는 거리로 나섰을 때, 노인네가 던져 준 말들은 마디마디 가로등 불빛으로 되살아나 현민이 내딛는 걸음마다 밝게 비추어 주고 있었다. 하루의 해는 지고 있었지만, 세상은 더욱 밝아진 듯했다.

'그래 내가 기억하는 한, 아버지는 돌아가신 것이 아니야!

아버지는 나의 지나간 아픔들 속에, 그리고 나의 현재의 삶 속에 살아 계시는 거야!

나의 남은 삶은, 나 혼자의 삶이 아니라 아버지로부터 이어져 온 생명의 연장이야!

내가 오늘 딛고 사는 이 하루는, 아버지의 고난의 삶을 통해 만들어진 축복의 징검다리인 거야!'

길을 걷는 현민의 발걸음이 빨라지고 어깨에 힘이 들어갔다. 그와 동시에 온몸이 찌릿한 전율을 느꼈다.

이른 봄의 밤바람이 아직은 만만찮게 차갑지만, 조금만 기다리면 진짜 봄이 올 것이다.

새봄이 오면, 모든 것이 죽은 것 같았던 들녘에도 온 겨울을 견디어 낸 생명들이 화사하게 꽃을 피울 것이다.

〈에필로그〉

자기 사는 일에만 매달려 바쁘기만 했던 현민은 요즘 틈틈이 시간을 내어 청량리 굴다리 밑에서 밥을 풉니다.

아버지께서 힘겹게 한 손으로 밥을 푸시던 그 자리에 서서, 두 팔로 힘차게 밥을 푸고 있습니다. 아버지의 추억을 퍼 올리며, 용서를 퍼 올리며, 감사를 퍼 올리고 있습니다.

힘겹게 살아오셨지만, 위대했던 아버지의 마지막 생애의 의미를 새롭게 퍼 올리고 있습니다.

제2부 소설

엠마오로 가는 길

(1985)

〈에필로그〉

삶이란 부조리함의 결정체이다. 누구도 원해서 세상에 태어난 인생은 없기 때문이다. 일방적으로 주어진 인생을 살아야 하는 것은 의무인가, 모순인가? 누군가는 태어나 보니 아프리카 난민이고, 누군가는 태어나 보니 대재벌의 고귀한 자제라면 당신은 삶이 공평하다고 동의할 수 있는가? 삶을 영위하기 위한 최초의 의무가 견디는 것이라면, 당신은 당신 자신의 삶을 긍정할 수 있는가? 왜냐고 물을 수 없다면 인간에게 책임도 물을 수 없는 것 아닌가? 삶에 대한 의무는 오로지 인간의 일방적인 책임일 뿐인가?

하나님은 살아 계십니다. 그것은 관념의 문제가 아니라 실체이며 현실의 문제입니다. 그렇다고 해서, 하나님이 살아계시고 지금도 역사의 주관자가 되신다고 해서, 우리들이 편협해지거나 독선적이 되어도 좋다는 말은 아닙니다. 그러나 때로는, 아니 너무나 자주, 우리는 그 하나님을 관념화시켜서 우상으로서의 하나님을 숭배합니다. 한국교회가 가진 많은 병폐가 거기서 싹트지 않았는가 생각됩니다.

하나님은 과거나 미래의 관념이 아닌 어디까지나 현재의 실체입니다. 어떤 이들은 (많은 종교 지도자를 포함해서) 엄격히 말해 현재는 없다고 하지만,

저는 오히려 그 반대입니다. 아무리 생각해도, 과거나 미래는 단순히 규정된 하나의 약속일 뿐, 언제나 의미를 가지는 것은 현재입니다. 과거란 지나간 현재이며, 미래란 다가올 현재일 뿐입니다.

자기 자신도 하나님의 실체를 파악하지 못하면서 하나님을 인스턴트화된 관념으로 타락시켜버린 그들이 미운 것이 사실입니다. 예수는 그들까지도 사랑했었지만...

사랑을 잃어버린 사랑의 종교, 기독교! 그것의 의미는 도대체 무엇일까를 참으로 오랜 시간 괴로워하며 되새겨 보았습니다. 그래도 아직 아무런 해답을 얻지 못한 것은 나의 괴로움이 여린 탓이고, 아직 나의 시간이 짧은 탓이려니 자책하면서도 헛시간만 보내는 것 같아서 안타까워지곤 합니다. 영원히 자유로웠던 인간 예수, 나는 그를 사랑하며, 그를 팔아먹은 가룟 유다를 또한 사랑합니다. 그 사랑이 우리에게 남은 마지막 유일한 희망임을 믿기 때문에.

"총각..."

약사의 따가운 눈초리를 포켓에 집어넣으며 마지막 약국을 나섰다. 점차 거세어지는 하늘의 파편들을 맞대고서 몇 걸음이나 옮겼을까, 광란하는 눈발 속에서 누군가가 희미하게 요섭을 불러 세웠다. 그래도 요섭은 얼굴을 가슴에 파묻고서 제 걸음만 헤아렸다.

"총각!"

조금은 다급해진 잿빛 음성이 요섭의 발걸음에 족쇄를 채웠다. 살기를 품은 시베리아산 채쭉이 인적을 끊어 놓은 텅 빈 보도 위를 요섭은 마지 못해 휘둘러 보았다.

언뜻 보아도 팔순은 족히 넘었을 노파가 허멀건 웃음을 띄고서 요섭을 올려다보고 있었다. 머리에 두르고 있는 꾀죄죄 때가 베인 수건과 허름한 옷차림에다가 허리는 거의 직각으로 굽어버린 체구가 작달막한 노파였다.

'구걸하는 노파...'

헝클어진 머리카락 위로 눈꽃들이 너풀거려 흡사 허수아비 같은 더부룩한 몰골의 요섭은 순간 그렇게 생각하며, 초점 풀린 눈동자로 천천히 노파를 더듬었다.

"총각, 안동으로 가는 길, 나 좀 갈춰 주소."

"...!"

요섭은 방금 자신이 들은 말의 의미를 이해할 수가 없었다. 지금은 단지 자신의 걸음을 멈추게 하는 모든 것이 귀찮을 따름이었다. 양손을 포켓 속에 집어넣고선 무표정한 눈길로 체구만큼이나 자그마한 노파의 얼굴을 내려다보았다. 주름이 내리 덮여 축 처진 노파의 눈꼬리가 옅은 그러나 까닭 모를 진한 서글픔이 담긴 웃음을 만들어 내고 있었다.

"내가 시방, 안동으로 갈라 카는디 어데로 가야 되는지 좀 갈춰 주소, 총각! 늙어노이, 당체 길을 알 수가 있어야제."

"...?"

노망이 든 노파일까? 아니면 '안동'이란 곳이 어느 동네 이름일까? 그것도 아니면 단지 구걸이나 하는 노파의 얄팍한 수작일까? 약간의 짜증이 치밀어 오르며 요섭의 미간이 일순간 일그러졌다. 어쨌거나 요섭은 몇 푼의 적선으로 자기의 길을 계속 갈 자유를 되찾고 싶었다.

"할무이, 지금 안동으로 갈라 캅니꺼..."

수의를 걸친 노파들이 흔히 쓰는 수법처럼, 차비나 보태달라는 식의 본론을 끄집어내기 위해 요섭은 억울한 입놀림을 했다. 그와 함께 주인 맘 잘 아는 마당 개 같은 손가락은 포켓 속을 더듬고 있었다.

"그려, 시방 내가 안동으로 갈라 카거든. 아이구 그런데 원체 길이 많아노니, 어디로 가얄지 알 수가 있어야제! 총각이 길 좀 갈춰 주소. 저기 어디 큰 길로 가면 되지 싶은데..."

노파는 굽어진 허리를 펴며 눈발 속에 침잠되고 있는 네거리를 가리켰다. 요섭은 잠시 동안의 혼돈 속에 말을 잇지 못했다. 늙어지면 혀부터 굳어진다든가. 앞니 두 개만이 팔자 모양으로 삐죽이 나와 있을 뿐, 이빨이 모두 빠져버려 발음이 분명치 못하긴 했지만, 노파가 요구한 것은 적선이나 하라는 게 아니고 안동으로 가는 길이 어디냐는 것이었다. '안동'이 마치 어느 공원 이름이라도 되는 것처럼.

"아이고, 할무이요! 여기서 안동까지가 얼마나 먼지 압니꺼? 걸어서는 못가는 기라예!"

요섭의 목소리가 자신도 모르게 점차 커져 갔다. 노파는 요섭의 짐작과는 거리가 먼 곳에 있었다. 그리고 그것은 요섭의 초점 잃은 눈동자에다가 불을 지르는 어떤 절박감을 심어주었다.

"알어, 그런께 길만 좀 갈춰 주소. 길을 따라 죽 가면 될꺼 아녀? 길만 알면 내가 가지..."

말끝을 흐리는 노파를 내려다 보는 요섭의 눈동자가 점차 빛을 띠기 시작했다.

"할무이, 거기는 너무 멀어갖고, 걸어서는 못 간다 아입니꺼. 할무이는 몸도 성치 못한데 우예 걸어간다 말입니꺼?"

"아니, 내는 길만 알면 갈 수 있다카이. 가다가 다리가 아프면 아무 곳에서나 쉬든가 자든가 하고 계속 가면 안동이 나올꺼 아니여. 내사 갈 수 있으이까네, 길만 좀 갈춰 주소."

참으로 난감했다. 노망이 들지 않았나 싶었지만 그렇게 생각하기엔 노파의 의지가 너무도 분명했다. 도대체 대구에서 안동까지 걸어가겠다는 쭈그렁 반송장 같은 노파의 서글픈 의지 앞에 요섭은 한편으로는 놀라면서도, 다른 한편으로는 착잡함과 그 어떤 비통함이 솟구쳐 오름을 느꼈다. 무엇보다 눈발이 휘몰아치는 이런 깊은 겨울날, 몸도 불편한 산 송장 같은 노파가 홀로 길을 헤매야 한다는 그 자체가 참을 수 없는 비극으로 느껴졌다. 어떤 연유로, 도대체 얼마나 절박한 상황이길래, 이렇게 허리가 구부러지고 제대로 몸도 가누지 못하는 노파가 걸어서 안동까지 가겠다는 것일까?

순간, 요섭은 자기 내면의 저 깊숙한 곳에서부터 터질듯한 분노가 곱으로 솟구쳐 옴을 느꼈다. 그중의 일부는 오래도록 간직되어 온 자신의 것이었는지 모른다.

"그런데, 할무이, 안동에는 와 갈라꼬 캅니꺼?"

"아, 거기 우리 집이 있으까네 그라지..."

"할무이, 원래 집이 안동입니꺼?"

"그려, 그랑께 내가 시방 갈라는 거 아니여."

"그라마 처음에 대구는 우예 왔심니꺼? 어디 친척이라도 있심니꺼?"

"아이라, 대구 가마 좋은 양로원이 있다케서 내가 온기라. 그런데 그게 어디 사람 살 데여? 도저히 있을 수가 있어야제. 그래서 돌아가는 기여..."

노파의 양로원이라는 말에 요섭은 일순간 본능적으로 자신의 고아원 시절을 떠올렸다. 철이 들고, 눈물보다 진한 설움을 알고, 배고픔을 운명처럼 여겼던 자기 인생의 출발점인 고아원...

"할무이, 그라고보이 양로원에서 도망친 기군요!"

"도망치긴, 그냥 나왔지, 뭐..."

구겨진 미소 속에 말끝을 흐리는 노파. 굳이 말하지 않더라도 오랜 풍상이 할퀴고 지나갔을 수십 갈래 균열된 주름들이 노파만의 비극의 역사를 충분히 느끼게 했다.

도저히 있을 수가 없어서 양로원을 나왔다는 말이 요섭의 가슴 저 깊숙이 감추어진 아픔을 들추어 내었다. 자신이 떠나와야만 했던 고아원에서의 추억은, 용이 되지 못한 이무기같이 언제나 자신을 감싸고 돌았기 때문이다.

그 때문이었는 지도 모른다. 요섭 자신도 안동으로 가는 길이 어느 길인지 알지 못했지만, 노파를 그냥 보낼 수는 없다고 생각한 것은. 포켓을 뒤져 만원짜리 지폐 두 장을 끄집어내었다.

"할무이요, 안동은 먼 곳입니다. 걸어서는 못 가는 기라예, 이 돈 갖고 가서 버스 타고 가이소."

"아이고, 아이라! 괜찮어! 내사 걸어갈 수 있으이까네, 길이나 좀 갈춰 주소."

"자, 그라지 말고 받으시소. 저기 왼쪽으로 돌아가마 터미널 가는 버스가 올 낍니다. 할무이는 연세가 많아서 반표만 끊어도 되이까네, 이 돈이마 충분할 낍니다."

"아이구, 이걸 미안해서 우짜노, 고마워이, 총각! 복 많이 받으소."

노파는 구부러진 허리로 연신 절을 해대곤, 어디 공사판에서 주웠을 못이 박힌 판자조각을 짚고서 멀어져 갔다. 바쁜 마음이 더욱 걸음을 뒤뚱거리게 만들었고 뒷짐을 진 왼 손에 들린 조그마한 보따리는 시계추마냥 정확하게 흔들거렸다.

'바로 저것일까? 한 평생을 영위하고 난 삶의 실체가... 도대체 어떤 필연적인 이유가 있는 것일까? 산송장에 불과한 한 인간이 저토록 허우적대며 삶을 향해 달려가야 하는 것은...'

저만큼 멀어져가고 있는 노파의 서글픈 뒷모습은 가슴 저 밑바닥에서부터 꿈틀거리는 의미의 실체가 되어 요섭의 의식을 뚫고 나와 눈발과 함께 흩어지고 있었다.

세 번이나 고아원을 도망치는 데 실패한 요섭이, 또다시 고아원을 떠나기로 마음먹은 것은 고아원 총무 강 선생에게 근 두 시간이나 기합을 받고 나서였다. 다른 애들에 비해 깡마르고 왜소한 체구였음에도 요섭은 누구에게라도 지고는 참지 못했다. 때문에 원치 않는 싸움질에 휩쓸리기 일쑤였고, 그러니 자연 총무 강 선생의 눈밖에 나고 말았다. 그런 약점을 이용해서 아이들은 요섭을 놀려대는 것을 하나의 유희처럼 여겼다. 왜냐하면 대개의 경우 전후 사정을 가릴 것도 없이 총무 선생에게 매를 맞는 것은 요섭이었기 때문이었다.

그날도 녀석들이 요섭을 슬슬 긁어대는 것이었다. 요섭에겐 남들에게 들키고 싶지 않은 부끄러움이 두 가지가 있었다. 달리 말하면 그것은 요섭을 가장 화나게 하는 것들이었다. 애들이 문둥이 손이라고 놀려대는 흉측하게 일그러진 엄지손가락, 그리고 요상스레 톡 튀어나온 감자배꼽이 그것이었다. 어떻게 해서 그렇게 되었는지는 요섭 자신도 알 수가 없었다.

"어이, 감자배꼽! 니 손가락이 그리 병신인거 보마, 너거 아부지, 엄마는 우예 생겼을지 훤하데이! 요렇게 몽땅 오그라 붙은 손을 해 가꼬는, 절뚝 절뚝 한 푼 줍쇼, 으히히히!"

"우헤헤헤...!"

　　　　　　　　　　　　　　　　　　　　　　　제2부 소설

감자배꼽, 문둥이 손에다 아부지, 엄니를 들추어 약을 올리는 데는 도저히 참을 수가 없었다. 요섭은 자기를 놀려대던 얼굴에 주근깨가 눌러붙은 버드렁니 녀석을 냅다 내리꽂아 버렸다. 그런데 재수가 없게도 그 망할 놈의 자식이 넘어지면서 유리창을 차버려 박살이 나버렸다. 게다가 그 녀석의 머리통에서는 붉은 빛의 액체가 스며 나왔다. 그 자리에서 도망치려고 했지만 둘러선 녀석들이 달려들어 놓아주질 않았고, 그 바람에 요섭의 코에서도 선홍빛의 끈끈한 액체가 입안으로 흘러들었다.

　매를 맞고 기합을 받는 두 시간 동안 요섭은 끝내 잘못했다는 말을 하지 않았다. 사실 이제까지 요섭은 누구에게라도 잘못했다는 말을 해본 적이 없었다. 때리는 사람이 지쳐서 그만둘 때까지 매를 맞는 것을 오히려 통쾌하게 여길 정도였다. 왜냐하면, 매를 맞을 때나 싸움을 할 때가 요섭에게 있어선 잃어버린 엄마에 대한 야릇한 기분을 만끽할 수 있는 최고의 순간이었기 때문이었다.

　그러나 아무리 애를 써도 자신에게 엄마가 있었다는 기억은 까마득하기만 했고, 다만 떠오르는 것은 강물이었다. 어렴풋이 어릴 적에 강을 건너왔던 기억만이 요섭의 의식 속에 화석이 되어 박혀 있었다. 때문에 요섭에게 엄마란 매 맞을 때의 억울함이나 싸움질할 때의 분노 같은 것이었다.

　한차례 회오리바람이 휘몰아쳐 요섭의 상념을 뒤흔들어 놓았다. 눈발이 점차 거세어졌다. 그 눈발에 쫓겨 저만큼 멀어져 가는 노파의 뒷모습에는 쌓여서 여운을 남기지 못하고 질퍽한 보도 위에 그냥 죽어지는 흰 주검들의 허무함이 각인되고 있었다. 검게 물들인 요섭의 군용 파카 위에서도 흰 주검들이 흘러내렸다.

　순간적으로 무어라 표현할 수는 없지만, 노파를 그냥 보내서는 안 된다는 자책이 강하게 뇌리를 스쳤다. 왠지 모르게 노파에게 마음이 끌리는 것은 저도 모를 일이었다.

　"할무이요! 할무이요!"

요섭은 갑자기 신들린 사람처럼 달리며 소리치기 시작했다. 횡단보도 앞까지 다다른 노파는 파란불이 되어도 건널줄을 모르고 서 있었다. 요섭은 거친 숨을 몰아쉬며 노파의 팔을 잡아 끌었다.

"할무이요, 내캉 같이 가입시더. 내가 터미널꺼지 바래다 드릴꼐요."

노파는 지금껏 의지하고 다니던 막대기를 보따리 든 손으로 옮겨 쥐고는 요섭의 손을 꼬옥 쥐었다. 여태까지 느끼지 못했던 싸늘함이 노파의 손끝에서 묻어났다. 눈발이 이렇게 매운데도 노파는 장갑도 끼지 못해 빈라면 껍질로 막대기를 감싸고 있을 뿐이었다.

"아이고, 이리 고마울 데가..."

노파는 이가 다 빠진 잇몸을 드러내며 히죽 웃었다.

"할무이, 이 추운 날에 장갑도 못 끼고 손이 얼마나 시립니꺼?"

"괜찮어, 허허허..."

"괜찮은기 아이구만예, 손이 이리 싸늘하자나예. 여기서 잠깐 기다리시소."

노파를 정류소에 세워두고서, 요섭은 근처의 상점으로 달려갔다. 그리고 목장갑 한 켤레를 샀다.

"할무이요, 이거라도 끼이소, 아쉬운대로 맨손보다야 나을 낍니더."

"아이고, 낫다마다! 훨씬 따뜻혀, 총각, 이걸 미안시러워 우짜노..."

노파의 얽어진 주름살마다 빛바랜 미소가 스며들었다. 그 웃음이 요섭의 얼굴 위로도 번져가는 것을 요섭 자신은 미처 의식하지 못했다. 거리가 얼어붙기만 하면 큰 눈이 쌓일 수 있는 날씨였다.

터미널까지는 적어도 50여 분은 걸릴 것이다. 버스 안의 따스한 온기에도 불구하고, 노파의 손끝에서 묻어났던 싸늘함은 점차 전신으로 번져나가며 양파 껍질을 벗겨내듯 굳어버린 요섭의 의식을 한겹 한겹 벗겨내었다.

"할무이, 그런데 대구 온지는 얼마나 됐십니꺼?"

"글씨, 잘 몰러, 늙어논께 당최 뭐든지 가물가물 혀..."

노파는 또 그 여린 웃음으로 요섭을 쳐다보았다.

"그라마, 그 전까지는 계속 안동에서 살아십니꺼?"

"그려, 거기가 내 고향이여..."

"그란데 대구 올 때는 우예 왔십니꺼?"

"올때는 도라꾸 타고 왔제, 같은 동네 살던 춘자 애비가 실어다 줬제. 좋은 양로원이 있다 케서 말이제. 어이고 그란데 도저히 못 있겠어..."

"할무이, 올해 연세가 몇입니꺼?"

"내 나이? 음, 여든...넷이든가... 아마 여든 다섯일꺼여."

"아이구, 할무이! 연세가 많으시네예! 그라마 자제분은요?"

"아들 하나에 딸이 둘이제, 손자도 한 예닐곱 될끼야."

"아이, 그라마 아들집이나, 딸집에 가 계실 꺼지, 와 이라고 혼자 다닙니꺼?"

"아이구, 웬걸..."

말꼬리를 흐려버리는 노파의 얼굴 위로 몹시 고통스러운 빛이 스쳐 갔다. 앞니 두 개만이 삐죽이 나온 입을 벌려 신트림을 하며 입에 거품을 물었다. 멀미가 나는 모양이었다. 잔인한 풍상이 스치고 지나간 주름 사이로 피어난 저승꽃들은 노파가 안면을 찡그릴수록 히멀건 웃음들을 머금고서 춤을 추었다.

그때였다. 늘어진 주름으로 인해 축쳐진 노파의 자그마한 두 눈에 언뜻 물기가 어린 것은. 배신당한 자식들에 대한 분노의 표식일까? 아니면 실패작으로 끝나고 말았을지 모르는 자기 인생에 대한 회환의 눈물일까?

아마도 멀미 때문일 것이다. 요섭은 그렇게 생각했다. 왜냐하면 산다는 게 무의미한, 그저 반사작용에 지나지 않을 이런 노파에게 아직도 설움이나 분노에 맺힐 눈물이 남았다고는 생각하고 싶지 않았기 때문이었다.

"할무이, 멀미 납니꺼?"

"응, 속이 미싱미싱 혀..."

그리곤 노파는 머리에 쓰고 있던 수건을 벗어젖혀 눈을 훔치고는 입으로 가져갔다.

순간, 요섭은 온몸에 돋아나는 소름을 느꼈다. 노파의 머리... 반백을 넘어 하얗게 세어가는 노파의 머리카락은 징그럽도록 짧게 깎여 있었다. 양로원에서 그랬을까? 버스 안의 사람들도 저마다 인상을 찡그리며 노파를 향해 힐끗 힐끗 곁눈질을 해댔다.

"할무이, 괜찮겠십니꺼? 참기 힘들마 버스에서 내릴까예?"

"아이라, 견딜만 혀, 어이구, 늙어논께…"

"할무이, 수건을 들고 있지 말고 머리에 쓰시이소."

요섭이 그렇게 말한 것은 사람들이 자꾸만 힐끔거리는 게 신경이 쓰였을 뿐아니라, 수건을 벗고 있는 노파의 모습이 너무나 가슴을 저리게 만들었기 때문이었다.

"이거 머리에 쓰는 게 나으까?"

노파는 어린 손자를 얼루듯하며 수건을 다시 머리에 썼다. 멀미가 계속 나는 모양이었다. 주름진 얼굴은 더 이상 일그러질 것도 없었지만, 고통은 충분히 느껴져 왔다. 노파가 헛구역질을 해댈 때마다, 견딜 수 없는 안타까움이 요섭의 전신을 송충이마냥 기어 다녔다.

"할무이요, 눈을 감고 주무시이소. 그라마 훨씬 나을낍니더. 터미널 도착하마 지가 깨워드릴께요."

"어이구, 그려, 정말 고마우이 총각, 복 많이 받고 백년은 더 살어, 허허허…"

그리고 노파는 쉽사리 들 것 같지 않은 잠을 청해 애써 눈을 감았다.

백 년은 더 살어… 노파의 그 말이 허공에 너울치고 있었다. 지금 요섭에게 있어서 그보다 더 아이러니한 말이 또 있을까? 백 년은 더 살어… 노파의 그 말이 자꾸만 공명이 되는 것을 떨쳐버리기 위해 파카의 윗호주머니에 손을 집어넣었다. 그리고 손에 와닿는 모든 것을 끄집에 내었다. 이제껏 약국을 돌아다니며 모은 백여 알의 희고 붉은 알맹이들이 여태 살아온 자기 인생의 조각 마냥 제각기 다른 모습으로 자신을 비웃고 있었다. 흉측스레 뒤틀려 일그러진 엄지손가락과 그 손안에 번뜩이는 죽음의 실체들…

그 잔인한 실체들을 따라 생각은 시간을 거역하며 제멋대로 흘러갔다. 고아원을 떠나 브레이크가 고장 난 자동차처럼 떠돌던 요섭이 겨우 머문 곳은 가죽을 다듬는 공장이었다. 특별한 기술도 없는 고아를 받아준 것만으로도 요섭은 가슴 따스한 큰 감동을 느꼈다.

그러나 그 감동은 그리 오래가지 못했다. 지독한 악취와 강력한 화학 약품의 역겨움을 참으며 반년을 지나던 즈음이었다. 마스크도 없이 맨몸으로 버티던 요섭의 몸은 일순간에 무너져 내리고 있었다. 애써 역겨움을 참으며 버티던 인내력의 한계가 무너지는 한순간 정신을 잃고 말았다.

얼마나 시간이 지났을까? 끝없는 벼랑으로 떨어지는 아득한 현기증에서 깨어난 것은 공장의 구린내 나는 가죽 냄새 대신 포르말린 냄새가 오히려 향기로운 하얀 시트 위였다.

"여보세요..."

사물이 동공에 제대로 잡히지 않는 안개 속에서 누군가가 자신을 부르는 것을 희미하게 느꼈다. 눈을 크게 뜨려고 애를 써보았지만, 온갖 것들이 물결치듯 일렁이는 어지러움에 다시 눈을 감고 말았다. 흰 가운을 입은 사람이 온통 하얀색으로 뒤덮인 주위와 걸맞게 서 있는 것을 알아차린 건 또 얼마큼 시간이 지나서였다.

"여기가 어딥니꺼..."

"병원이에요!"

입고 있는 옷만큼이나 빛깔 없는 간호사의 목소리에 요섭은 자신이 하얀 시트 위에 누워있는 게 겸연쩍게 느껴져 자리에서 몸을 일으켰다. 멀미를 하는 것 같은 울렁거림이 또 치밀어 올랐다.

"잠깐만 기다리세요, 의사 선생님께서 곧 오실 거예요."

예의 느낌 없는 간호사의 목소리에 요섭은 주눅이 들어 어정쩡하게 앉아 있었다. 어떻게 해서 자신이 지금 여기에 있는가를 내심 계속 생각하던 요섭은, 자신이 공장에서 작업 중에 쓰러졌던 것을 어렴풋이 기억해 내었다.

"차요섭씨, 가족이 있습니까?"

금테 안경에 불독 같이 얼굴이 넓적한 중년의 의사가 어느새 소리도 없이 다가와 버티고 서 있었다. 요섭 쪽은 쳐다보지도 않고 손에 든 차트에만 눈길을 주고 있는 의사를 보고 요섭은 뭐라고 대답해야 할지를 몰라 그냥 멍하니 의사를 올려다보고 있었다. 그런 요섭에게 의사는 안경을 만지작거리며 눈빛으로 되묻고 있었다. 가족이라고...?

"전... 가족이 없는데예..."

"달리 연락을 취할만한 친척도 없으세요?"

"예, 전혀... 지가 고아라서..."

의사는 요섭을 힐끗 내려다보고는 고개를 끄떡였다. 취조를 당하는 범인마냥 초조한 마음으로 요섭은 의사를 올려다보고만 있었다. 의사는 다시 길게 한숨을 내쉬며 고개를 살레살레 흔들었다. 요섭의 심장이 제 마음대로 쿵덕거리기 시작했다.

"평소에 피곤을 자주 느끼지 않았나요?"

의사는 힐문조로 요섭을 쳐다보며 물었다. 머뭇거리며 대답을 하지 못하는 요섭에게 의사는 다시 물었다.

"다른 병원에 가 본 적 있어요?"

요섭은 의사의 기세에 눌려 그저 고개만 가로저었다. 병원을 가보았느냐고? 그러고보니 요섭은 지금 난생처음 병원이란 곳을 왔다는 사실을 파르르 떨리는 의식으로 인식하고 있었다. 의사는 지금껏 훑어보던 차트를 덮으며 한숨처럼 한마디를 내뱉었다.

"너무 늦었어요... 왜 진작 병원을 찾지 않았지요?"

요섭은 질식할 것같은 답답함과 초조함에 안절부절하며 한시라도 빨리 이곳을 벗어나야겠다는 생각뿐이었다. 의사는 요섭을 정면으로 쳐다보며 다시 말을 이었다.

"너무 늦었어요. 다시 정밀 검사를 해봐야 알겠지만, 간기능이 너무 악화되었습니다. 간경화가 너무 심화되어서 암으로 진행되었을 염려가 있어서 조직검사를 해봐야 할 것 같습니다. 어떻게 이 지경이 되도록 진찰 한 번 받아보지 않았어요? 참, 내... 수술이 가능할지는 검사를 해보고 결정하겠지만, 최악의 경우에라도 희망을 버리지는 마십시오. 인간의 마지막 최선이 무너지는 순간에도 기적이란 게 시작되곤 하니까요..."

순간, 요섭은 머릿속이 윙윙거리며 톱니바퀴가 돌아가는 소리가 나고 입술에 경련이 이는 게 다시 심한 현기증을 느꼈다. 금테 안경에 불독 같은 의사가 까닭없이 미워졌다.

'간암이라고! 무슨 쌍놈의 망말이냐! 내는 이리 건강한데 간암이 뭐꼬! 의사는 마카 도둑이라카더마는 틀림 없데이! 부루도꾸, 통돼지 같은 자슥!'

요섭은 의사를 노려보며 그렇게 마음속으로 뇌까렸다. 그러자 지금까지 초조해 한 것이 억울해서 자리에서 벌떡 일어나 고함을 쳐대었다.

"뭐라 캅니까! 내사 이리 건강한데요? 한겨울에 내복 같은 거 안 입어도 감기 한번 안 걸리는 강철인기라예! 그런데 암이라카이 말이나 됩니꺼! 의사 선상님이 뭔가 잘못 안 기라예!"

"그렇게 흥분하실 일이 아니고요, 다시 검사한다고 그러시잖아요!"

옆에 서 있던 간호사가 보다못해 요섭을 말렸다. 의사는 요섭을 힐끗 쳐다보고는 차트를 간호사에게 넘겨주곤 밖으로 나가 버렸다.

"필요 없구마! 그런 검사는 내는 믿지도 않을끼고, 할 필요도 없심더!"

요섭은 자신의 불행을 그렇게 쉽게 믿고 싶지가 않았다. 돌팔이 의사의 오진이라고 극구 부인하며 고함을 쳐대었다. 그러나 일주일 후의 재진 결과는 더욱 절망적이었다. 간암이 상당히 진행되었고 지금으로서는 수술도 장담할 수 없다고 했다. 의사의 말은 책임을 질 수 없으나 이판사판이니 한이나 없게 수술이나 한번 받아보라는 식이었다. 그렇다고 해도 보험이 없는 요섭의 입장에서는 수천만 원은 될 거라는 수술비는 저 먼 우주에서 들려오는 무의미한 진동에 불과했다. 제화공장 일개 수선공이 감당할 수 없는 거액이었다. 일가친척 하나 없는 고아에게 어느 누가 그런 거금을 선뜻 내 놓으며 동정을 하겠는가? 원도 한도 없이 마지막으로 한번 받아보라는 수술조차 돈 없는 가난한 고아에게는 다만 또 하나의 아픔일 뿐이었다.

누구에게라고 표현할 수는 없지만, 가슴 가득한 분노를 느끼며, 요섭은 겨울이 시작되고 있는 거리로 뛰쳐 나왔다. 뒤엉키는 수많은 상념들 속에 한가지 느낌은 그 극한을 달리고 있었다. 어무이가 보고 싶었다. 어느 순간보다도 간절하게! 자신을 고아로 만들어버린 어무이가...

'어무이! 어무이, 지금 어느 하늘 아래 계시능교? 어무이...'

어디로 가야 하는가? 도대체 무엇을 어떻게 해야 한단 말인가? 느낌도 의지도 한가지 욕망밖에는 없었다.

'살고 싶다! 살아야 한다! 버려진 목숨으로 이제껏 발버둥 치며 살아온 삶이 억울해서 어쩐다 말이냐! 죽어서는 안돼! 어떻게 해서든 살아야 해!'

그러한 삶 자체에 대한 의무감 같은 아우성에 쫓겨 요섭은 거리에서 거리로, 몰아치는 사람들의 틈바구니에서 마냥 헤매다녔다.

얼마나 시간이 지났을까? 의식도 못한 발걸음은 찬바람만 가로지르는 신천교 다리 위를 걷고 있었다. 줄을 잇는 자동차의 무리들은 모두가 살아 있음을 과시하기 위해 거센 숨을 몰아쉬며 질주하고 있었지만, 요섭의 휘청이는 다리는 더욱 힘이 빠져나갔다. 강 건너 저만큼의 허공으로는 우뚝 솟은 교회의 붉은 네온의 십자가가 혀를 날름거리며 초저녁 옅은 어둠 속에 꿈틀거리고 있었다. 요섭의 의지가 도달하기에는 너무나도 높아 보이는 네온의 십자가가...

요섭에게 있어서 십자가 종탑은 하나의 특별한 의미를 가지는 것이었다. 천당을 낚시질하는 찌마냥 온 하늘을 들쑤시고 있는 예배당 종탑들을 볼 때마다 요섭은 고아원 시절의 한사람이 버릇처럼 생각나곤 했다.

깊은 밤이면 고아원 뜨락에 서 있는 나무 십자가 앞에서 무릎을 꿇고 자신의 연약함과 고아들을 위한 자신의 부족함을 언제나 회개하던 사람, 윤장로. 아이들은 그를 아버지라고 불렀다. 고아들에게 아버지라고 불려지는 것을 무엇과도 바꿀 수 없는 기쁨으로 생각하던 윤장로. 그런 윤장로는 자신이 죄인임을 날마다 회개하였다. 아마도 그는 고아들을 좀 더 잘 입히지 못하고 잘 먹이지 못하는 안타까움을 그 나무 십자가 앞에서 올리는 회개 기도로 상쇄하고 있었는지도 모른다.

그러나 윤장로에겐 세상 모든 일들이 하나님의 섭리였다. 아이들이 헐벗는 것도, 굶주리는 것도, 요행이든 불행이든 그 어느 경우에라도, 그것은 하나님의 섭리로 귀착되었다. 결국은 아이들이 고아가 된 것도 하나님의 섭리이며,

그렇기 때문에 오히려 감사해야 한다는 것이었다. 지금 또 윤장로가 요섭 앞에 있다면 이것도 하나님의 섭리라고 할런지도 모른다. 생각이 거기에 미치자 요섭은 울컥 울분이 치솟아 밤이 드는 신천교 가운데서 하늘을 향해 고함을 쳐대었다.

"하나님의 섭리라꼬! 스물 아홉해 짧디짧은 생애가 온통 찢기워진 채로 시작도 없이 그저 끝나버리는 기 도대체 하나님의 섭리가? 내가 고아가 된 기 하나님의 섭리라꼬 치자, 그래서 설움을 받고 고통당하는 것도 하나님의 섭리라고 치자! 그란데 그것들이 허무하기 짝이 없는 내 인생을 마감하기 위한 전주곡에 불과했는데, 이것도 하나님의 섭리가? 무신 그런 놈의 섭리가 다 있노! 하나님은 누군데! 하나님이 우째서 그런 섭리를 만들어 내노!"

시간이 흐를수록 모든 현실의 의미가 이미 자기와는 상관이 없는 죽음보다 무거운 고독감으로 몰려들었다. 그 짙은 절망감에 짓눌려 형체도 없이 바스러질 것 같은 육체가 가서 멈춘 곳은 천국으로 오르는 계단마냥 치솟아 오른 십자가 종탑 아래였다. 고양이 걸음으로 내려앉은 어둠은 새로 피어나는 가로등 불빛에 밀려 종탑 위에 처연하게 걸려 있었다. 밤하늘을 쪽배마냥 흘러다니는 구름들이 휘감아 도는 가운데 을씨년스럽게 그 자태를 드러내고 있는 십자가... 그 십자가 아래에다 요섭은 지치고 지쳐서 더이상 지칠 수 없는 값싼 육신을 내팽개쳤다.

"하나님요... 꺼져가는 심지도 끄지 않으시고, 상한 갈대마저도 스스로 허물어지기 전까지는 꺾지 않으신다는 사랑의 하나님요. 참말로 당신이 우주의 주재자이며 전지전능한 신이라카마, 지금의 내가 안 보입니꺼? 전능한 당신 앞에서 이렇게 죽어가고 있는 불쌍한 이놈이 하나님 눈에는 안 보인다 말입니꺼? 도대체 나같이 보잘 것 없는 생명을 거두어간들 당신의 권위에 얼마나 보탬이 되고, 이땅 위에 얼마나 많은 의미를 부여해 줄 수가 있십니꺼? 내는 한번 살아보겠다고 바둥바둥거렸심더. 누구맨치로 도둑질을 한 것도 아이고, 사기를 친 것도 아이고 그저 밑바닥에서라도 내 딴에는 열심히 살아심더. 그런 내한테 하나님! 당신은 이런 식의 섭리밖에 보여줄 게 없십니꺼? 내가 왜 죽어야 됩니꺼? 무신 죄가 그리 많다고 수술 한번 못받아 보고 그냥 앉아서 눈만 멀뚱거리며 뒈져야 됩니꺼! 도대체 왜! 하나님요, 살려 주이소, 억울한 29년의 세월에 내가 무어 딱 부러지게 당신의 은혜를 입은 적이 있십니꺼? 이제 당신이 내리는 은총의 부스러기라도 내게 내려주시이소. 그라마 이후로는 절대로 당신을 외면하지는 않을 겁니다. 하나님요...”

부모가 누군지도 모르고 울타리 안에서 자란 인간은 철저히 비관적이 되든지, 아니면 무섭도록 삶에 대한 애착을 가지게 되는 법인지도 모른다. 무던히도 삶에 대한 애착을 가진 한 영혼이 억울하기 짝이 없는 죽음의 그림자 앞에서 삶의 마지막 희망으로 신을 향해 부르짖는다면 어떤 식이어야 할까? 그 어떤 징조도 없이 침묵하는 신과 마지막 단말마의 비명을 지르는 인간과의 줄다리기는 한 달을 넘어 계속되었다.

그러나 죽음의 색깔은 시간의 흐름 속에 더욱 짙어갔고, 구리뱀마냥 우뚝 솟은 십자가 종탑들만이 찬바람에 휘감기고 있을 뿐, 하나님은 끝내 침묵하셨다. 하나님이란 창조의 신, 전지전능의 신, 사랑의 신이기 이전에 침묵의 신이었는지도 모른다.

터미널에는 짜증스럽게도 많은 사람들이 북적대고 있었다. 인생은 철새라고 했던가... 모두들 어디론가 떠나는 사람. 이들은 살아서 기쁜 것이고, 살아서 행복한 것일까? 이들은 모두 다시 돌아올 수 있다는 희망을 전제로 떠나는 것이리라. 희망을 전제로...

왠지 모르게 한복을 입은 사람들이 유난히도 많았다. 몇 구비 휘어져 끝없이 늘어선 사람들의 행렬을 보며, 요섭은 답답한 심정으로 대합실로 들어섰다.

“내일이 섣달 그믐이여...”

아하, 그랬었구나! 노파의 그 말을 듣고 나서야 요섭은 이틀 뒤면 설날이라는 것을 비로소 인식했다. 소위 말해 희망의 새해가 저만큼 가까이 오고 있었다. 지나간 두어달의 시간이 요섭에게서 세월에 대한 감각을 완전히 빼앗아 가버린 탓이리라. 요섭은 다시 한번 대합실을 휘둘러 보았다.

그렇구나! 이들은 떠나는 게 아니라 모두 돌아가는 것이구나. 자신들의 전설이 잉태되고 뿌리가 박힌 고향으로... 단순한 그 한가지 사실만으로도 그들은 행복할 수 있으며, 그들의 삶이 축복일 수 있을 것 같았다. 돌아갈 고향이 있다는 그 사실만으로도...

노파가 왜 그토록 안동엘 가려고 했는지 이제사 이해가 갔다. 노파에겐 고향이 있었던 것이다. 적어도 자신의 마지막 머리만이라도 향할 수 있는... 산송장에 불과하다고 생각했던 노파가 약간은 행복해 보이는 것도 바로 그 때문이리라. 모든 동물이 가진 귀소본능... 인간에게 있어서 귀소본능은 하나의 중요한 정신적인 지주가 되는 것이고, 동시에 마르지 않는 힘의 원천일 수도 있는 것이다. 그래서 고향은 의미가 있는 것이며 보존되어야 할 가치가 있는 것이리라.

그러나 요섭에겐 고향이 없었다. 아니 고향이 없다기보다는 고향이란 단지 아픔이었다. 누구처럼 이산가족이 되어 고향을 잃어버린 것도 빼앗긴 것도 아니고, 그저 처음부터 고향이 없었기 때문이다. 일개 미물에 지나지 않는 들짐승들도 마지막 숨을 거둘 땐 고향 하늘로 머리를 둔다든가. 그러나 지금 요섭은 마지막 자기 삶을 마감하려는 이 순간에조차 머리를 향할 고향이 없는 것이다.

삶이 있었고, 그 삶의 마지막을 고하려는 이 순간에도... 고향은 자신에게도 엄마가 있었다는 전설과 함께 다만 전설일 뿐이었다.

구태여 요섭에게서 고향의 의미를 찾는다면 그 유일한 곳은 아마도 고아원일 것이다. 그러나 그 고아원마저 이미 오래 전에 도시계획에 쫓겨 다른 도시로 이전해 가버렸고, 이젠 낯설은 주택들과 아파트들만이 옛주인의 전설을 세월로 씻어내고 있을 뿐, 그 어디에도 흔적은 남아 있질 않았다. 결국 의미로 남은 것은 마음속에 떠올릴 수 있는 회상이 고작이었다. 그리고 그것은 언제나 원장이었던 윤장로에 대한 특별한 느낌으로 귀착되었다.

"총각..."

존재하지 않는 고향에 대한 상념은 노파에 의해 흐트려졌다. 순간적으로 노파를 망각했던 요섭의 의식이 다시 현실로 되돌아 왔다.

"총각, 배가...아퍼..."

노파는 구부러진 허리에 배를 움켜잡았다. 순간 요섭은 어떻게 해야 할지 난감했다. 잔칫집에 날아든 파리떼마냥 북적대는 화장실에 몸도 불편한 노파를 혼자 보내기가 도저히 안스러웠다. 그렇다고 여자 화장실엘 따라갈 수도 없고, 생각다 못해 옆에 있는 아가씨에게 노파를 화장실에 좀 데려다 줄 것을 부탁했다. 그러나 여자는 어이없다는 듯이 눈만 흘기고는 저쪽으로 가버렸다. 똑같은 부탁에 똑같은 반응이 몇 번인가 되풀이 되고서야 하는 수 없이 요섭은 노파를 남자 화장실로 데려갔다.

혼이 빠져나갈 만큼 북적대는 화장실에도 찡그린 인상들이 벽화처럼 널려 있었다. 노파가 옷을 벗는 것을 도와주고는 노파의 보따리를 들고 수문장처럼 화장실 문 앞을 막아섰다. 얼굴이 화끈거릴수록 이상스레 더욱 추위를 느꼈다. 속이 탈이 났는지 노파는 계속해서 설사를 해대었다. 요섭의 가슴이 저 밑바닥에서부터 다시 저려 왔다.

그럴수록 한가지 분노는 그 실체를 드러내고 있었다. 이 노파가 이런 식으로 구차하게 살아야할 필요가 있을까 하는... 그래, 이런 노파에겐 죽음이 오히려 평안함일지도 모른다. 그것도 빠르면 빠를수록 축복일 것이다. 그러나 노파는 스스로 자신의 죽음을 쟁취할 수 있는 힘마져 가지지 못한 것이다. 차창에 와닿는 눈송이들이 자꾸만 죽어지고 있었지만...

"큰 딸년이 강원도 정선에 살아. 사우가 무신 소장이지, 아마..."

버스가 터미널을 빠져나와 고속도로 입구에 이르렀을 때였다. 노파는 누구에게라고 할 것도 없이 그저 세월이 빚어놓은 자신의 전설을 들추어 내기 시작했다. 버스 안의 따스한 온기에도 불구하고 이상스레 요섭은 자꾸만 한기를 느꼈다. 노파의 손끝에서 묻어난 싸늘함은 벗겨낼 수 없는 하나의 화인이 되어버린 모양이었다.

제2부 소설

"그년이 제일루 잘 살어. 내가 가고 싶어도 거기가 어딘지 알 수가 있어야제. 내일이 그믐인데…"

그래, 노파는 바로 그 때문에 고향에 가려는 것이었다. 해가 바뀌어 어쩌면 찾아와줄지도 모를 자식들을 기다리기 위해…

"둘째 년은 부산에 살어. 사우가 배를 타제, 어떻게 지내는 지, 원. 못본지가 꽤나 오래여. 어쨌거나 저들 잘살면 그만이지 말이여. 손주 녀석들 얼굴이 가물가물혀, 어이구…"

길게 이어지는 한의 소리, 그에 따라 일글어지는 주름살이 더욱 처량해 보였다.

"할무이, 그라마 아드님은요?"

"그 자슥은 말도 말어!"

이제껏 조용하던 목소리와는 달리 어울리지 않는 격함이 노파의 얼굴 위에 노기를 띠었다. 그리곤 마치 눈 앞에 아들이 있기나 한 것처럼 자그마한 그 눈을 부라렸다.

"그 놈은 서울 살제, 그런데 오입을 갔어! 지 마누라랑 새끼들 내삐리뿌고, 그 싸가지 없는 자슥이 사기를 치고 오입을 간기여! 지 애비를 닮은 역마살을 어쩔까마는…"

"그라마 영감님은 돌아가셨능교?"

"왠걸, 아, 글씨 무신 잡귀에 씌었는지, 노름에 미쳐갖꼬는 한번 집을 나갔다 하면 몇 달이고 감감 무소식이여. 그놈의 버릇 고쳐보겠다고 윽박지르기도 하고, 사정도 해보고, 굿도 벌여보고 별짓 다 해봤제, 다 소용없는 거. 소식이 끊긴지가 한 30년은 넘었을 꺼여. 망할 놈의 영감탱이 죽었는지 살았는지…"

그때 요섭은 분명히 보았다. 짜부라진 노파의 눈가에 아픔이 녹아 흐르는 것을. 정말 가능한 것일까? 인생의 마지막 페이지를 남겨두고 있는 여든이 훨씬 넘은 노파에게도 마르지 않은 감정이 남아 있다는 게. 노파는 보따리를 들어 얼굴을 쓱 문질렀다.

"할무이, 그래도 할무이는 이렇게 고향에 돌아간다 아입니꺼!"

"그려, 이게 다 총각 덕분이제, 현세불, 현세불 말로만 들었지, 총각이 바로 현세불이여! 어허허허... 그런데 총각을 올해 몇 살이여?"

"스물 아홉입니더."

"아이고 참 좋을 때다! 부모님은 모두 계신겨?"

"예..."

요섭은 자신의 대답에 스스로 놀랐다. 부모가 있느냐는 질문에 엉겁결에 '예!'라고 대답을 한 것이다. 그러나 이왕 대답한 것, 노파를 편안하게 해주고 싶었다.

"좋은 색시 만나서 부모님 공경하고 오래오래, 백 년은 더 살어, 허허허..."

노파의 어울리지 않는 웃음이 요섭의 얼굴 위으로 번져갔다. 좋은 색시라고...? 노파의 의미없는 그 말에 요섭은 순간적으로 가애를 생각했다. 좋은 색시라고...

"오라비, 엄지 손가락이 참 귀엽다이..."

"응? 귀엽기는, 꼴 사납지, 내는 언제나 이기 부끄럽다 아이가..."

"아이라, 그기 와 부끄럽노? 참 귀여운데, 오라비한테 이렇게 귀여운 데가 있는 기 얼마나 좋노."

난생 처음 자신의 일그러진 손을 귀엽다고 해 준 아이, 가애. 감자 배꼽, 문디 자석이라고 아이들에게 늘상 놀림감이 되었던 외톨박이 요섭에게 유난히도 관심을 쏟아주며 메말라가는 감정을 따사롭게 녹여주던 아이, 가애.

가애는 고아원에서 유일하게 요섭의 말동무였고 놀이 친구였다. 요섭보다 세 살 아래의 가애는 심성이 착한대다 곱상한 외모로 다들 친구가 되고싶어 했지만, 가애는 다른 누구보다도 요섭을 친오빠처럼 따라주었다. 그래서 언제나 요섭을 '오라비'라고 불렀다. 그것이 다른 아이들이 요섭을 괴롭히는 또 다른 이유가 된 것인지도 모른다.

요섭이 고아원을 떠나서 가장 견딜 수 없었던 고통은 가애에 대한 그리움이었다.

한 순간이라도 가애를 잊어본 적이 없었다. 세월이 흘러 나이가 듦에 따라 그 그리움은 자연스레 애정으로 변해갔고, 언젠가는 꼭 자신의 색시로 맞아들이겠다는 꿈이 하나의 지향이 되고 삶의 좌표가 되었었다.

요섭이 떠난 뒤 고아원은 구미시로 이전해 버렸고 가애는 원장 윤장로의 배려로 그곳의 보모로 남게 되었다. 그동안 요섭은 가애에 대한 희망만을 깃발처럼 앞세우고 반겨주는 이 하나 없는 거친 세파에서 살아남기 위해 몸부림을 쳐야 했다. 숨 막히는 사람들의 물결 속에서 요섭을 기다리고 있는 것은 이미 익숙해진 배고픔과 어디에서도 쉽게 스며들 수 없는 고아라는 이름의 낙인뿐이었다.

그래도 가끔씩 소식을 전해오는 가애에 대한 깊어가는 사랑은 요섭이 스스로를 위로할 수 있는 유일한 희망이었다.

그런 가애에게서 언제부터인가 소식이 끊겨져 버렸다. 고아원으로 연락해 보았지만, 그곳에서도 어느날 갑자기 사라져 버렸다는 것이었다. 요섭의 가냘픈 인생은 뿌리부터 흔들리기 시작했다. 이 넓은 세상에서 자신의 마음을 온전히 의지할 수 있는 유일한 대상이 하루아침에 사라져 버린 것이었다. 그러나 어떻게, 도대체 어디서 가애를 찾을 수 있단 말인가? 아무런 단서도 없고, 그 무슨 추측도 할 수 없이 다만 타는 가슴으로 가애를 찾아 헤매었다.

모두들 수군거리기만할 뿐 도움을 얻을 방도는 전혀 없었다. 공단이 즐비하게 들어선 고아원 주위의 환경 탓에 틀림없이 바람이 나서 어느 놈팽이와 눈이 맞아서 도망친 것이 분명하다는 것이었다. 요섭은 믿지 않았다. 그렇게 심성이 착했던 가애가, 그토록 자신을 사랑한다고 애절하게 고백하던 가애가 그리 쉽사리 마음이 변하리라곤 도저히 믿어지지가 않았다.

그러나 사람들의 추측을 증명이라도 하는 듯이 가애의 흔적은 어디에도 없었고, 단 한번의 소식도 없는 가운데 5년의 세월이 비껴가 버렸다.

이제 가애에 대한 요섭의 애정은 다만 썩어가는 육신의 곪아터진 한 부분일 뿐이었다. 어무이에 대한 환상적인 그리움과 떠나버린 가애에 대한 점층된 사랑은 거액의 수술비로 대치되어 버렸다.

'가애만 있었더라면 이렇게 비참해지지는 않았을런지도 모른다. 망한 년의 가시나! 저만 믿고, 내사 우짜든지 살아보겠다고 발버둥을 쳐댔는데, 지캉내 캉 서로 외로운 처지에 한 평생 의지하며 서로 위로해주며 살자꼬 지 입으로 찰떡같이 약속 해놓고는, 이너무 가시나...'

단 한 점의 희망이라곤 없이 무겁게 내려앉은 절망감만을 등에 업고서 요섭은 마냥 헤매 다녔다. 의사는 술이 독약보다도 위험하다고 했지만, 삶의 유일한 끈이 떨어져 버린 요섭의 입에서는 술은 살기 위한 마지막 연료였다.

높이 솟구친 십자가 종탑이 더없이 비정하게 느껴지던 어느 날, 그날도 요섭은 소주 한 병을 까들고 밤이 드는 자갈마당 꽃거리를 걷고 있었다. 어둠이 들면서 피어나기 시작한 밤의 꽃들은 불나비가 되어 거리를 수놓고 있었다. 성가시게 달라붙는 불나비들을 떨치며 요섭은 비틀거리는 걸음으로 어둠을 헤치고 있었다.

"오빠! 꽃밭에 물 좀 주고 가세요..."

그런 요섭을 또다시 붙들어 세우는 가냘픈 목소리의 불나비가 있었다. 요섭은 그 목소리에 취해 그 불나비를 돌아다 보았다. 순간, 아! 내가 지금 술에 취했구나하고 요섭은 생각했다. 왜냐하면 도저히 믿기지 않는 현실이었지만 거기엔 그토록 요섭이 찾아 헤맸던 가애가 서 있었기 때문이었다. 요섭은 눈을 꽉 감고 고개를 세차게 흔들었다. '아, 내가 지금 술이 취했구나!' 속으로 되내이면서 요섭이 눈을 떴을 땐, 그 불나비가 저만큼의 골목으로 달아나고 있었다.

"가애..."

한참 동안도 멍하니 서 있던 요섭은 그 뒤를 쫓아 달리기 시작했다.

"가애! 가애!!"

점점이 얼룩진 밤거리가 요섭의 악쓰는 소리에 사정없이 깨어져 나갔다. 형형색색의 꽃들이 피어난 미로 같은 골목길을 몇 구비 돌았다. 그러다 요섭은 그만 앞서가던 불나비를 잃어버렸다.

'환영이었을까? 아니야! 그건 분명 가애였어!'

224

정신이 몽롱해지고 심장이 팔닥거려 스스로를 주체할 수가 없어진 요섭은 짝짝 껌을 씹으며 늘어선 꽃들에게 닥치는대로 간절한 마음으로 매어 달렸다.

"가애! 가애를 못봤능교?!"

"아니, 이거 웬 미친 놈이야! 거기가 간지러우면 말로 할 것이지, 왜 사람을 잡고 늘어지고 지랄이야!"

"가애! 가애요..."

"가애가 누구야? 야, 임마 내가 니 마누라냐? 어디와서 술주정이야!"

"후후후 밤농사가 시원찮아 마누라가 도망을 친 모양이야, 히히히..."

"애, 불쌍하잖냐, 잘 좀 주무려 드려라! 호호호..."

여자들에게 떠밀려 땅바닥에 쓰러진 요섭은 금방이라도 토할 것 같은 거북스러움에 헛구역질을 계속 해대었다. 추운 날씨에도 허연 허벅지를 드러낸 여자들은 뜻밖의 소일거리에 유쾌한 듯 저마다 떠들어 대며 요섭을 둘러쌌다. 그들 중 담배를 피우던 한 여자가 꽁초를 요섭의 얼굴 위로 던졌다. 순간적인 따끔함에 반사적으로 다시 일어난 요섭은 그들에게 달려들며 고함을 쳐대었다.

"가애! 가애를 내놓으라꼬, 이 나쁜 년들아!!"

"아니, 이거 돌아도 단단히 돈 놈이잖아! 이것 놓지 못해!"

"애, 그래도 네가 마음에 드나 보다. 잘 뫼셔라, 으헤헤헤!"

"야 임마! 가앤진 가발인지 우리가 알게 뭐야? 이 것 놓지 못해!"

"가애는 이런 데 있을 사람이 아니야! 가애를 내놓으라카이!!"

요섭이 악을 써댈수록 붙잡은 여자의 옷자락이 더욱 늘어났고 여자는 요섭을 떨쳐내려고 요섭의 머리채를 잡아당기며 발악을 해대었다. 그 우스꽝스런 작태에 둘러선 여자들은 더욱 재미 있어 했다. 그러다가 여자가 너무 용을 쓰는 바람에 여자의 옷이 찢어지고 말았다. 까만 젖꼭지를 들렁이며 여자의 젖가슴이 그대로 드러나 버렸다.

"야! 이 새끼야!! 왜 이 지랄이야! 내가 니 마누라냐! 니가 내 기둥서방이라도 되냐?"

벌집을 쑤셔놓은 듯이 악에 받친 여자는 이미 제 정신이 아니었고, 둘러섰던 여자들까지 가세하여 요섭은 발톱을 치켜세운 고양이들에게 둘러싸인 생쥐 꼴이었다. 그래도 요섭은 계속해서 가애만을 외쳐대었고, 그럴수록 여자들은 더욱 독기를 내뿜으며 요섭을 짓밟아 대었다. 구경꾼들은 장날 약장수 반기듯 꾸역꾸역 모여 들었지만, 누구 하나 말리려는 사람은 없었다. 요섭은 사력을 다해 허우적거리며 외쳐대었다.

  "가애! 가애를 내놔라, 이 나쁜 년들아!!"

  "이 자식, 주둥이가 시궁창이가? 어디와서 지랄이야!!"

  눈에 불을 켠 여자들은 요섭의 전신을 짓이겨 대었다. 옷이 찢긴 여자는 아직도 요섭의 머리채를 놓지 않고 뭐라고 알아들을 수도 없는 욕지거리를 요섭의 얼굴 위에 내뱉고 있었다.

  "그만! 그마아아안!!"

  그때였다. 요섭을 둘러싸고 있는 여자들을 헤치고 한 여자가 뛰어들며 고함을 쳤다. 그녀는 여자들을 사정없이 밀쳐내고선 요섭을 자신의 몸으로 감쌌다. 뜻밖의 행동에 둘러섰던 여자들은 멈칫하며 뒤로 물러났다. 그녀는 엉망이 된 요섭의 얼굴을 떨리는 두 손으로 어루만지며 간간히 어깨를 들먹였다. 기진맥진한 요섭은 간신히 눈을 떠서 그녀를 올려다 보았다.

  소리없이 흐르는 눈물에 화장이 지워져 얼룩진, 그러나 길다란 속눈썹에 청롱한 두 눈망울, 쪽하니 뻗어난 콧대와 빠알간 루즈 밑에 탐스러움을 감추고 있는 자그마한 입술. 헝클어져 내린 머리카락이 그대로 조화를 이루고 있는, 창백하지만 순수함이 아직 그대로 담겨져 있는 갸름한 그 얼굴... 가애였다.

  요섭은 웃으려고 애를 썼다. 그러나 꽃잎 위를 구르는 아침 이슬같은 가애의 눈물이 자신의 얼굴 위에 떨어지는 따스함을 느끼면서 그만 정신을 잃고 말았다.

  얼만큼의 시간이 흘렀을까? 요섭이 다시 정신을 차렸을 때는 주위가 너무나 조용했다. 금방이라도 터져버릴 것 같은 뻑쩍찌근한 두통을 느끼면 요섭은 간신히 몸을 일으켰다. 촉수 낮은 불빛이 낯선 방안을 무겁게 내리누르고 있었다. 주위를 두리번거리던 요섭은 자기 옆에 다소곳하게 앉아 있는 가애를 발견했다. 그리고 놀랍게도 그 옆에는 너댓살쯤 된 꼬마가 초롱하지만 잔뜩 겁을 먹고 경계하는 눈빛으로 자신을 쳐다보고 있었다. 요섭의 시선이 가애보다는 그 꼬마에게 가서 고정이 되었다. 꼬마는 긴장을 풀고 배시시 웃음을 머금었다.

"나사로야, 인사해. 삼촌이야."

가애의 그말에 요섭은 더욱 놀라 가애와 꼬마를 번갈아 쳐다보았다. 꼬마는 인사대신 입을 헤벌려 방긋 웃어주었다. 요섭은 손을 내밀어 꼬마의 머리를 쓰다듬었다.

"몇살이고..."

꼬마는 대답대신 손바닥 하나를 전부 펴 보였다.

"이름이 뭐라꼬?"

"나사로야, 가서 장미 아줌마랑 놀고 있거라."

꼬마가 뭐라고 대답하기도 전에 가애가 먼저 말을 가로챘다. 꼬마는 예의 방긋 미소를 보여주곤 밖으로 나갔다. 꼬마의 발자국 소리가 멀어져 가고 다시 침묵이 방안을 가득 메웠다. 그 침묵을 조심스레 더듬으며 요섭은 다소곳이 앉아 있는 가애의 옆모습을 찬찬히 훑어보았다. 그제서야 가애가 아까의 모습과는 달리 한복을 입고 있는 것을 알아차렸다. 그 때문만은 아니었을 것이다. 가애가 예전과 조금도 다름없이 정숙해 보이는 것은...

"고아원은 언제 떠났노?"

"5년쯤 됐을끼다."

"와? 이유가 뭐꼬..."

"..."

"우째서 연락 한번 없었노?"

"오라비, 볼 낯이 없었다 아이가, 흑..."

"오라비! 그 소리 들어본 지가 까마득하구마..."

가애는 두 손으로 얼굴을 가리고서 소리없는 흐느낌으로 어깨를 들먹였다. 요섭도 무심한 세월의 회환에 젖어 말을 잃었다. 그리고 다시 가애를 향해 고개를 돌렸다. 그 시선이 얼굴을 가리고 있는 손에 다다랐을 때였다. 요섭은 온 전신이 얼어붙는 전율감에 휩싸였다.

그 손, 그 손에 끼워진 반지! 그것은 분명 10여년 전, 자신이 고아원을 떠나던 날 가애의 손에 끼워주었던 부러진 칫솔로 만든 반지였다. 요섭은 순간 울컥 목이 메이며 형언할 수 없는 분노가 솟구쳐올라 미칠 지경이었다. 도대체 무엇이, 그 무엇이 가애를 이렇게 만들었단 말인가! 꽥! 고함이라도 지르고 싶은 충동을 가까스로 억누르며 길게 한숨을 내 쉬었다.

"가애야 도대체 어떻게 된기고? 속 시원히 말 좀 해보라카이!"

"오라비, 가애는 5년 전에 고아원을 나섰을 때 죽었데이. 단지 오가는 남자들의 팔이나 당기며 죽지 못해 살아가는 시들어빠진 백화가 있을 뿐 아이가."

"시덥잖은 소리 집어치아삐라, 니가 와 이런 곳에서 썩어가야 된다 말이가? 도대체 이유가 뭐꼬?"

"오라비, 여기도 사람 사는 데데이. 힘없다고 무조건 짓밟고 애매하게 남을 해치지도 않는, 오히려 훈훈한 정이 넘치는 곳이다 아이가. 함부로 아무렇게 말하지 마라."

"이너무 가시나! 뭐라카노!!"

그와 함께 저도 모르게 튀어나간 요섭의 손바닥은 분노의 세월을 담아 가애의 뺨을 사정없이 휘갈겼다.

'철썩!' 날카로운 마찰음과 함께 가애가 옆으로 쓰러졌다. 그리고 그때서야 처음으로 소리내어 울기 시작했다.

순간적인 자신의 행동에 요섭은 스스로 놀라 어쩔줄을 몰랐다. 서럽게, 서럽게 통곡하는 그 아픔이 그대로 요섭의 가슴에 느껴져 왔다. 콧등이 시큰해지는 것을 주체할 수가 없어 요섭은 와락 가애를 쓸어 않았다.

"미안하다, 가애! 미안하다, 가애야..."

전염성 강한 눈물이 요섭의 감정의 둑을 허물어 버렸다.

"오라비, 내사 보고 싶었다. 참말로, 억수로 보고 싶었다, 으앙!"

둑이 터진 강물은 미친 듯이 쏟아져 내렸다. 두 사람의 뒤섞인 통곡소리는 넓게넓게 파문을 일으키며 지나간 세월의 호수 위를 번져 나갔다.

맺혔던 한이 한꺼번에 터져버린 것이었다. 어떻게 막을 수 없이 서로의 가슴에 치밀어 오르는 서러움과 분노는 그 수위를 넘어 서고 있었다.

"보모 노릇을 한 지 3년 쯤 됐을 때야."

가까스로 진정한 가애는 아직도 치밀어 오르는 설움을 삼켜가며 잃어버린 세월의 축을 되돌리기 시작했다.

"그날은 원장 아버지가 서울로 일보러 가시고, 내캉 강총무만 남아서 아이들을 돌보고 있었심더. 그런데 그 전부터 내만 보면 추근대던 강총무가 자꾸 수작을 걸더라고예. 그래도 내는 저녁에 원장 아부지가 오실 때 까지만 참으마 된다고 생각하고 이리저리 피해 다녔심더. 그란데 무신놈의 조화지, 그날따라 억수같이 비가 퍼부어대는 빗줄기에다 폭풍까지 불어와 가 원장 아부지가 돌아오시지 못한다는 전화를 강총무가 받은 깁니더. 내는 그것도 모르고 원장 아부지만 돌아오기만을 눈 빠지게 기다렸지예. 그러다가 잠이 들었는데 그날 밤, 강총무에게 온몸이 찢어지는 고통을 당하고 욕을 보고 말았지예..."

이제껏 말투와는 다르게 가애가 말을 높였다. 그게 요섭에게는 더 무섭고 더 아프게 다가왔다.

그리곤 다시 울먹이며 말이 끊어진 가애를 요섭은 넋이 빠져 쳐다보고 있었다. 저 먼 은하계에서 온 외계인의 소리를 듣는 듯 이해하기가 정말 힘든 마음을 겨우 억누르고 있었다. 한참을 울먹이며 감정을 추스르느라 애를 쓰던 가애는 겨우 다시 입을 열었다.

"진짜 고통은 그 다음부터였다 아입니꺼. 원장 아버지한테 말도 못하고 날이 지나면서 내 몸에 이상이 생긴 것을 알았을 때는 죽고 싶은 생각밖에 안 납디더. 내가 그때 죽었어야 하는긴데..."

"이 빙신아! 그런 일이 있었으마 와 내한테 말을 안했노? 그라마 이리는 안

됐을꺼 아이가!"

다시 말이 끊긴 가애를 쳐다보며 온몸의 피가 머리로 쏠려 터질듯한 감정이 한꺼번에 폭발하며 요섭은 고함쳤다.

"내 마음이사 하루에도 수십 번씩 오라비 한테로 달려갔지예. 그렇지만 오라비까지 나 때문에 비참하게 만들 수는 없었심더. 내가 고아라서 당한 고통은 내 혼자서 충분하다고 생각했심더. 오라비가 알았으면 얼마나 가슴 아팠을 낍니꺼?"

"이 빙신아! 지금 이 꼴은 내 맘이 편하나? 아무리 그렇다케도 어짜자꼬 여길 들어왔노? 이노무 가시나야..."

"내도 어쩔수 없었다 아입니꺼? 오죽했으면 내가 이러고 살겠심니꺼? 강총무 마누라 눈빛이 자꾸 이상한데다가, 볼 때마다 추근대는 강총무는 또 우짜고예? 게다가 배가 자꾸 불러오자 내가 눈물로 감춘다고 애를 쓰고 지랄을 떨었지예. 그래도 불러오는 배를 더이상 감출 수도 없고 고아원에 있을 수가 없었지예. 나를 따르는 얘들이 내 꼴을 보고 뭘 배우겠심니꺼? 무작정 고아원을 뛰쳐나오긴 했지만, 1980년 대한민국에서 나 같이 고아에다가 미혼모가 된 년을 받아주는 데가 있을 리가 없지예..."

가애는 멈추었던 눈물이 다시 솟구쳐 말을 삼켰다. 지나간 5년의 세월이 그냥 흘러간 것이 아니라 가슴 속에 지울 수 없는 큰 상채기로 남아 시간이 정지되고 있었음을 몸서리치게 느꼈다.

'어디서 길을 잘못 들었을까? 왜 지금 나는 내 사랑하는 사람을 앞에 두고도 전혀 손을 내밀 수가 없는 것일까?'

간신히 버티고 있는 감정의 둑이 한번 무너지면 주체할 수 없는 혼으로 밀려들 것 같아, 어금니를 깨물고 냉정해져야 한다고 속으로 되뇌고 또 되뇌었다. 자신이 떠나온 길을 가다듬어 보았지만 아무리 해도 돌아가는 길을 잃어버렸다는 사실이 가슴 한가득 채워져 흘러넘치고 있었다.

고아원 사무실 앞에 심겨 있던 단풍나무가 가을 햇살을 온몸에 받아 붉게 변색 되어 가던 어느 날, 가애는 아무도 몰래 고아원을 나섰다. 원장 아버지를 아프게 하는 것도 못 할 짓이고, 아이들에게 꼴사나운 모습을 보이는 것은 더더욱 못 할 짓이라는 생각이 거센 바람으로 그녀의 여린 마음을 몰아세웠기 때문이었다.

방향을 잃은 발걸음이 닿는 곳으로 무작정 걷고 또 걸었지만, 어디로 가야 할지 아득하기만 했다. 어쨌든 고아원이 있는 구미는 벗어나야 한다는 생각만이 유일한 나침반이 되어 지친 그녀의 발걸음을 재촉해댔다.

어디서든 일자리를 구하거나 머물 곳을 찾는 것이 급선무였지만 그녀의 불룩한 배는 천형의 낙인이 되어 어디서도 환영받을 수 없게 만들었다. 긴 혼수상태로 거리를 헤매던 발길이 와서 멈춘 곳이 대구역이었다. 어쩌면 그것은 본능이었을 것이다. 하늘 아래 유일하게 의지하고 기댈 수 있는 사랑하는 사람이 살고있는 곳.

그러나 가는 곳마다 문전박대를 받는 일이 계속되자 가애는 요섭을 찾아가는 것은 엄두도 내지 못했다. 다만 같은 공기를 숨 쉬고 있다는 것만으로도 거세게 불어닥치는 동장군의 칼바람을 막아낼 수 있는 유일한 피난처가 되어 주었다.

배는 어김없이 불러오고, 태중에서 발길질하는 생명을 느낄수록 현실의 절망은 더욱 또렷해져 갔다. 대구역 광장 한쪽 구석에 앉아서 애써 추위를 막아보았지만, 살을 에는 추위는 어떤 자비심도 없었다. 본능적으로 배를 감싸 안고 조금이라도 추위가 태아에게 영향을 주지 못하도록 해보았지만, 지쳐가는 육신으로 더이상 버티기에는 한계 상황에 다다랐음을 무의식 속에 느끼고 있었다. 설상가상 가진 돈도 다 떨어지고, 최소한 이틀은 굶었으리라. 태중의 아기는 더욱 살고자 하는 몸부림을 쳐대었다.

젊은 여인 혼자 역 광장에 머무를 수 있는 여유는 한계가 있었다. 집적대는 한 무리의 남정네들에 쫓겨 다시 길을 나섰다. 걸음을 옮기긴 했지만, 마음 한쪽에 감당하기 힘든 공포가 밀려왔다.

'내가 언제까지 걸을 수 있을까? 과연 얼마나 더 버틸 수가 있을까?'

배고픔이 한계치를 넘어 한 걸음 옮기는 것이 천근의 무게를 느끼게 했지만, 곧 그마저도 의식하기 힘든 상황에 다다랐다. 대구역 광장을 빠져나와 얼마나 걸었을까? 어둠과 함께 밀어닥친 칼바람이 지친 육신을 여지없이 도륙하는 거리를 걷다가 긴 골목 안에서 알록달록 빛나고 있는 전구 불빛이 바람에 흐릿해지는 것을 느끼며 정신을 잃고 말았다.

얼마나 시간이 흘렀을까?

가애가 다시 정신을 차렸을 때는 따뜻한 이부자리 안이었다. 심한 두통과 따끔거리는 목구멍을 애써 누르며 눈을 떴다. 짙은 화장을 한, 두 명의 여자들이 심란한 눈빛으로 가애를 내려다보고 있었다.

"여기가...어디...어딥니꺼..."

가애가 힘겹게 일어나 앉으려 애쓰며 겨우 입을 열자 한 여자가 가애의 가슴을 토닥이며 일어나지 못하게 했다.

"이 추운 겨울에 이 몰골로 다니는 걸 보니, 니년 사연을 안 들어봐도 기구하구만!"

목에 뭔가 끼인 듯 걸걸한 목소리로 한심하다는 듯이 그녀가 쏘아붙였다. 그러나 나이가 들어 보이는 다른 여인이 그녀의 어깨를 '탁' 치며 입을 열었다.

"힘든 사람한테 왜 그래! 아가씨 정신이 좀 들어? 우리가 일찍 발견하지 않았으면 이 추운 겨울에 큰일 날 뻔했어!"

어딘가에 따스함이 묻어나는 포근한 목소리였다. 그 목소리에 가애는 고아원을 떠난 후 처음으로 마음의 평안을 느꼈다. 따스한 이부자리가 지친 육신을 감싸며 뜨거운 위로를 쏟아 부어주는 것 같았다.

"아가씨, 몸을 보니 오늘내일 하는데, 여기 머물며 몸 간수나 잘하고 건강부터 챙겨."

어디서나 거부당하던 저주받은 육신이 처음으로 따스한 한 마디의 위로에 왠지 모르게 눈물이 흘러내렸다. 이 겨울에 죽지는 않겠구나 하는 안도의 눈물이었을까, 아니면 어디서도 느껴보지 못했던 따스한 인간의 손길에 차갑게 얼었던 마음이 녹았기 때문일까. 눈물은 쉬지 않고 흘러 내렸다.

"아가씨, 울지 마. 아기에게 안 좋아.

야! 너는 가서 식당 할매에게 죽이라도 좀 쑤어달라고 해!"

어디서도 환영받지 못하고, 잔인한 눈초리로 조리돌림이나 당하던 미혼모 고아의 깨어지고 부서진 마음이 이제 시작되고 있는 북풍한설의 한 가운데서 뜻밖의 봄을 만났다.

이곳이 자갈마당이라고 했다. 떨어진 꽃잎처럼 아픔을 가진 여인네들이 청춘을 팔고 웃음을 파는 곳이라고 했다. 가애에게 따스한 말을 던지던 중년의 여인은 '엄마'라고 불리는 이 가게의 주인이라고 했다. 지금 가애는 자신이 받아들여지고, 보호받고 있다는 사실만이 중요했다. 세상이 뭐라고 손가락질 하든 자신에게 다가온 작은 우주를 거부할 힘이 없었다. 가애의 출산을 기꺼이 도와주고 몸을 추스를 때까지 머물러도 좋다고 '엄마'는 기꺼운 마음을 나누어 주었다.

아들이 태어나자 더더욱 가애는 무거운 삶의 무게를 감당할 자신이 없었다. 자연스럽게 가애는 '엄마'를 부르며 따르게 되었다. 자식까지 딸린 미혼모 고아는 이 땅 어디서도 발붙일 곳이 없을 것 같았기 때문이었다.

가애의 지나간 삶의 무게가 얼마나 무거웠을지 요섭은 가늠하기 힘들어 뭐라고 할 말을 찾지 못했다. 그래도 현실은 너무나 가혹하다고 생각했다. 가애는 눈물을 애써 삼키며 오라비를 비로소 쳐다보았다. 그리고 변명 같은 넋두리를 늘어놓았다.

"내가 고아원을 떠났을 때 우선 생각난 기 오라비였지예. 그래서 오라비가 있는 대구로 왔다 아입니꺼. 이 넓은 천지에 오라비가 어디에 있는지 알 수는 없었지만도, 알았다케도 도저히 갈 수는 없다고 결심했심더. 가진 돈도 곧 떨어져뿌리고 만삭이 된 내 몸뚱이가 죽음 직전에 흘러온게 자갈마당이지예.

누구도 거들떠보지 않는 거렁뱅이 미혼모 고아를 이곳 사람들은 과분할 정도로 따뜻하게 대해 주었심더. 그때 내사 생각했심더, 인간답게 사는 기 어떤 긴가를…"

"이 빙신아, 인간답게 사는 기 뭐꼬? 이기 인간답게 사는기가, 어이? 이리 살 바에야 차라리 칵 죽어삐리지, 무슨 미련이 남았다꼬 이리 더럽게 살아가노, 으잉?"

"내도 처음에는 그리 생각했심더. 그런데 애기가 태어나고부터는 생각이 달라졌지예. 내는 안 죽심더! 절대로 안 죽을 낍니더! 우리 나사로를 내 같은 고아로 또 만들수는 없지예! 절대 그리는 못합니더! 나사로는 벙어립니더. 다섯 살이 되도록 말 한 마디 못하는 빙신인기라예. 우리 죄를 대신해서 그리된 깁니더. 내는 그리 생각합니더. 그래서 그건 내가 평생 감수해야 하는 기라예."

"강총무, 그 쌍노무 새끼!"

"오라비, 이제와서 누구 탓할 필요 없심더. 우리같은 고아는 누구를 탓하기 시작하마 끝이 없다는 걸 깨달았심더. 내는 이제 누구도 원망 않습니더. 이게 다 하나님의 섭리라꼬 생각하고 거지 나사로 맨치로 착하게만 살면 끝이 있을 끼라고 믿심더. 그래서 애 이름을 나사로라고 지었다 아입니꺼…"

요섭은 할 말을 잃고 그저 가애를 쳐다 보았다. 변해버린 가애. 그 가애의 말들은 단지 자포자기한 자신의 감정을 감추기 위한 가면에 불과하다고 생각했다.

'하나님의 섭리라고? 그래, 윤장로가 지금 이 자리에 있었다면 또 그렇게 말했을까? 착하디 착한 가애의 운명이 이렇게 진창이 되어버린 것도 하나님의 섭리라고…'

밤의 무게가 가중된 침묵이 벽시계 위에 걸려 있었다. 그 침묵 속에 가애가 잠이 든 것은 부서진 새벽의 파편들이 창가를 두드릴 무렵이었다. 요섭은 가만히 일어섰다. 그리고 다시 방안을 들러 보았다.

촉수 낮은 선정적인 불빛도 점차 그 위력을 잃어가는 가운데 지쳐 쓰러진 가애. 요섭은 조심스레 이불을 다독거려 주었다. 불쌍한 것…

'내는 니한테 아무 것도 해줄 수 없는 병신이데이. 그런데 내가 뭐가 잘났다고 니한테 큰소리를 치겠노? 니를 지켜주지도 못했고, 여기서 벗어나서 자유롭게 해줄 능력은 더더구나 없는 등신이데이. 썩어 가는 내 몸뚱이조차 수술비가 없어서 이리 눈만 말뚱거리며 죽어가고 있는 진짜 병신이데이!'

　어둠과 함께 피어난 꽃들로 북적이던 거리는 새로 일기 시작하는 새벽 바람만이 썰렁할 뿐, 도둑맞은 거리로 변해 있었다. 그 바람을 맞대고서 한발 한발 내디딜 때마다 요섭의 가슴은 새롭게 차오르는 분노로 점차 팽창해가고 있었다. 금방이라도 폭발해버릴 것 같은 가슴앓이를 달래려고 요섭은 가래침을 모두어 퉷! 뱉었다.

　'하나님의 섭리라고... 섭리는 무신 얼어죽을 놈의 섭리냐! 참말로 창조의 신이고, 사랑의 신이라카는 하나님이 내 한테 보여준기 고작 이런 식의 허무한 섭리뿐이라 말이가? 무신 그런 개떡같은 섭리가 다 있노! 모든 기 다 하나님의 섭리라카마, 도대체 나는 뭐꼬? 내 딴에는 살아볼라꼬 발버둥을 쳤었는데, 그런데 내한테 언제 삶이 있었노? 그건 삶이 아니었는기라. 내 의지대로 살아온 적이 한번도 없었으이까네. 내가 고아가 된 기 서러워서 고아원을 도망칠라꼬 몇 번이나 시도를 했지만서도 끝내는 나이가 다 되가꼬 쫓겨나고 말았데이. 내 손가락이 손님들한테 혐오감을 준다꼬 쫓겨났던 중국집, 겨울날 세차장에선 동상이 걸려서 억울한 세월을 지내는 동안 언제나 남의 눈치만 보면서 눌려 지낸 것 외엔 도대체 뭐가 남았노? 그래! 내는 길바닥에 굴러다니는 돌맹이맨치로 그저 던져진 존재였을 뿐이데이. 어느 날 갑자기 생겨나서는, 어느 날 갑자기 지도 모르는 사이에 사라지는... 그런데 이제 와서 또 내 의지와는 전혀 상관없이 내 생의 마지막이 바로 손 닿은 곳에서 나를 기다리고 있데이! 도대체 지금까지 내 인생이 얼마나 내 의지대로 되었노? 아이다! 그기 아이데이! 지금껏 살아온 내 인생은 그저 광대가 부리는 꼭두각시마냥 이끌려 온 기라. 그리고 이제는 수명이 다 된 밧데리맨치로 그 생명의 마감이 너무도 억울하게 성큼 다가왔는데도 하나님은 그저 침묵할 따름이라니! 그럴 순 없데이! 내 생명의 불꽃이 다하는 마지막 순간마저 내 의지와는 관계없이 이렇게 허무하게 사라져가는데 하나님의 섭리로 무조건 받아들일 수는 없데이! 그 마지막 순간만은 내 손으로, 내 의지로 내 것으로 만들고야 말끼다! 하나님의 섭리가 나를 버리는 기라면, 내도 모든 것을 부정할 끼다! 하나님! 당신은 침묵 속에 자족하시이소! 단 한 번도 자유롭지 못했던 나, 차요섭은 이제 한 걸음의 자유를 위해 찢어진 육신일망정 내 것으로 만들고 말낍니더!!'

　남쪽으로 내려올수록 눈발이 점차 약해져 갔다. 가장자리가 얼어붙은 안동호 위으로 눈이 내리는 것이 차창으로 들어왔다. 온통 하얗게 덮인 산하와 어울어진 호수의 전경은, 정말이지 서럽도록 아름다웠다. 노파는 자신의 고향에 돌아온 것도 알지 못한 채, 스스로의 한탄에 지쳐 깊은 잠에 빠져 있었다. 긴 세월의 아픔이 화석이 되어 주름진 얼굴 위으로 짙은 그늘이 드리워져 있었다. 꿈속에서조차 평안을 가질 수 없는 가련한 노파...

　다시 버스를 타고 30여 분. 전면에는 철새들이 나래를 움츠려 추위를 털어내고 있는 낙동강이 흐르고 그 뒤로는 넓은 평야가 보기에도 시원스레 펼쳐진 전형적인 시골 풍경이 나타났다. 노파의 고향이었다. 저만큼의 산 아래로 이십여 호의 마을이 보였다.

"여기가 우리 고향이여."

"예, 할무이, 참 좋은 곳이네예."

"그려, 이만한 곳이 어디 있겠어. 살기 좋은 곳이여..."

　눈쌓인 논두렁을 걷는 노파의 발걸음이 가벼워 보이는 것은 착각만은 아닐 것이리라. 추수가 끝난 텅 빈 들판 위에도 하얀 소복을 입은 짚단들이 여기저기 장승처럼 서 있었다. 그 위를 까치들이 날아올랐다.

"저거가 옛날에 내가 살던 집이여. 지금은 춘자네 집이지만..."

　마을 어귀에 다다르자 노파는 낡은 기와집 한 채를 가리키며 잠시 걸음을 멈추었다. 옛 감정에 쌓인 걸까? 아니면 다시 돌아온 고향이 너무 반갑기 때문일까? 요섭도 걸음을 멈추고 노파의 시선을 따라갔다.

　그때 그 집 대문으로 중년의 아낙이 걸어 나왔다.

"춘자 에미여..."

그리곤 노파는 다급한 종종걸음으로 아낙에게로 다가갔다. 저만큼에서 걸어오던 그 아낙은 노파를 보고는 무척이나 놀라는 표정을 짓고서 어쩔 줄 몰라 했다. 노파는 그래도 반갑다는 손짓을 하며 열심히 다가가고 있었다. 그런 노파를 보고 뒷걸음질을 하던 아낙은 뒤돌아서서 집안으로 달려 들어가 버렸다. 얼어붙은 낙동강에서 불어오는 강바람은 날카로운 발톱을 굳이 감추려고 하지 않았다. 무엇보다 우선 이 추위에서 벗어나야겠다는 욕망을 가슴 속에 감추고 노파는 요섭을 기다리지 않고 아낙네가 들어간 집 쪽으로 들어섰다.

"아이, 할무이! 우째 돌아 왔능교?"

무척 놀란, 그러나 신경질적인 남자의 목소리가 담장을 넘고 있었다. 그 목소리에 주눅이 든 요섭은 조심스레 대문을 들어섰다.

"형씨는 누군교?"

아낙의 남편인듯한 사내가 마당에 버티고 서서 인상을 쓰며 대뜸 요섭을 향해 시비조로 소리쳤다. 사내의 아내는 그 뒤편에서 어쩔 줄 몰라 난처해 했다.

"아, 예, 저..."

"형씨가 할무이를 데꼬 왔능교?"

사내는 요섭이 뭐라고 말할 틈도 주지 않고 쏘아붙였다.

"예, 저...할무이가 길을..."

"아이, 누구 맘대로! 데꼬 가소! 형씨가 데꼬 왔으이, 책임지고 데꼬 가소! 중간에 내삐리든지, 강물에 빠자뿌든지, 하이튼 형씨가 데꼬 왔으이... 양로원에도 생각해서 보내 준 긴데. 도로 데꼬 오마 우야자는 말인교!"

"지송합니더, 지는 그런 것도 모르고..."

"지송이고 뭐고 말할 것 없고, 도로 데꼬 가소! 요즘 시상이 어떤 시상이라꼬? 지 속으로 뺀 새끼들도 지 어마이를 헌신짝처럼 내삐리는 판에, 당신 같으마 남의 송장 치겠능교?"

요섭은 순간 쇠망치로 뒤통수를 얻어 맞은 듯한 현기증을 느꼈다.

'이것이란 말인가? 노파가 그토록 돌아오려고 발버둥을 쳤던 고향이란 곳

의 실체가!'

노파는 계속해서 사내의 마누라에게 뭐라고 사정을 해대었다. 정말이지 죽을죄라도 지은 사람마냥 팔에 매어달려 애원을 해대었다.

"춘자 애미야, 내 오래 안 있을 껴. 내일이나 모레 쯤 아이들이 올 때 까지만 있을 껴, 으잉?"

"애들 좋아하네! 명절이라꼬 찾아볼 어마이 같으마 갸들이 미쳤다꼬 양로원에 보내달라꼬 부탁했겠능교? 여러 말 말고 가소! 양로원에 가마이 있으마 먹이 주고, 입히 줄낀데, 뭐한다꼬 이카고 다니능교, 내 참, 답답데이!"

마누라 대신 대답하는 사내의 경박스런 말투에 요섭은 저 내면에서부터 또다시 끓어 오르는 참을 수 없는 분노를 느꼈다. 꿈틀거리는 본능에 따라 요섭은 저도 모르게 소리쳤다.

"보소! 가면 될꺼 아잉교! 와 할무이한테 소리치고 그라요? 할무이, 돌아가입시더. 이런 돼지우리 같은 곳은 할무이가 계실 곳이 아닙니더!"

"아이, 뭐라카노! 돼지우리? 이너마가 어디서 굴러먹다 온 개뼉다귄지 모르겠지만서도 어디 와서 막말이고!"

사내가 요섭의 멱살을 움켜잡으며 눈을 부릅뜨고 코를 벌름거리며 씩씩거렸다.

아낙이 사내를 붙들어 말리는 것을 등뒤로 하고 요섭은 노파를 부축하며 대문을 나섰다. 노파의 맺힌 가슴이, 그 억울함이 요섭의 가슴에서 한꺼번에 폭발할 것 같았다.

'무엇을 해줄 수 있단 말인가? 무엇이 지금 고통받고 있는 노파를 위한 최상의 안식이 될 수 있단 말인가? 죽...음...! 그래서 죽음밖에는...'

한시라로 빨리 죽는 것 외에는 노파가 안식할 수 있는 것이 이 지상에는 없다는 쓰레기 같은 생각이 온몸을 감싸 돌았다.

한시라도 빨리 세상을 하직하는 것이 이 노파가 더이상 세상에 짓밟히지 않고 자신의 존엄을 지킬 수 있는 최후의 방어선이라는 생각이 눈발보다 더 강하게 요섭의 마음을 얼어붙게 만들었다.

노파를 그리고 자신을 외면하고 있는 현실의 모든 것이 미웠다.

'탈출해야 한다! 아직 나에게 마지막 힘이 남아 있을 때, 그 자유마저 놓쳐서는 안 되는기라. 그라고 할무이, 그래 할무이에게 그 마지막 자유를 쟁취할 힘이 없다면 내가 도와 주어야 하는기라. 모두에게서 외면당하는 할무이에게 마지막 그 자유만은 가질 수 있도록 해야한다. 어쩌면 평생을 강요된 희생 속에 빼앗겼을지 모를 불쌍한 할무이...'

"총각, 저기 가서 좀 쉬었다 가. 어이구 늙어노니 다리가 이리 아퍼..."

노파는 논두렁 옆의 짚단을 가리켰다. 요섭은 앞서가서 짚단을 뒤집어 노파가 앉을 자리를 만들었다. 짚단에다 등을 대고 바람을 피해 앉으며 노파는 또다시 자신의 전설을 들추어내었다.

"사실은 아들이 하나 더 있었제. 하기야 내 속으로 빠진 자식은 아니지만서도..."

짧은 한숨에 잠시 말이 끊기더니 바람같은 넋두리가 눈발을 따라 춤을 추기 시작했다.

"노름에 미친 영감택이가 오십 고개를 바라보던 때였을 껴. 한번 집을 나갔다 하면 몇 달이고 일체 소식이 없는 건 여전했제. 하기사 그놈의 영감택이, 무소식이 희소식이었구마. 한번은 근 반년이나 소식이 없더니, 글씨 만삭이 된 웬 겨집을 데리고 오데. 갓 스물은 됐을라나? 뭐 노름빚으로 대신 데려왔다나? 아이고 망할놈의 영감택이! 손가락으로 공산명월만 그리면야 밉지나 않지, 이제 어느 구멍에 바람이 들어 기집질이냐 생각하니 오장육보가 배겨내? 아이구 그런데 한술 더 떠서 밉다니까 업어달란다고 날더러 애를 받으라는거여. 어림이나 있어! 그걸 내가 왜 받아줘? 아마 그때도 동짓달이었을껴. 그 추운날 아무도 돌봐주지 않는 행랑방에서 그 젊은게 혼자 애를 낳았제. 그 바람에 태를 잘못 끊어 얼라가 감자 배꼽이 되꾸마."

현실의 서글픔에 젖어 근성으로 노파의 넋두리는 듣고 있던 요섭은 '감자배꼽'이란 말에 귀가 번쩍했다. 몰아치는 강바람에 밀려 눈발은 적당히 익어가고 있었고, 노파의 빛바랜 전설은 눈발을 따라 춤추기 시작했다.

"그 젊은이는 산후 병을 얻어 그만 죽어 버렸제. 애 하나만은 지 어미를 닮아 참했는데... 그 여자가 죽고나자 영감택이는 다시 집을 나가 일년이 다 되도록 소식이 없었어. 웬수같은 영감택이! 그러던 어느 날이제, 웬 사람이 집 문서를 들고오더니 집을 내놓으라카데. 영감택이가 노름판에서 집을 날렸다카이. 총각, 그때 내 맴이 어땠겠어? 오장육보가 뒤집어지는기 그려 그게 환장이지, 환장이야! 아마 내 눈앞에 영감택이가 있었으면 같이 뒈졌을낀데! 그란데 영감택이는 소식이 없고 하루아침에 집을 잃고 거리에 나앉게 됐으이, 쿨럭! 쿨럭! 크헤액!"

노파는 끓어오르는 가래를 한참이나 모두어 뱉었다. 그리고는 긴 한숨과 함께 질긴 칡넝쿨을 찢어 씹듯이 쓴 입으로 말을 이어갔다.

"하필 그때 방안에서 얼라가 배가 고팠는지 내 발악만큼이나 고함치며 울어대었제. 화풀이 할 곳을 찾은 기여. 그 어린 기 무신 죄가 있다꼬, 지금 생각하면 내가 미쳤제. 아직 돌도 지나지 않는 어린 것의 엄지 손가락을 물어 뜯었으이... 그라고보마 내가 참 모질기는 혀. 객지 나가 있는 아이들 한테는 챙피해서 말도 못하고, 집을 쫓겨나자 당장 품팔이라도 해야할 판인데, 애 때문에 발이 묶여 할 수가 있어야제. 내 속으로 빠진 자식도 아닌데. 그래도 내가 억척스레 세 살까지는 내 손으로 길렀지만 도저히 안되겠어. 나도 살아야제, 그대로 있다가는 다 죽을 판이었으이. 사람을 시켜 고아원에 보내고 말았제. 살았는지 죽었는지, 가끔씩 생각이 나. 살았으마 아마 총각 나이쯤 됐을낀데. 그놈이라도 잘 키웠으마 내가 이 꼬라지는 안 당하고 살았을라나? 허허허... 어떻게 죽기 전에 만나서 용서라도 빌어야 할낀데..."

전신을 관통해대는 지독스런 추위와 저 심연에서 솟구쳐 오르는 뜨거움이 뒤엉켜 요섭은 스스로를 주체할 수가 없었다. 허늘어진 요섭의 육체가 감전당한 미꾸라지마냥 튀어 올랐다. 그리곤 추수가 끝난 눈밭 위를 내달리기 시작했다. 쭈그러든 자신의 심장이 견딜 수 있는 한껏 달음박질쳤다. 그렇게라도 하지 않으면 금방이라도 심장이 몇천 갈래로 터져버릴 것 같았다.

그러나 생각보다 빨리 통증이 밀려왔다.

숨이... 숨이 막혀 왔다.

헉! 허억...

가슴을 쥐어뜯으며 요섭은 눈밭에 고꾸라지고 말았다. 그리곤 터질 것 같은 가슴을 식히기 위해 눈밭 위를 뒹굴기 시작했다.

눈밭을 뒹굴기를 한참, 요섭은 살얼음 낀 강을 향해 천천히 일어섰다.

강...

그래, 강이 있었다. 그리고 그 강을 건너왔었다. 강가에 선 요섭은 본능적으로 머언 기억 속에 자신이 건너왔던 강을 떠올렸다.

그러나 그 이상은 생각나질 않았다. 다만 남은 것은 흉측스레 일그러진 손가락, 그리고 감자 배꼽...

그제서야 요섭은 깨달았다. 항상 귀찮은 것으로만 생각해왔었던 그것들이 강을 건너온 자신에게서 떠나지 않는 자신의 존재 의미에 대한 유일한 환영이었다는 사실을...

그러나 그 어떤 의미를 나열하기 이전에 본능의 소리가 일순간에 터져 나왔다.

"어무이! 어무이! 어무이요!!"

지금껏 자신이 느껴왔던 분노와 설움과 아픔이 그 한 마디에 속에 모두 함축되어 있었다.

'어무이...'

무엇에 대한 분노였으며, 무엇으로 인한 설움이었으며, 무엇이 가져다준 고통이었던가?

어무이가 보고 싶었다. 자신을 고아로 만들었던 어무이가...

순간순간 원망하고 욕하고 싶었지만, 그래도 끝내 그립기만 했던 어무이...

얼어붙은 강물이 가장자리부터 녹아서 조금씩 흐르기 시작했다.

'어무이... 내가 이 지상에 어떻게 태어났건, 지금에 와서 되물릴 수는 없심더. 그라지만, 한 순간의 쾌락이 남긴 고통의 덩어리가 내 인생의 시작이었음에도 불구하고, 거기에다 의미를 부여하고 가치를 추구하는 모든 현상들은 더 이상 견딜 수가 없심더. 인자는 더 이상 그 가증스럽고 조작된 가치를 신앙하지는 않을낍니더. 처음이 그랬듯이, 마지막 이 순간에도 의미를 가지는 것은 단지 허무, 그것 뿐입니더. 바람이 동에서 서로 불어 흔적도 없듯이, 내 삶이란 기 그런 공허였심더. 이제껏 속아서 살아온 깁니더. 인자 더 이상은 그리 못합니더. 이 한 발 내딛는 내 자유의지를 위해...'

한 손엔 자신의 지친 육신을 잠재워줄 약병을, 또 다른 손엔 한 움큼의 눈을 움켜쥐고선 어느새 어둠에 침범당하기 시작한 하늘로 치켜들었다. 그리고 자신이 거머쥔 모든 것을 한입에 털어 넣기 위해 고개를 뒤로 젖히고 목젖이 깔딱 일만큼 입을 벌렸다.

"오라비!"

바로 그때였다. 요섭의 귓전을 때리는 외마디의 부르짖음이 있었다.

가애였다. 가애의 마지막 절규가 어둠을 찢으며 칼날처럼 날아들었다.

"내는 안 죽심더! 절대로 안 죽을낍니더! 내 아들 나사로마저 내같은 고아로 만들 수는 절대로 없는 기라예! 우리같은 고아들은 세상을 원망하기 시작하마 끝이 없다는 것을 내는 깨달았심더..."

어둠에 물들어가는 낙동강 위로 가애의 환영이 그렇게 밀려왔다 사라져갔다.

강물을 가르며 점차 거세게 몰아치는 북풍은 요섭의 의식 속에서 끝내 허물어지지 않고 서 있던 하나의 형상을 이루었다.

나무 십자가...

고아원 뜨락에 있던 그 나무 십자가! 그 십자가 위에서 피를 흘리며 죽어가고 있는 예수의 얼굴, 그 얼굴 위로 포개져 오는 한 얼굴, 고아들의 아버지, 윤장로였다.

윤장로의 슬픈 눈빛이 어두워져 가는 주변을 환히 밝히며 요섭에게 내리꽂혔다.

"...인생을 지속하려면 그 최초의 의무는 견디는 것이데이. 비록 하나님의 섭리로 요섭 니가 고아가 되긴 했지만서도, 그렇다고 니 인생이 패배하라꼬 만들어진 것은 절대로 아니데이. 어떤 상황에서도 인간은 지치고 쓰러지고 넘어질 수야 있지마는 절대로, 절대로 패배할 수는 없는기데이...”

순간, 요섭은 신들린 사람처럼 온몸을 부르르 떨었다.

'그래! 이런 기 인생인가? 도대체 이런기 내가 그토록 살아보려고 했던 삶의 실상이고 그 전부란 말인가? 아이다! 난, 아직도 살아 있고, 그라고 그 의미는 아직도 지속되고 있는 기다. 그래, 참말로 이런기 인생이라카마, 좋아! 다시 한번!!'

노파는 짚단에 기대여 추위를 이불 삼아 잠들어 있었다. 잠이 들었다기보다는 그대로 굳어버린 화석 같았다. 일순간, 노파의 숨이 멎은 게 아닐까 두려움이 밀려왔다. 그러나 노파의 가슴은 어둠 속에서도 규칙적으로 뛰고 있었다. 요섭은 잠든 노파를 내려다보며 발가벗겨진 서글픔을 다시 느꼈다.

노파의 어느 부분에 삶의 흔적이 있단 말인가?

요섭은 자기 손을 들어보았다. 텅 빈 손. 이제껏 의미를 가지고 있던 약병은 모두 어디론가 사라져버리고 텅 빈 손만이 남아 있었다.

그렇다! 노파에게서 죽음의 이미지를 느낀 것은 순전히 요섭 자신의 의식 탓이었던 것이다. 기실 그 죽음의 이미지는 노파의 것이 아니라 바로 자신의 것이었으므로...

인기척에 놀란 노파가 눈을 떴다. 그리고 추위를 털어내려는 듯이 몸을 부르르 떨었다.

“어이구, 깜빡 잠이 들었나 벼. 그저 늙어노니...”

“할무이, 이런데서 주무시면 안 됩니더. 날도 추운데, 자, 가입시더. 편히 쉴곳을 찾아야지예. 내한테 업히시소. 인자부터는 지가 할무이 업고 다닐 낍니더.”

요섭은 파카를 벗어 노파를 감싸고선 등을 갖다 대었다. 노파는 머뭇거리면서도 웃음 띤 목소리로 소리쳤다.

“아이구, 고마운 총각, 복 많이 받고 백년은 더 사소!”

“허허, 예, 할무이. 할무이도 오래오래 사시이소!”

노파의 무게는 깃털처럼 가벼웠다. 긴 세월 사는 동안 어디선가 삶의 무게를 다 잃어버린 듯 했다. 가벼운 노파의 무게가 상대적으로 요섭의 마음에 더 무겁게 다가왔다.

"할무이요, 할무이는 소원이 뭡니꺼?"

요섭이 소원을 물은 것은 잔인한 짓이었다. 왜냐하면 질문을 하는 순간 요섭은 이미 마음속으로 그 답을 깊게 음미하고 있었기 때문이다.

산송장 같은 노파, 자식들에게도 버림받고, 오갈 곳 없는 노파에게 무슨 소원이 있겠는가? 빨리 이 세상을 하직하는 것 말고는 무슨 삶의 공간이 남아 있겠는가? 그걸 뻔히 알면서도 요섭은 잔인한 질문을 했다. 어쩌면 그것이 노파에게 위로가 될지도 모르겠다는 허튼 생각 때문이었다.

어둠이 잠잠하게 익어가는 공간을 가로질러 노파의 옅은 그러나 뜻모를 따스함을 품은 웃음소리가 흩어졌다.

"허허허. 내 같은 산송장에게 소원이 뭐 있겠어... 다만... 사는 거지..."

순간, 요섭은 온 전신을 타고 흐르는 전율을 느꼈다.

'다만, 사는 것!'

그것이 한평생을 찢기워 살아온 가련한 한 영혼의 마지막 남은 소원이었다. 다만, 사는 것...

도대체 삶이란 것의 정체는 살아갈수록 규정지을 수 없는 빙산에 파묻힌 거대한 괴물 같은 것인지는 모르지만, 지금 노파에게 있어서 삶의 의미는 다만 사는 것이며, 그것은 노파의 유일한 종교였던 것이다.

울컥 목이 메인 요섭이 소리쳤다.

"맞심더! 살아야지예. 우쨌든 살아야지예! 할무이 말대로 백년은 살아야지예! 할무이랑 내캉 백년을 살아보입시더!"

노파는 요섭의 등에서 이내 잠이 들어버렸다. 밤의 가속도로 매섭게 날을 세운 낙동강의 밤바람이 요섭의 등에서부터 따스하게 녹아나고 있었다.

잃어버린 유산

(1984년)

(본 작품은 원본 원고를 분실하여 대학신문에 연재된 축약본을 게재합니다. 내용이 축약되어 연결이 다소 부자연스러울 수 있음을 양해 바랍니다.)

〈연재를 시작하며〉

　　　　우리가 다시 한번 외세에 의해 침략을 받는다면 그것은 우리가 버릇처럼 얘기하는 못난 조상 탓이 아니라 바로 우리들의 책임입니다. 밤도 낮도 구분 없이 코피 쏟아가며 남의 글을 배워야만 살아남을 수 있는 현실만으로도 너무나 가슴 아픈데, 꼬부랑 말씨께나 한다고 제가 마치 코큰 녀석이나 된 줄 알고, 제 것을 깡끄리 천박스운 것으로 몰아붙이는 해골에 지진 난 녀석들을 대하는 것은 외국문학을 전공하는 나 자신을 너무나 부끄럽게 만들고 서글프게 만들었습니다.

　어둠이 일렁이는 대구역 앞에서 입술에다 알록달록 루즈를 칠하고, 오가는 남자들의 팔을 핸드백을 차듯이 끌어당기는 그들에게도 숫제말로 뼈대라는 건 있는 법입니다. 배울 건 배우더라도 지킬건 지켜야 하는 거 아닙니까? 식민지는 정신적인 게 더 무서운 법입니다. 언제까지나 외제 인간이라면 '간'이라도 내어줄 듯이 줏대 없이 놀고 있을 작정입니까? 남의 말을 배우더라도 왜 자부심을 가지고 배우지 못합니까? 전 그게 너무 안타까워 이 소설을 쓸 수밖에 없었습니다. 용서하십시오...

* * * *

역사에서 자유로운 인간은 없다. 모든 인간은 자신이 속한 역사의 자리에서 책임을 가진다. 억울할 수도 있을 것이다. 내가 원해서 태어난 인생도 없고, 부모도 조국도 자신이 원해서 선택한 것이 아니기 때문이다. 그 자체가 인간 실존의 애매함 아니겠는가? 그렇다고 변명만 하며 한세상을 사는 것은 어리석을 뿐 아니라 비겁한 것이다. 스스로 인생을 파멸로 몰아가는 청맹과니의 섣부른 발길질이기 때문이다. 역사의 수레바퀴에 끼었지만 그래도 살아야 하는 이유는 충분하다.

"고얀놈 같으니라고! 아직도 말귀를 못알아 들어! 그건 우리의 혼이고 정신이다. 우리가 되찾아야 하고 지켜야 할 것이야!"

"지금 세상에 그게 무슨 소용이 있습니까? 우린 힘이 없었기 때문에 짓밟혔던 겁니다. 지금 세상에는 돈이 힘입니다! 어떻게 해서든 벌어 모아야 될 거 아닙니까?"

"그렇다고 제 혼을 팔아 먹는 천하에 얼빠진 놈이 어디 있더란 말이냐! 식민지는 정신에서 오는 게 더 비참하고 무서운 거야, 제발 정신 좀 차려, 이놈아!"

할아버지의 고함 소리는 화살이 되어 바람을 가르고 담장을 넘어 날아갔다. 나는 마루의 모퉁이에 쭈그리고 앉아, 어쩔줄 몰라 마당을 왔다갔다하는 할머니를 따라 눈알을 굴리고 있었다.

"인간이 현실을 외면하고 항상 이상 속에만 살 수는 없는 거 아닙니까! 달콤하고 자극적인 커피와 콜라에 입맛이 들린 사람들에게 떱떠름한 차를 내놓고 고유차니 민족혼이니 떠들어 보았자 눈이나 돌립니까? 게다가 차란 휴식을 위해 마시는 것인데, 차 한잔 마시는데 몇 시간씩 걸릴뿐더러, 무슨 놈의 규칙은 그렇게 많고 엄격합니까? 이 바쁜 세상에 누가 그걸 마십니까? 국내 시장만 믿고 있다간 오늘 당장 공장 문을 닫아야 할판에 일본 애들에게라도 팔아 돈이라도 벌여들이는 게 어째서 나쁘다는 겁니까?"

"이놈!"

할아버지의 격한 음성과 함께 담뱃대가 방바닥을 두리는 소리가 요란스레 울려났다.

"당장 나가! 내 눈 앞에서 썩 꺼져, 어서!"

"아버지, 암만 그래도 세상은 아버지 생각만 같지 않습니다!"

"이놈이!!"

　방문이 왈칵 열리고 아버지가 눈을 내리뜬 채 쿵쾅거리며 마루로 나왔다.

"으허, 고오얀놈! 제 핏줄도 모르는 천하에 불한당 같으니라구, 으흠!"

　기차 화통을 삶아 먹었다는 할아버지의 고함소리에 방문이 부르르 떨렸다. 할아버지와 다투기만 하면 언제나 묵사발이 되는 아버지는 기둥 뒤에 숨은 나를 힐끗 보고는 성큼 마당으로 내려섰다. 할머니가 그런 아버지를 뒤따라 가며 무어라고 달래었지만, 아버지는 성큼성큼 대문을 나서 버렸다.

"여보시게!"

　삐죽이 열린 방문 새로 끌쩍한 할아버지의 목소리가 울려나 마루바닥에 좌악 깔렸다. 그것은 할머니를 부르는 소리였다. 언제나 그렇듯이 지금도 할머니는 대답보다 먼저 안방으로 들어갔다. 나는 할머니가 빨려들 듯 방안으로 들어가는 것을 물끄러미 쳐다보았다.

　난 할아버지와 할머니가 무엇을 할 것인지 짐작하고 있다. 그들은 동네 어귀에 있는 허물어져 이끼 낀 커다란 돌비석처럼 주저앉아 말을 잃은 벙어리가 되어 몇 시간이고 앉아 있을 것이다. 그것은 할아버지가 아버지와 다투고 난 후면 항상 그랬다. 나는 그게 우스우면서도 좀 무서운 것도 사실이었다. 할머니가 할아버지랑 벙어리 놀음을 하면 온 집안은 흉가처럼 을씨년스러워지는데, 그것은 뒷산에 있는 컴컴한 동굴 속에서 내가 느꼈던 가슴 답답함과 무서움을 생각나게 했다.

　그런 날은 아이들과 노는 것도 싫어져서 혼자 강가로 갔다. 아직 5월 초여서 물놀이 하기엔 차가워서 강변도 집안만큼이나 조용하지만, 물은 쉴새 없이 흐르니까 지겹지는 않기 때문이다.

　고기 비늘처럼 번뜩이는 물결을 바라보고 앉으면 난 왠지 엄마 생각이 난다.

나는 엄마의 얼굴을 모른다. 아마도 내가 무척 어렸을 적에 돌아가신 모양이지만 아무도 엄마 얘길 해주질 않는다. 누나가 둘 있었는데 모두 시집을 가버렸다.

내가 엄마를 생각하는 것은 엄마가 보고 싶다거나, 어떤 그리움에서가 아니라 호기심 때문이다.

할아버지에겐 항상 오른손에만 흰 장갑을 끼는 이상한 버릇이 있었다. 잠을 잘 때건, 밥을 먹을 때건 꼭 오른손에만 흰 장갑을 끼고 있었다. 세수도 물론 왼손으로만 하였었고 오른손을 사용하는 것은 좀처럼 볼 수가 없었다.

그래서 할아버지가 담배가 먹고 싶으면 항상 나를 불렀다. 그러면 나는 담배쌈지에서 담배를 한 줌 꺼내다가 기다란 담뱃대에 꼭꼭 심어 할아버지에게 드렸다. 이 일은 내가 가장 좋아하는 일 중의 하나이다. 할아버지는 담뱃대를 한 번 빨아보고는 "허허, 속이 꽉 찼군…"하시며 좋아하셨다.

그런데 할아버지는 담뱃불만은 꼭 손수 부친다고 고집을 부렸다. 성냥갑을 발로 고정하고서 왼손으로 불을 켜서 입에 문 담뱃대에다 불을 당기는 것이었다. 그게 여간 우스꽝스러운 짓이 아니었다.

어쨌거나 할아버지의 흰장갑에 대한 호기심은 언제나 나를 따라 다니며 놓아주질 않았다. 그 호기심은 열병처럼 내 전신에 퍼져 할아버지의 장갑을 벗기도록 자꾸만 꼬드겼다.

그런데 두 해전 어느 봄날, 아마 곡우를 며칠 지나서였을 것이다. 할아버지가 동네 잔치에 갔다가 대낮부터 술에 취해 안방에서 대나무 몽침을 베고 잠이 들어버렸다. 나는 납작 엎드려 주위를 살피고는 할아버지 곁으로 다가갔다. 술에 취해 벌개진 얼굴이 금방이라도 '이놈!'하고 소리칠 것 같아 심장이 팔딱팔딱 뛰기 시작했다.

다시 한번 할아버지의 잠자는 얼굴을 확인하고서 침을 꼴깍 삼키며 장갑 끝을 살며시 당겼다. 도대체 할아버지는 왜 오른손에만 장갑을 끼는 것일까?

그러나 난, 할아버지의 장갑을 끝까지 벗겨내지 못했다. 왜냐하면 장갑을 채 벗기기도 전에 비명을 지르며 정신없이 도망쳐 버렸기 때문이다.

  강둑에 서서 굴뚝의 연기가 높이높이 올라가다가 흔적이 없이 사라져버리는 아버지의 녹차 공장을 바라보며 오늘은 아버지가 집에 들어오지 않을 거라고 생각했다. 할아버지와 다투면 으레 아버지는 하루, 이틀 밤 정도는 집에 들어오지 않았다. 오히려 난 그게 더 반가웠다. 아버지가 없으면 할아버지가 싸울 수가 없어 조용하기 때문이기도 했지만, 아버지가 집에 오실 때는 선물 꾸러미가 나에게 안겨지기 때문이었다.
  점을 박은 듯한 새털구름 위로 엷은 분홍빛이 감도는 것을 보고 집으로 달음박질쳤다.

  "K대에서 교편을 잡고있는 강동욱이라고 합니다. 이거, 어르신께 초면에 폐를 끼치게 되었습니다."
  "허허허, 폐라니! 죽암이 보낸 사람이면 언제나 대환영이오! 내 집처럼 하시게."
  한바탕 집안을 휩쓴 전쟁이 휴전이 되고서 이틀이 지나서였다. 왠 손님이 할아버지를 찾아왔다. 그는 죽암스님이 소개해서 왔다고 했다.
  "죽암과는 어찌되시나?"
  "예, 스승으로 연분을 맺고 있습니다."
  "오, 그러신가? 요즘 어찌 지내시나?"
  "평안하십니다."
  "허허, 늙은 중은 귀신도 거들떠 보지 않거든, 허허허!"
  "하하하..."
  죽암 스님이란 말 때문인지 할아버지는 웃음을 아끼지 않으셨다. 근래에 보기 힘든 할아버지의 호탕한 웃음소리가 장독대에서 반짝거리며 빛나고 있었다.
  우리 동네 자주 나타나는 거지 중이 있었다. 온통 누덕누덕 기워 붙인 누더기 법의에다가 메고 다니는 바랑도 여기저기 알록달록하게 기운 것이었다. 그 거지 중이 나타나면 온 동네 꼬마들은 바빠지기 시작한다. 오리 새끼 마냥 그 중을 졸졸 따라다니며 놀려대었기 때문이다.

"중! 중! 까까중! 작년에 먹은 막걸리 숭늉이 아직도 깨지 않아 주막에서 불 공드리는 땡초 중! 긴 긴 동지 밤, 과붓집 처마 밑에서 목 터져라, 관세음보살! 꽁꽁 얼어붙은 고추 잡고 목탁 치는 말초 중!"

그렇게 따라 다니며 악을 쓰고 놀려대는 일은 여간 신나는 일이 아니었다.

그런데 하루는 집에 와보니 그 중이 안방에서 할아버지와 마주앉아 있는 게 아닌가! 눈이 휘둥그레 놀란 나를 그는 미소지으며 바라보았다.

"중! 중! 까까중! 작년에 먹은 술이..."

아뿔사! 조건반사인지, 반사조건인지 그 중을 보는 순간 난 할아버지가 곁에 있다는 사실을 인식하기도 전에 각설이 타령마냥 흥얼거리며 마당에서 뒤뚱거려 댄 것이다.

"네, 이노옴!"

기차 화통을 삶아 먹은 할아버지의 고함에 아차 싶어 고개를 들었다. 대청위에서 노려 보고 있는 할아버지의 인상이 천왕문을 지키는 수문장이 되어 있었다.

"허허허! 관두시게. 떠돌이 땡초 중을 땡초라고 부르는데야 달리 할 말이 없 잖은가. 동심이 부처일세."

그리곤 다시 너털웃음을 터뜨리는 것이었다. 죽암스님이란 법명의 거지 중. 그 뒤론 나만은 그를 따라다니며 놀려대지 않았다. 근데 요즈음은 통 그 스님이 우리 동네에 나타나지 않았었다.

"괴팍스러운 건 여전하시겠지?"

"그게 그분의 맥이 아니겠습니까?"

"맞아! 뜨거운 맥이지! 이 땅에도 사람이 있다는... 큰 그릇이었는데 초야에 묻히고 말았지. 스승이신 지공스님처럼 어지러운 세상에 대나무처럼 곧고 바위처럼 굳센 중이 되어 불쌍한 중생을 제도하라고 죽암이란 법명을 내리셨지. 까마득한 옛날얘기일세. 나와는 친 핏줄 같은 사이네."

"예, 스님께서도 선생님 말씀을 누차 하셨습니다. 다도에서는 이 나라 국보적인 존재이시라며..."

"허허허, 그 사람 노망이 들기는 든 모양일세. 나야 죽암의 발뒤꿈치 쫓기도 힘들지. 그간 소식이 없기에 벌써 열반에 드셨나 했지..."

그리고는 잠시 침묵이 흘렀다. 열려진 방문으로 보이는 할아버지는 가슴까지 내려온 은빛의 수염을 왼손으로 쓰다듬으며 지그시 눈을 감고 계셨다. 아마도 할아버지만의 깊은 회한에 잠겨 있으리라...

"허허, 이런! 내가 손님을 앉혀두고 대접할 생각은 않고 몽상에만 젖었으니 나도 노망이 드는 모양일세."

잠시 후 눈을 뜬 할아버지는 미안스러운 듯 자세를 고쳐 앉으며 걸걸한 목소리로 얘기했다.

" 원, 별 말씀을 다 하십니다. 괘념마십시오. 죽암스님께 익숙해진 모습이니까요."

"허허허, 그러신가? 대학교수시라고 했지. 귀하신 분이 이 구석진 곳까지 왔는데 대접이 시원찮네 그려. 죽암을 가까이 하시는 분이라면 다인(茶人)이시겠지?"

"예, 애음하고 있습니다."

"여보시게!"

할아버지는 부엌 쪽으로 고개를 돌려 할머니를 부르셨다. 대답보다 먼저 마당으로 뛰어나온 할머니에게 할아버지는 봉차(차를 끓임)를 준비하라고 일렀다.

"그런데 선생님, 작설차를 좀 구할까하고 읍내 공장에 들렀더니 그곳 사장되시는 분이 단호히 거절을 하시더군요."

"거절을? 아니, 왜?"

"예, 뭐 그건 전량 일본으로 수출을 한다나요? 국내엔 내놓지 않는다는군요. 사정을 해도 한사코 거절하기에 하는 수 없이 그냥 왔지요."

"고얀놈!"

"..."

손님의 그 말에 할아버지는 버럭 고함을 치시며 연기가 마지막 숨을 쉬고 있는 담뱃대를 들어 방바닥을 두드려대었다. 갑작스러운 할아버지의 행동에 놀란 손님은 왕방울처럼 커진 눈을 껌벅거리며 몸 둘 바를 몰라 했다.

"그놈이 내 아들일세."

"아, 네..."

"부끄럽네 그려..."

할아버지는 길게 탄식스런 한숨을 내쉬며 눈을 감았다.

"왜놈들이 죠센징같은 미개 민족에게 차가 무슨 필요가 있냐며 차나무를 잘라 버렸던 때를 생각만 해도 피가 솟구칠 일인데, 이건 쓸개 빠진 인간처럼 숫제 제 손으로 왜놈들에게 차를 갖다바치고 있으니, 어허! 고얀놈!"

아버지가 있었더라면 또 묵사발이 되었을테지만, 할아버지는 자꾸만 헛기침을 해대었다. 그 기침소리가 쇳소리로 거칠어졌을 때 할머니가 막 불이 붙은 숯불 화로를 들고 부엌에서 나왔다. 할머니가 할아버지가 차를 끓일 수 있도록 차관(차를 끓이는 주전자)과 제람(다기를 넣어 두는 죽함)을 화로 곁에다 두고 밖으로 나오려고 문 쪽으로 돌아섰을 때였다.

"여보시게..."

끌쩍한 할아버지의 낮은 목소리가 다시 할머니를 뒤돌아서게 했다.

"다선(茶仙) 모셔 내시게."

그건 좀 특이한 일이었다. 다선이란 청옥으로 된 차병(차관으로 끓인 물을 부어서 차를 우려내는 주전자)과 찻잔을 말하는데, 할아버지가 너무나 소중히 여기셔서 특별한 경우가 아니면 사용하지 않고 돗자리가 깔린 대나무로 된 쟁반에 얹어서 벽장 속에 넣어두고 보관하는 것이었다. 아마도 굉장히 귀중한 것임에는 틀림이 없었다. 그 생김새는 학이 앉은 듯, 날아가는 듯 우아하게 생겼을 뿐 아니라, 그 푸르스름한 청옥의 빛은 눈이 시릴 정도였다.

"아하, 이게 바로 다선이란 청옥 차병이군요!"

손님은 다선을 보고 감탄해 마지 않았다.

"그걸 어찌 아시나?"

"죽암 스님께서 여러 번 말씀하셨습니다. 그래서 꼭 한 번은 보고 싶었는데,

이렇게 아름다우리라곤 생각지 못했습니다. 정말 신선이 되어 날아갈 것만 같은 게 눈이 부시군요."

"허허허, 그렇게 보이시나. 예전에 죽암이 쓰시던 걸세. 극구 사양을 했었구만, 나에게 물리셨지. 아마 그 뒤로 방랑 승이 되어 떠돌아다니길 시작했을 게야."

"모르긴 해도 이건 밖으로 공개하면 국보감은 족히 될 것 같군요."

"그럴지도 모르지. 이만한 차병을 만들 옥돌을 구하기도 어려울테지만, 그 연륜이 1500년은 넘었으니... 그러나 아쉬운 것은 옥돌이 차병이 되기까지 손으로 갈고 다듬은 그 정성이 우리 것이 아니란 점일세. 이건 중국에서 전해 진 것이거든."

"그렇군요. 그러고보니 시리도록 푸른 빛에서 느껴지는 이국향이 단순한 느낌만은 아니군요."

할아버지는 대답대신 가만히 고개를 끄떡이시며 다선을 어루만지셨다.

"그래도 이놈이 빛을 본 것은 우리의 손에 의해서야. 그건 분명한 사실이지. 언젠가 푼돈이나 있다는 어떤 미친 녀석이 1억을 낼테니 팔라고 해서 아주 호통쳐서 쫓아버렸지, 차라리 그저 달라고 사정했으면 주었을까? 하기야 돈만 아는 그런 속물들이 이런 영물의 진가를 알턱도 없겠지만, 이런 것을 돈으로 사고팔고 하니 나라가 썩지 않고 배겨! 정신이 고갈된 물질은 물 없는 사막이지. 끝이 뻔한 법이야..."

숯불이 익어 화로가 점점 달아오르자 새까맣던 숯 동강들이 암적색의 불꽃이 되어 춤추기 시작했다. 할아버지는 차관을 들어 화로 위에 가만히 얹으셨다.

"흔히들 차를 맛있게 들려면 봉차를 잘해야 한다지만, 그건 눈에 보이는 일차적인 문제라네. 올바른 다혼(茶魂)은 채차(차잎을 따는 것)로 부터 시작되는 것이네. 아니, 어쩌면 훨씬 그 이전, 물의 생성에서부터 일런지도 모르겠군. 아무리 채차, 봉차를 잘해도 물을 잘못 만나면 소용없는 짓이지. 물이 생명의 원천이라면, 차는 물에 활력을 불어 넣는 영약이고 불은 그 둘을 이어주는 핏줄인 셈이네. 물과 불 그리고 차, 이 삼자가 조화를 이루어 빚어내는 신력(神力)이 눈을 통해서 빛깔이, 코를 통해선 향기가, 그리고 혀를 통해선 그 맛이 각각 가슴에 와닿고 그것이 영혼 저 깊은 곳에서 영합할 때 이루어지는 경지, 이를 가리켜 '각(覺)'이라 할 수 있겠지. 허나 어디 그게 쉬운 일이겠는가? 하물며 그런 정신세계를 남에게서 배우려 한다면 우스운 일이 아니고 뭐겠는가?"

할아버지가 손을 부지런히 움직이면서도 계속 말을 이어가자, 손님은 찬찬히 할아버지의 손길을 따라 눈동자를 움직이며 약간은 긴장한 자세가 되었다. '차 한잔 마시기가 이렇게 어려워서야.' 나로서는 이해할 수 없는 할아버지의 행동을 보면서 그렇게 생각했다. 할아버지가 늘상 마시는 차이지만 나는 왜 그렇게 까다로운 규칙을 따라야 하는지 이해하기가 쉽지 않았다. 그러나 손님은 약간은 경건한 자세로 할아버지의 작은 몸놀림에도 깊은 공감을 표하는 자세였다.

"차로 치면 한국산이 제일이지."

찻물을 적당히 식힌 깔때기(찻물 식히는 그릇. 물을 붓기 쉽도록 한쪽이 찌부러져 있다)를 들어 청옥 차병에 부은 다음 투다(차를 차병에 넣음)를 하시며 할아버지는 끊이지 않고 말을 이어가셨다. 흰 장갑을 낀 오른손은 들러리로 이리저리 따라 다녔다. 손님이 보기엔 그 모습이 참 우습게 보일 수도 있겠다 싶었지만, 손님은 여전히 경건한 자세를 풀지 않고 있었다.

"그건 일본이나 대만 같은 외국에서 더 알아주지. 그런데 간혹 정신 나간 작자들이 일본에서 수입한 차니 어쩌니 하면서 아예 제 것은 똥으로 취급하니 분통 터질 노릇 아니겠는가? 자네도 봤듯이 왜놈들은 우리 것이 좋은줄 알고 몽땅 가져가는데 말이야. 이건 돈받고 물건을 주는 단순한 거래가 아니야. 우리 정신이 팔려 나가는 거야! 일제 치하에서 미개 민족으로 짓밟히면서 차나무를 잘렸던 때하고 다를 바가 하나도 없단 말이야. 아무리 돈이 좋아도 팔아먹을 게 따로 있지. 고얀놈들 같으니라구!"

이제 손님은 경건함을 넘어 심각한 얼굴로 고개를 끄떡였다. 할아버지의 말을 들으며 아버지를 생각했다. 아버지가 있었더라면 할아버지의 담뱃대 세례를 서너 대쯤은 감수해야 했을 것이다.

'그런데 아버지가 일본에 차를 파는 게 정말 나쁜 걸까? 그렇다면 그 이유는 뭘까? 할아버지가 항상 말씀하시는 혼이니 정신이니 하는 걸 어떻게 사고판다는 말일까?'

현실은 내가 아직 마실 수 없는 녹차와 같은 맛이었다.

할아버지는 차를 부어 차탁(찻잔 받침)에 얹어 손님에게 먼저 주었다. 아지랑이 냄새가 나는 녹차의 향기가 마루로 흘러나왔다.

"그런데 선생님, 우리의 고유차가 지금에 와서는 대중에게 외면당하는 이유가 뭐라고 생각하십니까?"

"그건 한 마디로 이렇다 말하기는 어렵겠지만 그 발단은 조선의 억불정책의 영향이었겠지. 선(禪)과 차는 불가분의 깊은 관계가 있으니까 말일세. 물론 조선에서 하루아침에 불교가 소멸되었던 것은 아니지. 그러나 예전의 차란 귀족이나 부유층이 아니면 접하기가 어려웠네. 따라서 지도층의 정신적 지주가 유교로 바뀌었으니 그 영향이야 짐작할 수 있지. 그렇다고 모든 유학자들이 차를 멀리한 것은 아니야. 일부 유학자들은 그래도 차를 접하고 있었으니까. 불행한 것은 유교가 부패해짐에 따라 '다혼'이 갖는 참된 의미도 그 빛을 잃어버린 게지. 아는지 모르겠네만, 보통의 차야 인간의 정신을 맑게 해주는 청심제였지만, 변질된 차는 인간을 해치는 독초가 되고 말았지. 조선의 역사가 바로 그런 게 아니었겠나?"

할아버지는 이 순배의 차를 마시고서 계속해서 말을 이었다.

"간신히 그 참된 면모를 지켜온 것은 역시 선방에서였지. 그러나 그나마 유지되던 명맥이 나라를 잃으면서 뿌리째 뒤흔들리고 말았지."

빈 찻잔을 내려놓은 할아버지의 손이 잠시 경련을 일으켰다.

"황국신민이 어쩌구 내선일체가 어쩌구 떠들던 왜놈들은 우리가 애써 가꾼 차를 공출이라는 이름 아래 모두 수탈해 가버렸어. 그 정도야 고마운 일이지. 놈들은 이 땅에서 차 문화를 말살하려고 차 나무를 베어내기 시작했단 말일세. '차'란 곧 정신이고, 그 정신이 살아서 없어지지 않는 한, 그들의 침략정책이 먹혀들 수 없다는 걸 간파한 게지. 비록 전량 공출되어 놈들에게 차 잎사귀야 몽땅 빼앗긴다 해도 차나무만 살아 있는 한, 우리가 다시 차를 마실 수 있다는 것을 유일한 희망으로 살아오던 나에게 얼마나 큰 충격이었겠나? 내 생명같은 차나무를 잘라내다니! 그것만은 결코 순순히 허락할 수는 없다고 생각했지. 어떤 녀석이든 차나무에 손만 대면 숨통을 끊어 놓겠다고 차밭을 뛰어다니면서 발악을 해 댔네. 그래, 그건 순전히 발악이었어. 때늦은 발악이었지…"

할아버지는 찻잔을 천천히 내려놓으며 긴 한숨을 내쉬었다. 손님은 여전히 눈빛으로 할아버지를 조심스레 따르고 있었다.

"그런들 무슨 소용이 있었겠어? 천지에 법도 없는 왜구들에게… 오히려 더욱 철저히 당할 수밖에. 지금은 베어버렸지만, 차밭에 있던 감나무에 개처럼 거꾸로 매달려 몽둥이 타작이 몇 시간은 되었을 거야. 초죽음이 되었지만 그래도 할 수 있는 한 악을 써대었지. 천벌을 받은 일본은 머지않아 바닷속으로 가라앉아 버릴 거라고. 그건 왜놈들이 제일 싫어하는 말이거든. 악이 받친 놈들은 땅바닥으로 나를 끌어내려 군화발로 짓이겨대기 시작했지. 그러다가 놈들은 차나무를 베기 전에 내 손가락을 먼저 잘라 낸거야. 하나, 둘, 셋, 넷… 잘려나간 손가락들이 피를 뿌리며 나뒹구는 것을 보며 히히덕거리는 왜놈들들의 발 앞에서 난 끝내 정신을 잃고 말았지. 다시 정신을 차린 건 이틀이나 지나서였는데, 차밭의 차나무들은 단지 네 그루만 남겨진 채 모두 목이 잘려져 누워 있었네. 단 네 그루…"

할아버지의 목소리가 착 가라앉았다. 목이 메이시나보다. 왠지 모르게 내 가슴이 뭉클해졌다. 언젠가 몰래 장갑을 벗기며 보았던 할아버지의 흉측스런 오른손. 새끼 손가락 한 개만이 가시처럼 삐죽이 돋아 있을 뿐, 나머지 네 개의 손가락이 잘려나간 일그러진 손. 언제나 끼고 있던 장갑 안에 들어 있는 깎아 만든 가짜 나무 손가락. 난 오늘에야 할아버지 상처의 가슴 아픈 내력을 알게 된 것이다. 상상만으로도 너무나 끔찍한 느낌이 온 몸을 구렁이처럼 감싸 휘돌았다.

"우린 차나무를 잘린 게 아니라 우리의 혼을 잘렸던 걸세. 왜놈들은 얄팍한 저네들 나름대로의 차문화를 마음껏 꽃피우는 동안, 우리는 그 우월했던 우리 정신의 맥을 처절하게도 난도질 당했던 거야. 보시게! 수 십 년이 지난 지금에도 우린 그 영향을 철저히 받고 있잖은가? 그런데 내 아들놈은 그 아픔을 느끼기는커녕, 왜놈들이 내 손가락과 바꾸어 장난스레 남겨두었던 네 그루의 차나무가 기적같은 삶으로 오늘에 이르게 된 차를 되려 전량 수출이라는 명목으로 그놈들에게 갖다 바치고 있으니 이런 미친 짓이 세상에 또 어디 있겠나? 차나무를 잘린 우리가 무슨 큰소리치겠는가마는, 그래도 그 마지막이라도 지키겠다고 몸부림친 것이 오늘에 와서 이 더러운 꼴을 보게 될 줄이야 누가 알았겠는가? 자네, 이걸 아시는가? 차나무는 11월로부터 한겨울 동안 순백색의 꽃을 피워낸다는 걸. 그것도 한 송이씩, 한 송이씩 순차적으로. 그러나 끊임없이! 그게 우리의 맥이고 혼이란 말일세! 지금에라도 우리가 되찾아야 하고 지켜야 할 우리의 혼이란 말일세!"

할아버지는 지금, 아직도 벗어나지 못한 그 길고 길었던 악몽에서 벗어나려고 몸부림 치고 있는 것인지도 모른다. 그것은 누구를 향해서라기 보다는 할아버지 자신을 위해, 아니 몰락해갔던 할아버지 세대의 마지막 증언자로서 어떻게 해서든 변명을 해야만 하는 그런 절박함으로 아픈 가슴을 치고 발을 구르고 있는 것인지도 모른다.

"긴 세월 지내는 동안 많은 것을 보았네. 그 중에서도 나라 잃은 백성의 서러움은 어린시절 나에게, 왜 우리는 나라를 빼앗겨야만 했는가를 되씹고 또 되씹게 했지. 내가 경술년 태생이거든. 그러고보면 참 치욕스런 출생이지... 그런 뼈저린 자각의 굴레 속에서 유년시절, 청년시절을 다 보내고서 '조국'이란게 나의 손에 주어지자 이번엔 그걸 어떻게 간수해야 하는지 알지 못했던 거야. 교수 양반, 자네는 어떻게 생각하시나? 요즘 젊은이들이 그 아픔을 느끼기는 하겠는가? 아니 아픔을 느끼는 건 둘째치고 우리가 언제 남에게 짓밟혔던가 하고 까마득히 잊고 있는 건 아닌가? 아니면 세상이 변해가니까 옛날 일 다 잊고 사이좋게 지내자는 말인가? 그건 좋아! 대세가 그렇다면 막을 수야 있겠는가. 그러나 발을 밟은 자는 뒤돌아서면 그걸 한순간에 잊어버릴 수 있어도, 밟힌 자는 그 아픔이 한순간에 쉬 사그라지지 않는 법이네! 그런데 그때의 상처가 아직도 계속되고 있는데, 아픔을 느끼기는커녕, 되려 그놈들에게 알랑거리고 있으니 쓸개가 빠져도 단단히 빠진 거야! 이건 도대체 누구의 책임인가? 이것도 못난 조상 탓인가?"

삼 순배의 빈 찻잔을 내려놓은 손님은 아무런 말이 없었지만, 붉게 상기된 얼굴은 굳어져 있었다. 하늘이 어느새 낮게 내려앉아 어둠이 스미고 있었다. 할아버지의 자학적인 탄식이 계속되었다.

"자네가 대학에 돌아가거든 학생들에게 전해주게. 달콤하고 자극적인 커피와 콜라에 입맛이 변해서 제 자신이 어느 나라 백성인지 방향을 잃어가고 있는 불쌍한 놈들에게 꼭 좀 전해주게. 커피를 마시건, 콜라에 목욕을 하건 다 좋아! 마시는 건 무얼 마시든 무슨 상관이야. 중요한 건 마시는 행위가 아니라 지켜야 할 정신이란 말이야! 우리의 혼 말일세! 그것만은 지켜야 하네. 아무리 커피에 입맛이 변해가고, 콜라가 주는 환상적인 달콤함에 젖어 살더라도 내가 어느 나라 백성인지는 결코 잊지않고 그 혼만은 살아 있어야 한단 말일세! 그걸 지켜야 할 이들이 지금의 젊은이들, 바로 그들이라고 자네가 전해주어야 해! 이건 허리를 잘리고 지키지 못했던 부끄러운 세대가 남기는 유언 같은 걸세. 하기야 나는 내 자식놈에게도 그걸 심어 주지 못했지만 말이야…"

할아버지는 통곡같은 호소를 하고 계셨다. 그것은 어쩌면 이미 이 세상에 존재하지 않는 음성일지도 모른다. 할아버지가 그토록 지켜야 한다고 애원하시는 그것은 도대체 무엇일까? 난 아직도 현실의 이방인이었지만, 아버지가 일본에 '차'를 파는 것이 왜 잘못인가 하는 것은 어렴풋이 알 것도 같았다. 할머니가 식사 준비가 되었다고 알리는 소리를 들으며 내방으로 물러났다.

다음날 아침 손님은 할아버지의 극성에 어쩔 수 없이 받아든 세 통의 작설차를 가지고 떠났다.

"네 이노옴!"

깜빡 잠이 들었었나 보다. 폭죽이 터지는듯한 할아버지의 고함에 잠이 깼다. 아버지가 이제야 오신 모양이었다. 밖은 이미 깜깜했다.

"언제는 사람이 없어 팔지 못한다더니, 어째서 먼 곳에서 찾아온 사람에게도 차를 주지 않은거냐?"

"아버지, 선적할 물량도 모자라는 판에 누군지도 모르는 사람에게 줄 차가 어디 있습니까?"

"이런 고얀놈 봤나! 왜놈들에게 갖다 바칠 차는 있어도 제 땅에서 나는 차를 제 나라 사람에게는 줄 게 없다니! 네 놈은 도대체 어느 나라 백성이냐!"

"아니, 아버지! 작설차만 차입니까? 다른 것도 있잖습니까?"

"그래! 알짜배기는 모두 왜놈들 주고 네 나라 백성에겐 찌꺼기만 먹인다 이 말이냐?"

"그건 저쪽에서 작설차만 주문해 오는걸 어쩝니까?"

"잘한다, 잘해! 그건 왜놈들이 차를 안다는 얘기야! 그놈들이 속으로 얼마나 욕을 하겠어. 조센징들은 차도 모르는 미개인들이라고, 제 나라 혼을 팔아먹는 골 빈 인간이라고 얼마나 업신여기겠어! 우리가 왜 아직도 그놈들에게 무시를 당해야 해!"

"아버지! 그렇다고 차가 우리의 혼이니 정신이니 하고 암만 떠들어봤댔자 뭐합니까? 수단 방법 안 가리고 외화나 많이 벌어오면 훈장 달아주고 일시에 영웅으로 떠받들지만, 차밭에 평생 앉아 있어 보십시오. 누가 알아줍니까?"

"닥치거라, 이놈! 제 아비도 모르고 핏줄도 모르는 불한당 같은 놈! 네가 땅에서 솟았냐, 하늘에서 떨어졌냐? 네가 도대체 누구야?"

"아버지, 자꾸만 그렇게 몰아붙이지 마세요. 아버지는 과거에만 사로잡혀 편견에 치우치는 거예요. 그건 독단이예요! 과거는 과거 속에 묻어두고 현실을 보세요. 그렇게 미운 일본이니까, 어떻게 해서든 우선 따라잡아야 하잖습니까? 앉아서 입만 놀리고 있으면 저절로 나라가 부강해집니까? 지금 세상엔 돈이 힘입니다. 우리도 돈 벌어 힘있는 나라가 되어 보십시오. 일본이든 미국이든 어느 나라든 우릴 얕잡아 볼 수 있겠습니까?"

"제 혼을 다 잃어버리고나서 돈이 무슨 소용이야! 넌, 이 애비 손가락이 어떻게 잘려나갔는지 벌써 잊어버렸단 말이냐? 우리의 정신이 잘려버리고 나면 돈으로 되찾을 수 있을 것 같아?"

"아버지, 아버지는 자신의 입장밖엔 생각지 않는 것입니까?"

"이게 어째서 내 혼자만의 입장이냐! 우리가 왜놈들에게 어떻게 당했는지 도무지 모른단 말이냐?"

"까만 옛날 얘기를 지금에 와서 되새기기만 하면 어쩌자는 겁니까? 아버지는 일본이 그렇게 미우세요? 그럼 혼자라도 일본으로 쳐들어가세요! 그래서 그 옛날 사명대사마냥 한바탕 휘젓고 사람 가죽을 벗겨오든, 불알을 잘라오든 한번 해보시라구요!"

"이놈, 이거 말하는 것 좀 보게. 엇다대고 눈알을 부라려! 썩 나가! 이 고얀 놈! 네놈은 내 자식이 아니야!"

방바닥을 두드리는 요란스런 담뱃대 소리, 그리고 툭!하는 탁음이 들렸다. 뒤이어 방문이 왈칵 열렸다.

"아버지! 아버지가 벗어나지 못한 그 오욕의 굴레 속으로 자식까지 끌어들이려 하지 마세요! 그건 아버지의 싸움이에요! 암만 그래도 아버지가 돌아가시면 그것도 끝장이라구요! 나에겐 나대로의 삶이 있고, 나대로는 최선을 다하고 있다구요! 지금은 혼이니 정신이니 핏줄만 찾고 있을 시대가 아니란 말입니다!"

"닥치거라 이놈! 가서 돈이나 실컷 벌어! 천하의 고얀 놈..."

방문이 닫히는 툰탁한 소리. 쿵쾅거리는 마루의 울림. 마당에 끌리는 발자국 소리. 할머니의 알 수 없는 중얼거림. 대문이 벌컥 열리고 다시 닫히는 삐걱이는 굉음. 그때까지 계속되는 할아버지의 자학적인 고함소리. 이 모든 소리가 지금은 내게서 아주 멀리 있었다. 나는 오로지 무인도에 혼자 있는 것 같은 적막감이 들 정도로 왠지 마음이 평온했다. 난 이미 할아버지와 아버지의 다툼에서 벗어나 있었는지 모른다. 그것은 아무래도 나의 싸움은 아니었기 때문이리라. 그런 느낌만이 감싸 돌았다.

다시 찾아든 침묵. 간간이 마당에서 들리는 할머니의 한숨 소리에 그 고요함은 약간씩 흔들렸다. 할아버지와 아버지의 불화 속에서 언제나 제대로 숨도 쉬지 못하는 할머니. 평생을 그렇게 살아오신 할머니. 그래서 언제나 조용할 줄밖에 모르는 할머니... 어둠에 짓눌린 눈까풀이 점점 무게를 느꼈다. 엄마... 기억에도 없을 까마득히 오랜만에 엄마를 생각하며 잠이 들었다.

누군가 어깨를 뒤흔들어 깊은 꿈이 흩어져 버렸다. 어쩌면 엄마를 만날 수 있을 것 같았는데. 떨어지지 않는 눈꺼풀은 망쳐버린 단잠이 아쉬어 짜증이 났다. 한쪽 눈만 찡그린 채 겨우 반쯤 떴다. 열린 방문으로 보이는 하늘은 아직도 암청색의 휘장이 걷히지 않았고 구슬처럼 박힌 별빛이 조금 희미해졌을 뿐이었다.

할머니가 머리맡에 소리 없이 앉아서 나를 내려다보고 있었다. 안스러운 표정에 왠지모를 엄숙함을 느끼게 했다. 옆으로 비스듬히 몸을 일으키며 눈을 부비었다.

"왜 그래, 할머니?"

"어여, 일어나서 안방으로 가 봐."

"아니, 왜?"

아직도 졸음을 떨치지 못한 코먹은 소리를 하는 나를 할머니는 막무가내로 일으키고는 옷을 입히려 했다.

"할머니, 왜 그래? 아침이 되려면 멀었잖아!"

"할아버지가 기다리신다 말이여!"

"할아버지가, 왜?"

"가 보면 알게 될껴, 어여!"

"내 참! 졸려 죽겠는데..."

정말 별일이었다. 첫닭이 울지도 않은 새벽녘에 왜 할아버지가 나를 부르시는 걸까? 도대체 무슨 일일까?

"세수부터 하고!"

느릿느릿 옷을 입고서 마당으로 내려서는 나를 할머니는 수돗가로 끌고 갔다.

"아이, 참! 춥다 말이야! 도대체 왜 이러지..."

5월도 한 주간이나 지났지만 새벽 공기는 싸늘한 촉감으로 피부에 와닿았다. 할머니는 수돗물을 두고서 일부러 우물을 길렀다. 오싹 소름이 끼칠만큼 차가운 우물물은 아깝게도 졸음을 몽땅 빼앗아 가버렸다.

안방을 넘나들면서 언제 이렇게 불안했었던가. 지은 죄도 없이 긴장이 되는 건 나도 모를 일이었다. 소리를 내지 않으려고 조심조심 방문을 열고 들어가 다시 문을 닫고 돌아섰을 때였다. 나는 그 자리에서 말뚝을 박은 듯 꼼짝도 못하고 굳어져 버렸다. 분명히 뭔가 이상스레 달라진 안방의 풍경은 나를 얼어붙게 만들고도 남았다.

제일 먼저 눈에 띄는 것은 할아버지의 모습이었다. 두 눈을 지그시 감은 채 가부좌상을 틀고 앉은 할아버지는 그대로 수염난 돌부처였다. 무표정한 듯하면서도 침통한 표정은 내가 들어선 것을 아는지 모르는지 전혀 반응이 없었고 숨결조차 멈추어버린 듯했다. 순간적으로 할아버지가 죽은 것이나 아닐까 하는 생각이 들어 소름이 오싹 돋았다.

그보다도 나를 더 놀라게 한 것은 할아버지의 손이었다. 할아버지는 두 손을 양 무릎 위에 다소곳하게 얹고 있었는데 그 오른손, 바로 그 손에는 끼고 있어야 할 장갑이 보이질 않았던 것이다. 할아버지는 분명히 할아버지 자의로 그 장갑을 벗은 것이리라. 가시가 돋아나듯 삐죽이 솟아 있는 새끼손가락. 군화발에 짓이겨 뼈가 으스러져 나갔을 네 개의 손가락들. 흉측스럽게 오그라붙은 긴 세월의 흉터는 아직도 이맛살을 찌푸리게 만들었다.

그런데 왜? 왜, 할아버지는 스스로 그 장갑을 벗어버린 것일까? 할아버지의 말대로 혼과 정신이 잘려버려 부끄러운 세대의 상징이 된 치욕의 그 모습을. 누구에게도 보여줄 수 없었을 그 아픔의 흔적을. 왜 할아버지는 여느 때처럼 그것을 감추기를 스스로 포기한 것일까? 아버지 때문일까? 아니면 할아버지 자신이 그것을 감춘다고 해서 없어지는 치욕이 아니란 걸 깨달으신 까닭일까?

나를 또 한 번 놀라게 한 것은 할아버지 담뱃대였다. 재떨이 곁에 놓여 있는 담뱃대는 목이 부러져 두 동강이 나 있었던 것이다. 어젯밤 툭하고 들렸던 탁음. 얼마나 자학적인 몸부림으로 바닥을 두드리셨길래 그게 부러져 버렸을까? 자신의 손가락으로는 담배 하나 심지 못해 언제나 나를 시키면서도 담뱃불만은 꼭 손수 부치겠다는 그 고집스러움. 어쩌면 그것은 할아버지에게 남은 마지막 자존감이었는지 모른다. 그런데 그 담뱃대가 부러져 버린 것이다.

지금, 생명없는 돌부처처럼 꼼짝도 않고 앉아 있는 할아버지는 치욕스런 시대의 회한에 젖어 있는걸까? 왠지 할아버지가 측은해 보이는 것은 건방진 생각일지도 몰랐다.

그런데, 할아버지 앞에는 내가 결코 손댈 수 없는 영물인 청옥다병과 두 개의 찻잔이 놓여 있었다. 형광등 불빛 아래에서도 차갑도록 시린 빛은 눈이 부실 지경이었다.

하여간 너무나 낯선 그 분위기에 주눅이 든 나는 숨도 제대로 쉬지 못하고 그렇게 서 있었다. 한참만에야 열려진 할아버지의 두 눈은 무심히 나를 스쳐 차병 위에 가 머물렀다. 그리곤 양손으로 차병을 감싸 드셨다. 마지막 한 개밖에 남지 않은 그 손가락도 충실히 제 몫을 해내었다. 찻잔에다 차를 따르는 할아버지의 모습은 불공을 드리는 할머니의 모습보다 더 엄숙해 보였다.

'또르르륵...'

물 구르는 소리가 온 천지에 공명이 되는 듯 대기에 가득 찼다. 차병을 다시 제자리에 놓을 때까지도 나는 그냥 서 있었다.

다시 올려다 보는 할아버지의 눈빛은 확연히 이상한 느낌을 주었다. 그것은 예전의 천왕문을 지키는 수문장의 눈매가 더이상 아니었다. 어쩌면 부처님... 그래, 그 눈빛은 애수에 젖은듯한 부처의 눈매를 생각나게 했다.

"앉거라..."

드디어 할아버지가 입을 열었다. 그 목소리만은 여전히 끌쩍하게 울렸다. 내가 주춤주춤 앞으로 나아가며 겁먹은 얼굴을 짓자 할아버지의 입가에 알 수 없는 미소가 번져갔다. 난 어제 손님이 하듯이 무릎을 꿇고 앉았다. 언제나 어리광만 부리던 내가, 할아버지 앞에 갓 시집온 새색시마냥 무릎을 꿇고 겁먹은 얼굴을 하고 있다는 것은 내가 생각해도 우스운 일이었다. 그러나 알 수 없는 이상한 힘이 나조차 엄숙하게 만들어 버린 것이다.

"형주가 올해 몇 살이지?"

"…"

할아버지의 갑작스러운 질문에 난 눈만 껌뻑거릴 수밖에 없었다. 할아버지의 소리없는 표정이 다시 물었다.

"열두 살…"

기어들어 가는 목소리로 간신히 대답했다.

"열두 살이라… 다 컸군. 에미도 없이 혼자서 들망아지마냥 어느새 그렇게 커 버렸어."

할아버지는 다시 침묵하셨다. 할아버지가 엄마를 입에 담은 건 내가 기억하는 한 이게 처음이었다. 난 속으로 적이 놀랐지만, 그다음의 할아버지 질문은 더욱 나를 의아하게 만들었다.

"엄마가 보고 싶지 않냐?"

숨이 콱 막히는 게 어떤 대꾸도 할 수가 없었고 내 눈만 더욱 커질 뿐이었다. 할아버지가 그런 말을 할줄이야…

"죽으라고 고생만 하다가 북망산 서둘러 가고 말았지. 벌써 10년 세월이 강물에 씻기우듯 지나버렸으니… 허허, 이런. 내가 무슨 실없는 소릴 하는 게지. 쯧쯧, 노망이야, 노망! 그려 늙으면 죽어야지, 으흠!"

할아버지의 헛기침 소리는 싸하니 내 가슴을 관통하여 뚫고 지나갔다. 불쌍한 할아버지…

고개를 숙여 찻잔을 든 할아버지는 그것을 내게로 내밀었다. 그러나 나는 선뜻 손을 내밀 수가 없었다. 내가 손대서는 안되는 강한 금기의식이 먼저 떠올랐기 때문이다. 잠도 깨지 않은 신새벽에 너무도 많은 것들이 한꺼번에 나를 놀라게 했다. 할아버지의 재촉하는 눈빛에 기가 죽어 떨리는 두 손으로 받쳐든 찻잔에서는 노란빛도 연두빛도 아닌 고요함이 깃든 신비의 색이, 안개처럼 피어오르는 향기에 휩싸여 있었다.

두 번째 잔을 왼손으로 감싸 쥐고 손가락 없는 오른손으로 밑을 받쳐 가슴까지 치켜든 할아버지는 고개를 숙이고서 삼킬 듯이 그것을 노려보는 것이었다. 그리고 천천히 아주 천천히 차를 마셨다. 한 번, 두 번, 세 번...

할아버지가 차탁 위에 빈 찻잔을 놓을 때 까지도 난 두 손으로 찻잔을 감싸 쥔 채 그냥 있었다. 찻잔을 어떻게 처치를 해야 할지를 몰라 안절부절하는 나를 할아버지는 긴세월의 표상같은 은백색의 수염을 쓰다듬으시며 쳐다보셨다.

그런데, 이번엔 그 눈빛이 이상했다. 오싹 무서운 살기를 느끼리만치 날카로운 빛이 튀고 있었던 것이다.

"형주야."

할아버지는 억양없는 끌쩍한 목소리로 내 이름을 부르셨다.

"사람이 세상을 살아가는 데는 의식주가 제일로 중요한 법이지. 항우장사라도 먹어야 힘을 쓰고, 상감마마도 입어야 체통이 서거든. 그러나 때로 인간에겐 그런 것들을 초월해서 자기의 생명만큼이나 소중히 지켜야하는 것이 있는 거란다. 그걸 지키지 못했을 때는 많은 불행과 고통이 뒤따르게 되지. 뿐만 아니라 살아 있어도 삶이 아니라 치욕이 되어 버리는 거야. 그게 바로 '혼'이라는 게야."

잠시 말을 끊은 할아버지는 긴 탄식의 한숨을 내쉬었다. 그리고 희미하게 밝아오는 창으로 시선을 주면서 다시 입을 여셨다.

"할애비는 이 차밧골에서 나서 평생을 차와 더불어 살고 또 차를 지키는 것을 생명으로 여기며 살아왔지. 그런데 세상이 너무 변해 버렸어. 이 할애비가 지켜온 그 어느 것도 남아 있질 못해. 예전엔 그렇지 않았어. 그땐 육체는 짓밟혀도 정신만은 그지없이 강하게 살아 있었는데 지금은 그렇지가 못해. 죽은 거야, 혼이 죽은 거야! 그래서 네 애비를 욕할 수만도 없지. 세상이 그런 걸... 그러나 세상이 그런다고 모두가 그래서는 안 되는 거야. 혼이 죽은 사람이 있으면 살아 있는 사람도 있어야 해! 뜨겁게, 뜨겁게 말이야! 최후의 한 사람만이라도 살아만 있다면 우리에겐 내일에 대한 가능성은 있거든. 한 자루의 촛불만 있으면 영원한 불을 남길 수가 있는 것과 마찬가지지. 내가 이 찻잔을 네 애비에게 남기려고 무던히도 애를 썼다만, 네 애비 세대는 너무 모르고 자라 버렸어. 이미 끝이 나 버린 거야. 오죽 굶주린 배만 채우는데 급급하다보니 정신도 혼도 놓쳐 버리고 말았어…"

할아버지는 다시 말을 끊었다. 내가 잘못 알았는지 모르지만, 목이 메이시는 것 같았다.

"이 할애비는 겨우 나이 아홉에 만세를 불렀지. 천지에 흔적도 없이 사라져 버린 나라를 찾겠다고. 그게 내가 물려받은 유산이었으니까. 부끄럽게도 그 나라를 우리 손으로 되찾지도 못했지만… 어쩌면 그래서 소중하게 여길 줄 모르는지도 몰라. 형주가 열두 살이랬지? 이젠 스스로를 지킬 나이가 된 거야. 이 할애비가 언제까지나 살아 있을 수만은 없거든. 자, 지금 형주는 아주 대견스럽게도 그 잔을 받쳐들고 있는 거야. 네가 쥔 그 찻잔을 이젠 두 번 다시 손에서 놓아선 안 된다. 너희들조차 그 잔을 팽개쳐 버리면 그걸로 끝장이야. 우리에게서 내일이란 사라져 버리는 거야…"

동으로 향하고 있는 창으로부터 실낱처럼 풀어헤친 햇살이 스며들어 오랜 풍상에 균열된 할아버지의 노안을 비추었다.

그런데, 이럴 수가! 할아버지의 주름진 두 볼 위로 거짓말 같은 눈물이 흐르고 있었던 것이다. 할아버지의 얼굴에 눈물이…

그 눈물이 강을 이루더니, 끝내 내 여린 볼 위로도 옮아오고 말았다. 그때 난 분명히 느낄 수 있었다. 목이 터져라 외치고 싶은 그 무엇을…

멀리서 태양이 뜨는 소리가 들려오고 두 손으로 꼬옥 감싸 쥔 시리도록 푸른 청옥찻잔에서는 차밭골의 아침 향기가 새롭게 피어오르고 있었다.

화해(和解)

(2004년)

[프롤로그]

　　쉼 없이 흐르는 것이 강물의 생명이다. 강물은 위로부터 아래로 흐른다. 그러므로 하류의 강물은 언제나 상류의 환경으로부터 영향을 받는다. 진흙탕 물은 하류에서 저절로 만들어지는 것이 아니다. 우리는 너무나 자주, 상류에서 흘러내린 진흙탕 물들이 하류로 흘러가면서 좀더 깨끗해지기를 원한다. 그러나 그것은 요행을 바라는 눈 먼 어리석음이다. 왜냐하면 하류의 물줄기는 상류로부터 결코 자유로울 수가 없고 끊어질 수가 없기 때문이다.

　인간의 역사도 마찬가지이다. 우리는 어제의 나로부터 자유로울 수가 없다. 우리는 역사를 선택적으로 살아갈 수가 없기 때문이다. 그런 면에서 어제의 역사는 나를 낳은 나의 아버지이다. 오늘의 나는 저절로 생겨난 것이 아니다. 수많은 어제들의 결정체이다.

　난 결코 운명론자가 아니다. 그렇다고 비관과 한탄으로 세상을 살아가는 데에 의미를 찾는 염세주의자는 더더욱 아니다. 다만 오늘의 내가 어제의 나로부터 결코 자유로울 수가 없다면, 어제의 나를 긍정하고 오늘의 나에게 용기를 주어, 새로운 나로 살아가고 싶을 뿐이다.

　그 꿈은 사춘기, 생명처럼 꿈을 먹고 살던 시절부터, 불혹의 나이가 고갯마루를 넘은 지금까지 내 심장 안에 살아 있음을 느낀다. 나는 날마다 그 생명을 내 안에 느낌으로써 하루를 산다. 그리고 이제 그 꿈같은 생명의 결정체를 나는 나의 아들에게서 본다.

오늘도 강은 흐른다. 상류와 하류가 하나가 되어……

(1)

"아니, 아빠, 왜 때리고 그래요! 말로하지!"

"하라는 공부는 안 하고, 임마, 곧 학기말 시험이라면서 게임이 뭐냐, 게임이!"

"이때까지 공부하다가 잠깐 머리 식히는 거라구요, 씨! 알지도 못하면서 괜히 그래."

"이 자식, 아빠한테 말하는 것 좀 봐, 망할 놈의 자식 같으니라구, 아빠가 끄라고 하면 냉큼 끌 것이지, 싸가지 없이 어디다 눈을 치뜨고 그래! 어서 끄지 못해!"

"아니, 당신은 왜 그렇게 성질부터 부리고 그래요!"

IMF의 한파는 가장 먼저 건설 경기를 얼어붙게 만들었고, 우리 회사도 대대적인 감원 열풍에 휩싸였다. 모두들 하루를 십 년처럼 살면서 요행을 바랐지만, 내겐 그 요행이 오지 않았다. 마흔이 넘은 나이로 하루아침에 졸지에 등을 떼밀려 거리로 나온 그 황당함과 처절한 절망감은 당해보지 않은 사람은 모른다. 다른 직장을 찾는다는 것은 죽은 영감 옆에서 애 서기를 기다리는 꼴이었다.

내 마음을 알 길 없는 아들은 5만원이나 하는 게임 CD를 사달라고 며칠째 계속 조르고 있었다. 그날도 게임기 타령을 하던 아들은 학기말 고사를 앞두고 컴퓨터 게임에만 매달렸다. 순간 왜 그렇게 화가 솟구치는지 컴퓨터 앞에 앉은 아들의 뒤통수를 사정없이 갈겨버렸다.

난 공부보다도 아빠의 아픔에 대해서 그토록 무심한 아들이 그렇게 섭섭했다. 아직 어리지만, 그래도 중학생이면 어느 정도 알만한 나이도 되었을 텐데. 아내까지 나서서 아들의 역성을 들자 난 더 화가 났다.

"집 안 꼴 좋다! 에미나 자식이나, 다 그 나물에 그 밥이다! 정말 내가 콱 죽어야지, 어이구!"

"이 밤에 또 어디 나가요!"

"이 집구석이 지긋지긋해서 나간다, 왜?"

나는 화가 나면 집안에 있을 수가 없었다. 그것은 오래된 버릇이다. 집안에서 다툼이 있거나, 아이들에게 화를 내고 나면 난 왠지 모를 불안함과 답답함으로 집안에 머물러 있을 수가 없었다.

따지고 보면 그렇게 화를 낼 일이 아니었다. 그런데 아들을 보면 자꾸 화가 난다. 난 아들에게 여유를 가지고 대하기가 왜 그렇게 어려운지 모르겠다.

난 아들의 소란스러움과 산만함이 너무 싫다. 남들이 보기에는 활달하고 사내다운 모습들이 좋을지는 모르지만, 나는 아들의 그런 모습들이 무질서하게 느껴졌고, 자꾸만 사고를 치는 아들이 창피하게 생각되었다. 또 약삭빠르지 못하고 미련하게 보이는 것도 너무나 싫었다.

한마디로 아들이 하는 모든 행동들이 내 눈에는 늘 모자라고 성에 차지 않았다. 그에 따라 아들에 대한 미움이 내 안에서 또아리를 튼 뱀처럼 고개를 쳐들곤 했다. 내 눈에는 왜 그렇게 아들의 실수와 허점만 보이는 걸까? 그러지 말아야지 하고 다짐한 게 한 두 번이 아니지만, 그런 생각들은 배가 지나간 자리처럼 곧 흔적도 없이 사라져 버리곤 했다. 어쩌면 아들의 모습에서 어릴 적 내 모습을 보고 있었기 때문이었을까? 난 그걸 애써 부인했지만, 어떤 모습에서는 너무나 나를 닮은 아들이 싫었는지 모른다.

아들은 외모부터가 나와 붕어빵이다. 그런데다가 활달하고 사람을 잘 사귀는 사교성이 있는 성격들이 모두 나를 닮았다. 그런 외향적인 성격들이 어찌 보면 편한 것 같지만, 고집스러움과 산만함, 그리고 무질서한 행동들로 나타나 나를 힘들게 했다. 그것은 어쩌면 내 안에 자리 잡고 있는 저 먼 과거의 아픔들이 아직도 아물지 않은 상처로 남아 있는 탓인지도 모르겠다.

난 인정하지 않고 있었지만, 아이의 문제는 곧 나의 문제였다. 아이는 원래 그런 기질을 타고 태어났고, 나 역시 그런 기질을 갖고 있었기 때문이다.

　그런데도 나는 가끔씩 아들 때문에 내가 얼마나 불행한가 하고 생각하며 늘 속을 썩이는 아들만을 떠올리며 힘들어하고 있었고, 아내 역시 그런 나의 모습 때문에 아들과 나 사이에서 함께 지치고 있었다.

　홧김에 집을 나오긴 했지만, 추운 날씨에 갈 곳이 없었다. 그렇다고 그냥 다시 들어갈 수도 없고. 어둠에 깔린 놀이터에 앉아 있자니 한 숨이 저절로 나왔다. 쌀쌀한 초겨울의 밤 공기를 깨뜨리고 있는 아파트들을 올려다보고 있으려니, 그 불빛만큼이나 강한 절망감과 까닭 모를 분노들이 비 맞은 낙엽이 되어 쏟아졌다.

　중3 때였던가? 학교에서 장래 희망을 조사한 적이 있었다. 그때 내가 '장래 희망 란'에다가, '좋은 아버지가 되는 것'이라고 썼다가 선생님과 친구들에게 얼마나 웃음거리가 되었는지 모른다.

　"야, 이 녀석아! 넌 가만있어도 아버지 될 거야! 장래 희망이 아버지라니? 이게 뭐야!"

　선생님은 어이가 없다는 듯 핀잔을 주었고, 아이들은 책상을 두드리며 웃어 댔다.

　그러나 그땐 그게 나의 희망이었다.

　난 좋은 아버지가 되고 싶었다. 우리 아버지 같은 사람이 아니라, 정말 좋은 아버지가 되고 싶었다. 이 세상에서 가장 멋있고, 가장 자상한 아버지가 되고 싶었다. 그만큼 아버지에 대한 두려움이 컸고, 반감이 컸던 것이다.

　놀이터의 벤치에 앉은 내 분노의 끝은 바로 그 곳에 닿아 있었다.

　'이것이 내가 그토록 되고 싶었던 좋은 아버지란 말인가?'

　내가 아들에게 욕설을 퍼붓거나, 혹은 매를 대고 나서 후회한 적이 얼마나 많았는지 모른다. 때린다고 될 일이 아닌데. 나 자신이 맞는 것과 잔인한 욕설을 듣는 것을 얼마나 싫어했었던가! 그러면서도 또 다시 내 생각보다 앞질러 터져 나오는 나의 폭언과 필요 이상의 매질은 나 스스로가 먼저 견디기 힘들었다. 나는 정말 못난 아비인가보다. 조금만 참으면 될텐데. 왜 나는 여유를 가지고 아들을 대하는 것이 이렇게도 힘이 드는 것일까? 아들의 입장에서 아들을 이해하는 것은 정말 불가능한 것일까?

처음부터 아들이 말썽꾸러기였던 것은 아니다. 그리고 내가 아들을 미워했던 것도 아니다.

내가 교편 생활을 그만두고 대그룹 건설회사에 취직하는 바람에 직장을 따라 혼자 서울에 올라온 후 주말부부 생활을 하는 동안 아내보다도 아들이 보고싶어 얼마나 힘들어했었던가!

아들이 3살 때였다. 서울에서 근무하던 내가 아직 이사를 하지 못해 주말에 집에 가끔씩 내려오곤 하던 때였다. 아들과 외출을 했다가 버스를 기다렸지만, 좀처럼 버스가 오지 않았다. 늦가을의 쌀쌀한 날씨에 힘들어하던 아들이 갑자기 손을 들고 '스톱!'하고 외쳤다. 지나가던 경찰 순찰차를 보고 소리를 친 것이다. 나는 몹시 당황되었지만, 순찰차는 급정거를 하더니 우리가 서 있는 곳으로 후진을 해 왔다. 내가 뭐라고 말할 틈도 없이 아들이 순찰차로 뛰어 갔다. 차창을 내리고 놀란 눈으로 쳐다보는 경찰관에게 아들은 아무 주저함도 없이 소리쳤다.

"아저씨, 우리 좀 태워 주세요. 추운데 차가 오지 않아요!"

너무나 순간적인 일이라 당황되었지만, 경찰관 아저씨들은 재미있다는 듯이 이빨을 드러내 웃으며 흔쾌히 차에 타라고 했다.

정작 놀란 것은 아내였다. 내가 아이와 함께 순찰차를 타고 내리는 것을 본 아내는 적잖이 놀란 눈을 하고는 무슨 일이냐고 달려 나왔다. 내가 아무 일도 아니라고 했지만, 아내는 무슨 일인지 솔직히 말하라는 것이었다. 자초지종을 듣고 나서야 아내도 웃음을 터뜨리며 아들을 치켜들었다.

그게 아들의 모습이었다. 그렇게 엉뚱하면서도 사랑스러운 아들이었지만, 서울로 이사 와서 유치원에 들어가면서부터 아들은 자꾸만 말썽꾸러기가 되어 갔다. 그것이 바로 불안정한 가정 생활에서 오는 것이었고, 아빠가 자주 집을 비우는 심리적인 불안 때문이었는지 그때는 몰랐다.

(2)

"이 너무 자슥, 이 싸가지 없는 자슥! 퍼뜩 안 나오나!"

만화방 문을 확 열어 젖히고 선 아버지는, 만화방 주인아저씨랑 다른 친구들은 전혀 아랑곳하지 않고 소리를 버럭 질러대었다. 보던 만화를 화들짝 치우며 일어난 난, 그 다음 사태를 대비해야 했다. 아버지가 어떻게 나오실 지 모르기 때문이었다. 여차하면 아버지 손에 붙잡히기 전에 도망치는 게 상책이었기 때문이다.

아침 한 나절 동안 찐빵과 만두를 빚어 만드신 아버지는 내가 학교에서 돌아오면 옷을 갈아입고 어디론가 가셨다. 친구들을 만나 술을 마시는지, 아니면 어느 놀음판을 기웃거리는 지 알 수가 없었다. 가게에 딸린 방에선 어머니가 어린 동생과 함께 지친 몸을 누이며 쉬고 있었다. 그러면 가게는 내 차지가 된다.

난 10살이 되던 초등학교 3학년 때부터 가게에서 찐빵이나, 만두 그리고 우동을 말아서 손님에게 팔곤 했다. 10살의 꼬마가 만들어주는 우동을 아무 말 없이 먹고 가 준 손님들이 지금도 생각하면 고마울 따름이다.

그러나 나는 그게 너무나 싫었다. 나는 놀고 싶었다. 위로 두 형은 중학교 입시를 앞둔 수험생이어서 한 밤중이나 되어서야 집에 오기 때문에 가게를 보는 것은 어쩔 수 없이 내 몫이었다. 그땐 중학교 입시가 지금 대학입시보다 더 치열했으니까 어쩔 수 없는 일이었을 것이다. 문제는 그런 상황을 다 이해하기엔 내가 너무 어렸고 철이 없었다. 친구들과 놀기를 좋아하고, 만화방에 가는 것을 좋아했던 나에게 방과후의 '가게보기'는 감옥 생활 같았다.

그래서 많은 경우, 아버지가 가게를 보라고 하고 나가시면 나는 어머니가 방에서 자는 동안 딱지 따먹기나 구슬치기를 하러 철길 가로 달려가거나, 만화방으로 달려가곤 했다.

그러다가 오늘처럼 만화방으로 찾아온 아버지로부터 혼쭐난 적이 많았다. 아버지는 사람들이 있는데서 내 뺨을 때리거나, 심한 욕지거리를 내 뱉으며 나를 압송해갔다.

나는 어렸고 놀고 싶었다. 10살의 나이로는 감당하기 어려운 일들이 아니었겠는가?

내가 그렇게 놀고 싶은 것을 억제 당하며 가게를 보아야 했던 것 보다 더 힘들고 나를 지치게 한 고통은 다른 데에 있었다. 그 아픔은 어쩌면 어린 시절 나를 만들어 가는 과정에서 가장 크게 영향을 주었는지도 모른다.

내가 초등학교 입학하던 무렵, 빵 만드는 것을 너무나 싫어하셨던 아버지는 취직을 하겠다고 이웃집 뚱보 아저씨에게 돈을 주었다가 사기를 당하고부터는 부쩍 술 주정이 심했다.

아버지의 술주정은 우리 가족 모두를 공포 속으로 몰아 넣었다. 한밤중에 술에 취해 들어온 아버지는 잠자는 우리들을 깨워 야단을 치며 때리기도 하고, 우리들을 세워 놓고 큰소리로 노래를 부르기도 했다. 그러다가 어머니에게 꼬투리를 잡고 욕설과 폭행을 가하곤 했다. 어머니가 가만있으면 남편을 무시한다고 때리고, 뭐라고 말을 하면 잔소리를 한다고 때리기도 했다. 아버지가 어머니를 폭행하면 형들은 아버지를 붙잡고 늘어져 끝까지 아버지를 말렸다. 그러다가 아버지의 힘을 도저히 당할 길이 없는 형들은 함께 얻어맞기 일쑤였다.

그러나 나는 아버지의 폭언과 폭행이 무섭기도 하고, 어머니의 울부짖는 절규를 듣는 게 너무나 싫었기 때문에 집을 뛰쳐나오는 게 습관이 되어버렸다. 이른 밤에는 혼자서 밤거리를 헤매 다니다가, 통행금지 시간대에 걸리면 졸음에 지친 눈으로 야경꾼들을 피해서 신천교 다리 건너에 있는 외갓집으로 갔다. 신천교 다리 입구에 파출소가 있었기 때문에 통행금지 시간이 지나서 다리를 건널 때의 그 초조함을 나는 잊지 못한다.

파출소 안의 시선들을 겨우겨우 피해 도망간 외갓집. 아, 생각하고 싶지도 않은 나의 외갓집! 외할아버지, 외할머니! 지금은 모두 돌아가셨다. 외할머니는 어머니의 친어머니가 아닌 계모셨다. 어머니의 친어머니는 어머니가 13살 때쯤 폐병으로 돌아가셨다고 한다. 외할머니는 전처 딸인 어머니에겐 너무나 차가우셨다. 그것은 손자인 우리들에게도 마찬가지였다.

외갓집은 구멍가게를 하고 있었다. 가끔 내가 놀러 가서 과자 하나만 먹어도 되냐고 하면 좀처럼 과자 한 봉을 주지 않았다.

"사람이 먹고 싶은 것을 다 먹고 우예 사노? 먹고 싶어도 참을줄 알아야 하는 기라."

외할아버지, 외할머니는 한결같이 그렇게 말했다. 그런다고 순순히 물러날 내가 아니었다. 난 할아버지나 할머니가 한 눈을 파는 사이에 몰래 과자를 훔쳐서 먹곤 했다. 그렇게 훔쳐서라도 과자를 먹을 수 있었기 때문에 결코 나를 반겨주지 않는 외갓집이었지만, 난 혼자서 거길 가길 좋아했다.

"아이구, 원수 같은 자슥, 너거 애비 또 술 처먹고 지랄이가? 그 발 채에 자거라!"

이부자리에 누워 있던 외할머니는 한 줌의 욕설로 당신의 의무를 다한다고 생각하는 것 같았다. 문을 열어주는 것은 언제나 나보다 12살 위였던 외삼촌이었고 할머니는 이부자리에서 일어나 보지도 않았다. 외할아버지 역시 다리 하나 건너 살고 있는 딸이 남편의 술주정에 매를 맞고 고통을 당해도 가보지 않았다.

외삼촌과 외할아버지, 외할머니가 잠자는 발치에서 눈치 이불을 붙잡고 자던 그날의 가슴 아픈 기억들을 나는 아직도 고스란히 기억하고 있다. 바깥의 추위에 비하면 그래도 그 자리는 아늑했다. 그렇게 욕을 먹으며 눈치잠을 자야했던 외갓집이 집안의 숨막히는 공포 분위기에 비하면 차라리 더 편안했던 내 유년 시절의 아픔은 지금 어디에 가 있을까?

아버지 술주정을 피해 밤늦게 혼자 거리를 헤매야 했던 외로움들은 평소에도 동네 친구들이나 질이 좋지 않았던 동네 형들과 어울리면서 밤이 늦도록 돌아다니게 만들었다. 나는 밤늦도록 패거리들과 함께 몰려다니는 것을 너무나 좋아했다. 간섭받지 않는 일종의 해방감이었을까? 아니면 아버지에 대한 반항심이었을까? 그 보단 그렇게 여럿이 함께 있을 땐 외롭지 않고, 내가 관심을 받고 있다는 게 너무 좋았기 때문일 지도 모른다.

동네에 서커스가 들어온 때는 우리들의 날이었다. 사람 사귀기를 좋아했던 나는 서커스에서 통 굴리는 묘기도 하고, 연극에도 나오곤 하던 내 또래의 아이들과 금새 친해졌다. 서커스의 마지막 공연이 끝나 밤이 깊어 통행금지 시간이 다 되도록, 서커스 천막을 떠나지 못하고 서성거리던 그 방황의 근원이 무엇인지 지금도 알 수는 없다.

나는 밤늦게 나돌아다닌다고 무던히도 혼이 났지만, 다음날이면 언제 그랬냐는 듯이 또 밤거리를 헤매고 다녔다. 그러다가 집에 갈 시간이 되면 또 혼날 일에 두려워 떨곤 했다. 나는 소위 문제아였을까? 아니면 문제아로 만들어진 것일까? 아니면 그저 호기심이 남다른 평범한 아이였을 뿐이었을까?

중1때였다. 학교에서 가을 소풍을 갔던 날, 친구들과 영화를 보러 갔었다. 영화를 보고 나왔을 때 짧은 가을 해는 어느 새 빌딩 숲속의 네온 불빛들 속으로 삼켜진 뒤였다. 나는 불안해지기 시작했다. 또 늦게 들어온다고 야단칠 것만 같은 아버지를 생각하니 가슴이 답답하고 불안해지기 시작했다.

불안한 마음으로 집을 들어서는데 하필 맨 먼저 마주 친 사람이 바로 아버지였다. 난 지레 겁을 먹고 울먹이며 용서를 빌었다.

"아부지, 지송합니더. 오늘 늦지 않을라꼬 그랬는데, 친구들이랑 소풍에 갔다가……"

난 말도 채 끝내지 못하고 울음부터 터뜨렸다.

"임마, 이거 오늘 소풍갔었나?"

나를 힐끗 쳐다보던 아버지는 어머니를 향해 큰 소리로 그렇게 물었다.

"빨리 들어가!"

발을 씻는 빌라도

야단 맞지 않고 위기를 넘겼다는 안도감도 한 순간, 왠지 모를 허전함과 씁쓸함이 비늘처럼 흘러 내렸다.
　'아버진 내가 소풍을 간 것도 모르고 있었던 것이다!'
　나란 존재는 그만큼 관심 밖의 존재였을까? 그런 소외감들은 사라져 버리는 것이 아니라, 고스란히 내 안에 쌓이는 것임을 나는 안다. 그리고 시간이 지난다고 그 깨어진 마음들이 저절로 사라지는 것도 아니다. 나 자신이 내 안에 있는 그 감정들과 진정으로 화해하기까지는 그 생각들은 내 무의식을 갉아먹는 기생충처럼 나의 일부가 되어 언제나 나와 함께 살아가고 있는 것이다.

　"아빠, 여기가 아파요."
　중3에 올라온 지 얼마 되지 않은 어느날 밤, 아들이 엉덩이뼈 쪽을 가리키며 말했다.
　"왜 그런데?"
　"친구들이랑 장난치다가 주저앉으면서 다쳤나봐요."
　"괜찮아, 남자는 다 그렇게 크는 거야."
　난 대수롭잖게 생각했다. 그리고 3주쯤이 지났다. 아마 내 기억에 아들이 가끔씩 엉덩이뼈가 아프다는 소리를 했던 것 같기도 하고, 아닌 것 같기도 하다. 그 기억이 희미한 것은 내가 그만큼 주의를 기울여 듣지 않았기 때문일 것이다.
　그런데 아들이 그날 밤에 또 아프다고 했다. 그때서야 난 낮에 친구가 아들이 롤러보드를 타다가 넘어져 별 것 아닌 줄 알고 그냥 뒀는데 나중에 보니까 무릎 연골이 으깨져서 깁스를 해야 했다고 한 것이 생각이 났다. 그래서 난 아들이 다시 아프다고 했을 때, 내일 병원에 가보자고 했다.
　그러나 그러고는 또 잊어버렸다. 새로 옮긴 회사 일이 바빠서이기도 했지만, 아마도 아들의 아픔에 대한 감각이 내게 와 닿지 않았기 때문이었다는 것이 더 솔직한 고백일 것이다. 그 다음날 내가 퇴근해서 화장실에서 세수를 하고 있는데 아들이 제 엄마에게 이렇게 말하는 소리가 들렸다.

"엄마, 난 이 집에서 어떨 땐 꼭 고아 같은 느낌이 들어."

"아니, 왜?"

아내가 시큰둥하며 되물었다. 그러자 아들이

"내가 여기 아프다고 몇 번이나 말했는데도 왜 아무도 관심을 보이지 않아? 나, 이 집 아들 맞아?"

그 소리를 듣고 찔끔한 난 아내를 몰래 불러서 내일 꼭 병원에 데려가 보라고 말했다. 아내 역시 직장을 다니느라 나보다 더 시간이 없었지만, 그즈음 난 너무 지쳐 있었고 바빴기 때문이다.

그리고 그 다음 날 퇴근해서 아내가 한 말을 듣고는 얼마나 마음이 아팠는지 모른다. 의사의 말이 아들이 주저앉으면서 척추 꼬리뼈가 골절이 되어 안으로 밀려들어갔다는 것이다. '굉장히 아팠을 텐데 이때까지 어떻게 참았느냐'고 의사가 말했다는 소리를 듣고는 아들에게 정말 미안한 마음이 들었다.

사랑이란 단순히 마음속에서 느껴지는 감정의 변화가 아니다. 충동적인 느낌을 사랑으로 생각하는 것은 어리석은 짓이다. 그리고 사랑하는 사람의 아픔에 민감하게 반응하지 않는 사랑은 이기적인 사랑이다. 사랑이 이기적이되면 그보다 흉물스러운 것이 없다. 왜냐하면 사랑하는 대상을 사랑이라는 이름으로 조종하게 되고 학대하기 때문이다.

아비 된 나의 가장 큰 약점은 바로 아빠를 필요로 하는 상황에서 아들의 아픔보다도 자신의 잡무들을 더 중요하게 여기는 것임을 난 고백하지 않을 수 없다. 난 언제나 일이 중요했고, 나 자신이 중요했다. 내가 하는 일이나 나 자신이 방해받으면 때로는 폭군처럼 굴었던 것도 사실이다.

부끄러운 고백이지만, 난 너무나도 이기적이었다. 아들의 아픔에 대해 나는 너무나 무정했다. 좀더 정확히 표현하자면 아들의 아픔 정도는 나에게 관심이 없었다고 하는 게 옳을지도 모른다. 남들에게는 내가 호의적이고 신사적이었는지는 모르지만, 적어도 우리 가정에서는, 특히 아들에게는 난 너무나 이기적이었다.

사랑을 받아본 적이 없는 사람은 사랑을 표현하며 사는 것이 어렵다는 평범한 진리가 내 안에서 날마다 각인 되고 있었지만, 난 그것을 미처 알아차리지 못했다. 난 아들을 사랑한다는 것을 어떻게 표현해야 하는지를 솔직히 모르고 있었던 아비이다. 이 땅의 많은 아비들처럼.

신문에서 뉴스를 읽은 적이 있다. 9.11 폭탄 테러 이후, 미국 사회에 일어난 가장 큰 변화는 가족 중심으로 의식이 바뀌어 가고 있다는 것이었다. 최악의 비극을 겪고서 극단적인 상황에 처하고 나니까, 그래도 남는 것은 가족뿐이라는 것을 뼈저리게 느끼게 되었다는 것이다.

가족의 사랑이란 그토록 비싼 대가를 지불하고서라도 배울만한 가치가 있는 것임을 난 그 기사를 보고 깨달았다. 내가 이 세상을 떠나고 나면 결국 남는 것은 아들이 아니겠는가? 그 아들의 삶 속에서 나는 계속 이 세상을 사는 것일텐데, 내가 어찌 아들을 그토록 소홀히 생각했었는가 하는 후회가 밀려 들었다.

(3)

아들은 성격이 몹시 낙천적이고 긍정적이다. 그런데 그것이 지나쳐서 언제나 탈이었다. 아들은 늘 사람들 앞에서 특별한 행동이나, 몸짓을 하거나, 우스운 소리를 해서 주의를 끄는 것을 좋아했다. 난 그게 너무 싫었다.

아들이 사람들을 웃김으로서 자신의 존재를 인정받으려 하는 것을 내가 그렇게 싫어했던 이유는 바로 나의 영혼 깊이 감추어진 나의 상처가 아직 아물지 않은 아픔 때문이었는지 모른다. 그래서 난 아들이 그렇게 행동할수록 아들을 비하하거나 무시함으로써 아들에 대한 내 마음을 의도적으로 감추곤 했다.

인간은 스스로를 존중할 줄 모르면 늘 남에게 인정을 받고자 한다. 남에게 인정을 받음으로써 자기의 열등감을 감추려고 무리한 노력들을 하게 된다. 결국 남이 인정해주고 보아주는 것이 자기의 가치 기준이 되어버리는 것이다. 그러면 결국 진실 된 자기를 잃어버리는 비극을 잉태하게 된다. 자신의 가치와 행복을 스스로 가질 수 없고, 언제나 남에 의해 그것이 결정되기 때문이다. 우리들은 그것을 제대로 인식하지 못한 채 오늘도 가식적인 나에게 스스로 속고 있는지도 모른다.

스스로를 사랑하고 존중할 줄 아는 사람은 결코 남을 인격적으로 비하하거나 함부로 대하지 않는다. 내가 아들을 함부로 대하고, 무시하고 때로는 인격적인 모욕을 주는 말들을 하게 되는 이유는 바로 나 자신에 대한 존중심이 없어서이기 때문이라는 것을 나는 결코 알지 못했다.

나의 잔인함으로 인해 아들이 상처 입고, 그 뿌리 깊은 열등감과 애정 결핍으로 사람들의 비위를 맞추기에 급급하고, 사랑을 구걸하기 위해 늘 눈치를 살피며 살아야 한다면 그게 얼마나 가슴 아픈 비극의 되물림이겠는가? 얼마나 많은 아버지들이 아이들에게 그런 상처를 주는지 알고들이나 있을까?

어릴 적 내 별명은 '구봉서'였다. 그렇게 불린 것은, 코미디언 '구봉서'처럼 얼굴이 주걱턱이어서 윤곽이 닮은 것도 한몫은 했을 것이다. 그러나 그보다는 내가 사람들을 워낙 웃기고 딴청을 많이 피웠기 때문이었다. 그러나 이제 고백하건대 내가 그렇게 사람을 웃기는 데에 몰두하게 된 이유는 그렇게 해서라도 사람들의 관심을 내게 붙들어 두고 싶었기 때문이다. 그렇지 않으면 내가 불안했기 때문이다. 나는 나의 존재를 인정받고 싶었던 내 낮은 자존감의 상처 때문에 남들을 웃기지 않으면 안 되었던 것이다. 그러니 자연히 주의가 너무 산만했던 게 사실이다.

그러나 그런 나의 광기도 중학교 시절을 끝으로 막을 내렸다. 사춘기를 지나면서 나는 나의 존재를 어렴풋하게 인식하기 시작했고, 내성적으로 성격이 변해 갔다. 그러자 나의 그 광기가 갑자기 사라져 버렸다. 나를 아는 주변의 사람들은 갑자기 왜 그렇게 얌전해졌느냐고 놀려대었지만, 사랑에 굶주린 내 안의 나는 여전히 울고 있었다. 아직도 기억나는 사건들 중에 오래도록 나를 따라다니며 걸림돌이 되었던 아픔들도 있다.

내가 초등학교 4학년 때였다. 내가 다른 공부에는 별로 소질이 없었지만, 글쓰는데는 소질이 좀 있었나보다. 학교 백일장에서 우수 작품으로 뽑혀 학교 대표로 도 백일장에 나가게 되었다. 난 나 자신이 얼마나 대견스러웠는지 모른다. 내가 나의 존재를 인정받을 수 있는 방법이 전무하던 시절, 그것은 내 인생의 사막에 피어난 선인장 꽃과 같았다. 60년에 한 번씩만 핀다는 그런 꽃 말이다.

어쩌면 아버지로부터 칭찬을 들을 수도 있고, 아버지가 나를 자랑스럽게 생각하게 만들 수도 있는 기회를 얻은 것이다. 학교에서 집으로 돌아가는 그 시간동안 나는 얼마나 행복했었는지 모른다.

'나도 아버지의 사랑을 받을 수 있다! 나도 아버지의 자랑거리가 될 수 있다! 아버지가 동네에 다니며 자랑할 지도 모른다. 우리 아들이 학교 대표로 나가게 되었다고. 아, 얼마나 꿈같은 현실인가!'

그렇게 한껏 부푼 기대는 마치 마법이 풀린 개구리 왕자와 같이 내 어깨에 날개로 돋아났다.

원고지 값이 30원이었고, 참가비가 30원이었다. 우동 한 그릇이 30원 하던 시절이었으니까, 우동 두 그릇 값이면 나는 행복을 살수가 있었다. 난 학교 대표로 뽑혔다는 스스로의 대견함에 흥분된 목소리로 아버지에게 백일장 대표로 나가게 되었으니 원고지 값과 참가비를 달라고 했다.

그러나 내 부푼 기대는 너무나 간단히, 그리고 너무나 허무하게 깨어져 버렸다.

"니 까짓기 뭐 한다고 돈을 달라케샀노? 싸가지 없는 자슥! 치아라, 마!"

아버지는 그렇게 말하면서 내 엉덩이를 발로 걷어찼다. 학교에서 집으로 오는 그 시간 내내 생각 속에 만들어보았던 모든 화려했던 꿈들은 그 발길질 한 번으로 간단히 날아가 버렸다.

백일장을 나가지 못했던 것은 당연한 일이고 나의 모든 의지의 날개는 순식간에 꺾여 버렸다. 그 부러진 날개 자국은 분노의 근원이 되었고, 시간이 지남에 따라 그 분노는 음모로 바뀌어가고 있었다.

그러나 이상한 일이다. 많은 세월이 지난 지금, 내가 실직하고 새로운 직장을 갖지 못해 이년이나 업자로 있는 동안, 아들이 용돈을 달라고 조르고, 학원비가 늦었다고 짜증을 부리는 것을 보면서 그때의 일이 자꾸 떠올랐다. 그리고 그때 아버지의 마음이 어떤 것이었을까를 생각하게 되었다. 그때 아버지는 아버지대로 힘든 싸움을 싸우고 계신 것이었을까? 아버지는 아버지 방식대로의 삶에 나름대로 충실하셨던 것은 아닐까? 그러나 그게 어떤 것이었던 간에 그것이 내 삶의 한 부분임으로, 난 그 아픔까지도 사랑할 수 있게 되기를 소망하는 것이다. 그럼으로 다시 나의 날개가 돋아날 수 있기 때문이다.

　아버지는 동생들에게는 의외로 자상했다. 동생들이 몸이 약하다고 언제나 먹는 것들을 챙겨주고, 때로는 함께 장난을 치며 노는 것들을 난 몹시도 부러운 마음으로 바라보아야 했다.
　그땐 포도 한 송이가 귀한 시절이었다. 어느 여름 초저녁, 술에 취한 아버지가 포도 한 송이를 가져와선, 바로 밑의 동생과 함께 가게에서 한 알씩 떼어 먹으면서 연신 너털웃음을 웃으셨다. 그 포도의 맛이 너무나 궁금했던 나는 한편으론 동생이 얼마나 부러웠는지 모른다. 난 한마디 말도 못하고 저만큼 떨어져 아버지의 버려지는 껍데기 사랑이라도 받아먹고 싶었다. 그러나 아버지는 그 포도송이의 마지막 한 알까지 다 먹을 동안 내게 눈길 한 번 주지 않았고, 난 속으로 얼마나 외쳤는지 모른다.
　'나도 아버지의 사랑을 그렇게 한 알, 한 알 받아먹고 싶어요!'
　그러나 난 아무런 표현도 하지 못한 채 애써 아버지와 동생을 외면해야 했다. 그때의 내 마음이 포도나무를 바라보며 신포도여서 먹지 못한다고 돌아섰던 여우의 마음이었을까? 어쨌든 그게 내게 하나의 상처로 자리했었나 보다. 난 아직도 포도를 보면 가끔 그때의 일이 생각난다.

　형들에 대한 아버지의 기대는 몹시도 컸었다. 당신이 배우지 못한 모든 한을 형들을 통해서 풀려고 하는 것 같았다. 쌍둥이 형들이 초등학교 4학년 때였던 것으로 기억한다. 그때는 학교에 가방을 가지고 오는 아이들이 별로 없었다. 대개 보자기에 책을 싸서 다녔던 시절이다. 그런데 아버지가 형들을 위해 가방을 사 오셨다. 그것도 진짜 가죽으로 된 가방을! 그 가방으로 공부를 열심히 해서 이 다음에 출세해야 한다는 훈시와 함께 그 가방을 받아든 형들은 까무러치듯 좋아했지만, 난 그 역시 그저 바라만 보아야 했다. '나 같은 건 아무래도 괜찮아' 하는 생각을 어린 마음에도 계속 되새기면서. 난 그 때 초등학교 1학년에 막 입학했지만, 가방이 없었다. 그저 다른 아이들처럼 보자기에 싸서 어깨에 매고 다녔다.

아버지가 가방을 사 가지고 오신 바로 그날, 집안이 또 한번 뒤집어 졌던 것을 기억한다. 그날, 형들은 아버지가 사다주신 가죽 가방들을 믿어지지 않는다는 듯 어루만지고 껴안고 하다가, 친구들에게 자랑하러 간 것이다. 그런데 아마 친구들과 놀다가 시간이 좀 늦었나 보다. 형들이 집에 돌아 왔을 때, 아버지는 대노하셨다. 그리고는 형들이 보는 앞에서 그 새 가방들을, 아직 학교에는 한 번도 가져가 보지도 못한 진짜 가죽가방들을, 가위로 조각조각 오려버렸다. 형들이 공부하지 않고 놀러 간 것에 대한 분노이셨다.

"될성부른 나무는 떡잎부터 다르다켔대이! 공부 안 할 것들한테 이런 기 무신 필요있노!"

"아이고, 와카능교? 그 아까운 것들을! 야들이 잠깐 놀러나간 걸 갖꼬 와 이 야단이고, 내사 못산대이!"

어머니가 울면서 말렸지만 아버지는 막무가내였다. 난 그 모든 광경을 숨죽이고 보면서 어떤 야릇한 흥분을 느꼈었다. 형들은 어떤 반응도 하지 못한 채, 책상으로 가서 앉아 책들을 펴들었다. 그 시절에는 초등학교 4학년만 되면 상급생이라고 해서 입시를 준비해야 했다. 학교에서 야간자습까지 하던 시절이다.

아버지에 대한 두려움은 증오와 분노로 또 한편으로는 권위에 대한 도전으로 내 속에 자리잡아 가고 있었다. 형들은 아버지를 거역한다는 것을 상상도 하지 못했다. 나 역시 아버지가 두려운 것은 마찬가지였다. 하지만, 난 아버지가 싫어하는 일들을 함으로서 아마도 형들과 차별화를 드러내었는지 모른다. 형들은 내가 아버지를 거역할 때마다 정말 신기하다는 듯 나를 바라보았다.

  그러나 내가 그토록 싫어하고 두려워했던 바로 그와 똑같은 모습으로 아들을 대하고 있는 나를 발견하고 얼마나 절망했는지 모른다. 난 그걸 인정하지 않았다. 난 아버지와 다르다고 늘 생각했다. 그러나 내 안엔 어느새 아버지가 고스란히 살아 있었던 것이다.
  '소리지르고, 막무가내로 몰아붙이며, 그리고 무관심한 면까지!'

(4)

  서울로 이사 와서 유치원을 들어가서부터 아들은 계속 말썽을 부리기 시작했다. 아직 말투를 고치지 못한 아들이 놀림감이 되어서 그랬는지 아들은 늘 싸움질에다 유치원 선생들이 잠시 한눈만 팔면 대형 사고를 줄지어 일으켜대었다.
  그날은 내가 후배 녀석에게 과장 진급 기회를 빼앗기고 너무나 화가 나서 일찍 퇴근해 집에 있던 날이었다. 아내는 이웃에 볼일 보러 가고 없었다. 하필이면 그때 유치원 선생에게서 전화가 왔다. 아들이 오늘은 어떤 여자 애를 때려서 얼굴에 손톱자국이 커다랗게 났다는 것이다. 조금 전에 그 애 엄마가 병원에 데려갔다고 했다. 열이 받혀 전화를 끊고 나자 곧이어 아까 말한 그 여자 애의 엄마로부터 전화가 왔다. 자식 교육 좀 잘 시키라고 따지는 그 여자 애 엄마의 전화에 난 거의 폭발할 지경이 되었다.
  아들이 현관에 들어서는 것을 보고 다짜고짜로 현관에 놓여 있던 빗자루를 들고 사정없이 때리기 시작했다. 아픔과 고통으로 뒹굴며 매를 피하려는 아들의 울부짖음과 몸부림을 보면서 나는 소름이 끼쳤다. 나의 분노 저 밑바닥에서 솟구치는 아픔이 나를 엄습했기 때문이다. 내 어린 시절이 고스란히 우리 집 현관바닥에서 꿈틀거리고 있었던 것이다. 그럴수록 나는 더욱 이성을 잃어갔다. 그런 나의 매질은 아내가 돌아올 때까지 계속 되었다.

아내가 들어오는 것을 보며 나는 문을 쾅 닫고는 밖으로 나갔다. 좀처럼 삭지 않는 분노가 화석이 된 내 심장을 열 갈래 쇠스랑이 되어 할퀴고 지나갔다. 그리고 시간이 지남에 따라 그 분노는 서러움으로 바뀌어 갔다.

'아, 이건 아닌데, 내가 원한 건 이게 아닌데...'

그날 밤, 잠든 아들의 허벅지에 맺힌 피멍을 보면서 난 소리 없이 얼마나 울었는지 모른다. 내가 그토록 싫어하던 아버지의 모습이 바로 이런 게 아니었을까? 아들은 아직 어린아이일 뿐인데.

많은 세월이 흘렀지만 아직도 내가 아들을 그토록 무지막지하게 때렸던 일들을 생각하면 마음 한 쪽 구석을 저미는 아픔이 되살아난다.

"니, 보리쌀 한 되 우쨌노?"

내가 초등학교 5학년 때의 어느 가을날이었다. 학교에 갔다가 들어오는 나를 보자마자 어머니가 눈뜬 귀신 코 베어 먹을 소리를 하는 것이었다.

'웬 보리쌀!'

내가 미간을 찌푸리며 눈을 끔벅이자 어머니가 다시 소리쳤다.

"아, 싸전에서 외상으로 보리쌀 한 되 팔아갔다매?"

그야말로 낮잠 자다 애호박에 뒤통수 맞는 소리였다.

"내가 보리쌀을 뭣에 쓰게?"

내가 책 보따리를 허리춤에서 풀어 방에 던지며 퉁명스레 내뱉었다.

"아, 내 말이 그말이라카이! 도대체 보리쌀은 뭣땀시 팔았노? 누구 갔다 줘뻐린노, 으잉? 바른대로 말해라, 으잉? 이제는 보자보자 하니까, 별 짓을 다 한데이, 으잉?"

난 너무나 황당했다. 이게 도대체 웬 시련의 전주곡이란 말인가? 보리쌀이라니!

"내가 보리쌀을 왜 외상으로 가져와? 괜히 생사람 잡고 있네!"

"아이, 그라마 싸전 아줌씨가 없는 일을 지어낸기란 말이가? 이 문디 자슥 누구한테 거짓부렁이고? 바른대로 안 불끼가?"

내가 아무리 보리쌀을 외상으로 팔지 않았다고 해도 어머니는 막무가내였다. 급기야는 가게 안쪽으로 가더니 빗자루 채를 잡으셨다. 난 일단은 이 난국을 피해야겠다는 생각에 바깥으로 튀며 소리쳤다.

"참말로 환장하겄네! 내사 진짜로 보리쌀 팔지 않았다카이!"

"어디 가노? 일루 안 오나! 이너무 자슥아, 일루 온나! 아이고 이 문디야, 일루 안 오나!"

뒤쪽에서 소리 지르는 어머니를 피해 달아나는데 갑자기 코끝이 시큰거렸다. 억울함과 설움이 한꺼번에 치밀어 올랐다. 기적 소리가 울리는 것을 들으며 철길로 갈까 하다가, 싸전에 가서 확인이라도 한 번 해봐야겠다고 생각했다.

그런데 싸전에 가는 발걸음이 쉽지 않았다. 그 싸전 아주머니는 동네에서 욕쟁이로 소문이 날만큼 입이 거칠고 사나와서 우리 동네 친구들이 가장 무서워하는 기피 인물 제 일호였기 때문이다. 딴은 친구들이랑 그 싸전을 오며 가며 쌀을 한 줌씩 서리하는 바람에 그 아주머니가 독기가 오른 것도 사실이었을 것이다.

어쨌든 난, 보리쌀 한 되를 팔아갔다는 정말 기가 막히는 음모를 파헤치기 위해서 그 소굴로 들어가야 하는 것 외에는 방법이 없었다.

'아, 세상을 살다가 이런 일을 겪지 않고 살수는 없을까?'

"아주무이요, 우리 어무이한테 내가 외상으로 보리쌀 한 되 팔아갔다고 그랬심니꺼?"

"그래, 그랬다!"

"내가 언제 외상으로 보리쌀을 팔아갔심니꺼?"

"아이 뭔 신소리고? 접때 팔아 갔잖아!"

"아이고, 어따 쓰게 보리쌀을 팔아가요, 아주무이!"

"그거야 내도 모르제! 너야 워낙 마당발인께 누구 갖다 줬겠지, 뭐!"

"아주무이, 내 참, 미치겠네! 내가 언제 보리쌀을 팔아 갔심니꺼? 아주무이, 지금 참말로 그라는 겁니꺼, 부로 그라는 겁니꺼?"

"씨끄럽다, 이 자슥아! 내가 지금 니캉 장난하게 생깄나? 헛소리 말고 퍼뜩 안 나가나!"

"아니, 아주무이..."

난 너무 억울했다. 난 억울하면 말이 나오지 않는다. 이 아주머니가 뭔가를 착각한 것일까? 아니면 일부러 거짓부렁 하는 것일까? 왜 내게 이런 일이 생긴 것일까? 왜 내가 이런 취급을 받아야 하는가? 왜 내 말을 아무도 믿어주지 않는가? 아, 보리쌀! 그 놈의 보리쌀 한 되!

심각한 문제는 이 사태를 어떻게 해결해야 할지 도대체 방법이 떠오르지 않는다는 것이었다. 집에 들어가면 틀림없이 요절이 날 테고, 어디로 가야 하나.

그때 떠오른 건 나보다 두 살 위인 태호였다. 태호는 나보다 두 살이 위였지만, 친구처럼 함께 어울렸다. 태호는 중학교를 진학하지 못했다. 입학시험에서 떨어졌기 때문이다. 태호의 아버지는 형사였는데 우리 동네에서는 꽤 부자였다. 그래서 행랑방에 자기 혼자 방을 가지고 있었기 때문에 친구들에겐 소중한 아지트였다. 지금 나처럼 갈곳 없는 기러기 신세가 된 패거리들에겐 그보다 더 좋은 안식처가 또 있을까?

"너 나랑, 서울 가자."

저녁을 먹고 나서 방에 들어 온 태호가 소리를 죽이며 그렇게 말하는 것이었다.

"서울?"

내가 놀라서 나도 모르게 큰 소리를 내자, 태호는 내 입을 막으며 방문 쪽으로 쳐다보았다. 바깥에서는 아무런 소리가 들리지 않았다. 태호는 목소리를 낮게 깔며 눈에 힘을 주고 말했다.

"내는 서울 가서 돈을 벌어 올끼다. 돈을 억수로 벌어 갖고 어깨 힘 주고 돌아 올끼다. 니 내캉 같이 안 갈래?"

"서울을 우째 가노?"

"와? 서울 가는 놈 따로 있나? 내는 공부는 싫데이! 서울 가서 돈 버는 기 최곤기라. 돈을!"

"서울이 얼마나 먼데 돈도 없이 우예 가노?"

"아, 뭐 지금 당장 가겠다는기 아이고, 준비를 하자는거 아이가? 니 내 따라 서울 갈래?"

"그게 좀, 그런 걸 우예 당장 대답하노? 생각 좀 해 봐야제."

"짜슥이, 쫄기는. 니 두고 봐라, 우리형은 공부 잘해서 서울 갔지만도, 내는 서울 가서 돈을 왕창 벌어 갖고 우리형도 기죽이고, 중학교 들어갔다고 껍쭉대는 좀팽이들 기를 팍 죽이 놀 끼다."

그날 밤 그러잖아도 보리쌀 때문에 심란한 내 마음은 서울 간다고 큰 소리를 치는 태호 앞에서 기가 팍 죽었다. 서울 가서 돈을 벌어 온다는 태호가 그렇게 부러워 보이고, 자랑스럽게 보이기까지 했다. 게다가 공부를 안 해도 된다니...

그 억울한 보리쌀 사건이 있고 나서 며칠이 지나서였다.

서울 가면 공부하지 않아도 되고, 돈도 벌 수 있다는 태호의 너스레가 내겐 하나의 신기루가 되어 심한 갈증으로 자리잡고 있었다.

'공부를 하지 않아도 돈을 억수로 벌 수 있다니!'

괜히 짜증이 나고 사는 게 너무 힘이 든다는 생각이 들었다. 12살이 느끼는 허무의 무게는 하루쯤 학교를 빼먹기에 충분한 이유로 나를 유혹하고 있었다. 형들은 벌써 학교를 갔고, 부모님도 가게로 이미 나가셨다. 집안에 홀로 남은 나는 괜히 어기적거리며 시간을 죽이고 있었다. 그래도 학교에 가지 않을 수는 없다는 생각에 집을 나섰다.

찬바람에 벌써 떨어진 낙엽들이 신작로 위에서 까불거리고 있었고, 내 발

밑에서도 사각거리는 세월의 주검들이 내 발걸음을 더욱 더디게 만들었다. 거리에는 학교에 가는 아이들이 이미 보이지 않았다. 이제 가도 지각할 것이 뻔했다.

우리 담임 선생님은 아주머니 선생님이다. 말로 하다 안 되면 아이들을 마구 꼬집어대는 분이다. 그래도 성이 차지 않으면 어떤 때는 이빨로 막 깨물기도 했다. 그래서 별명이 '드라큐라'였다. 지금 가면 또 어떤 수난을 당하게 될까? 오늘은 내가 학교를 '사부링'해도 괜찮을 이유들이 자꾸만 생각났다. 나는 결국 학교를 빼 먹고 '불쌍한 내 청춘'을 나 혼자서 사랑하기로 했다.

학교가 파하는 시간에 맞추어서 집에 가면 부모님도 모를 것이고, 내일 학교에 가서는 몸이 너무 아파서 결석했노라고 하면 모든 게 괜찮을 것 같았다. 문제는 몇 시에 학교가 마치는 지 정확히 알 수가 없었다. 아이들이 집에 갈 때 같이 가야할 텐데.

결국 나는 학교에서 멀리 가지 못하고 학교 주변에서 서성거리며 시간을 죽였다. 문방구 앞을 서성이는데 주인 아저씨가, '니는 오늘 학교 안 가나?'라고 물었다. 나는 그냥 못 들은 척 줄지어선 구멍 가게들을 지나 학교 담으로 갔다. 우습게도 학교를 빼먹은 나는 학교를 떠나지 못하고 학교 주변만 맴돌고 있었다. 쉬는 시간이 되어 아이들이 운동장에 나오면 학교 담 옆에 있는 집들 사이의 골목길에 숨었다가 아이들이 수업을 받으러 들어가면 다시 담을 따라 학교를 돌았다. 아마도 그 때 나는 우리 학교를 지키는 인디언 전사가 되고 싶었는지도 모른다.

마지막 수업이 끝난 것을 확인한 나는 아이들이 집에 갈 때 같이 맞추어 가려고 문방구 앞을 왔다 갔다 하다가 우리 반이 줄지어 나오는 것을 보았다. 급한 마음에 문방구 뒤뜰로 들어갔다.

그러나 그때 우리 반 아이들 몇 명이 나를 보고 말았다. 친구들이 내 이름을 불렀고, 어떤 녀석이 '선생님!'하고 외쳤다. 나는 덫에 걸린 생쥐 마냥 문방구 뒤뜰 한쪽 구석에 쪼그리고 앉았다. 불안의 시간은 그리 길지 않았다. 어느새 쫓아온 선생님이 안경너머로 나를 쪼아보고 있었다. 그리고 일순간 내게 달

288   제2부 소설

려들어 내 팔이며, 어깨와 등을 마구 꼬집기 시작하셨다.

과학실로 압송되어간 나는 선생님의 엄청난 엄포에 완전히 얼이 빠질 지경이었다.

"니는 학교 오는기 그렇게 싫으마, 인자 학교 그마 와도 된다이! 니는 인자 퇴학인기라! 니 인생은 끝난기라! 니 같은 거는 양아치가 되가꼬 깡통이나 차고 다녀야 된다카이!"

선생님은 적어도 30분 이상을 한 순간도 쉬지 않고 입에 거품을 물며 내 엉덩이를 때리다가 팔을 꼬집다가 하고 있었다. 그러잖아도 과학실 분위기는 마치 시체 안치실 같은 음침한 분위기가 드는 곳이었는데 나는 숨도 제대로 쉴 수 없는 공포감을 느꼈다. 그 공포감은 선생님이 나를 혼자 두고는 과학실 밖을 나가버렸을 때 최고조에 달했다.

과학실은 커튼이 쳐져 있어서 낮에도 햇볕이 들지 않는 음침함이 공포 분위기를 조성하는데 일조를 가하고 있었다. 아이들이 모두 떠난 학교는 적막하기 이를 데 없었다. 그래서 더 무서웠는지 모른다. 게다가 인체를 해부한 모형들이랑, 여러 가지 동물의 박제들이 금방이라도 살아서 움직이며 내게로 달려 들것만 같았다. 난 과학실에 혼자 있는 게 정말 무서웠다. 때리고 꼬집어도 좋으니까, 선생님이 빨리 오시길 얼마나 기다렸는지 모른다.

'아, 내가 왜 사부링을 했던가!'

내가 공포의 과학실을 벗어난 것은 그리고도 한 참을 지난 후, 장문의 반성문을 선생님의 마음에 들 때까지 고치고 또 고쳐 쓰고 나서였다.

열 두 살 허무함이 선택한 사부링의 대가는 너무나 컸다. 왜냐하면 그것으로 모든 상황이 끝난 게 아니었기 때문이다. 아니 어떤 의미에서는 그때부터가 시작이었다. 부모님이 어떻게 알았는지 내가 학교를 빼먹은 것을 아셨기 때문이다.

친구들과 돌아다니다가 그날도 늦게 집에 들어와 졸음에 지쳐 잠이 들었는데 갑자기 눈앞에서 별들이 번쩍했다. 집에 돌아오신 아버지의 솥뚜껑 같은 손이 내 얼굴을 덮쳤기 때문이다.

"이 문디 자슥아, 니 도대체 뭐가 될라꼬 그라노? 학교는 와 빼 먹었노?"

"시간이 늦어서이까네, 내일하고 그만하소, 마!"

어머니가 옆에서 아버지를 말렸다. 그러면서도 어머니는 계속해서 나무라기 시작했다.

"인간이 도대체, 인구가 어떻게 풀렸는지 모르겠는기라! 와 이래 속을 썩이노? 아부지, 엄마가 누구 때문에 이 고생을 하는데, 니는 도대체 와 그라고 다니노, 으잉?"

"내일 보자, 이너무 자슥, 하라는 공부는 안 하고 도대체 뭐가 될 끼고?"

다행히 다시 불이 꺼졌다. 그와 함께 아버지, 어머니의 잔소리도 잠잠해졌다. 아버지와 어머니는 새벽녘이면 일어나야 하기 때문에 늘 잠이 모자란다. 그 덕분에 이 밤에 내가 이 정도로 무사할 수 있게 된 것은 정말 행운이리라. 그러나 나는 이미 잠이 확 달아나 버렸다. 다시 잠이 들기를 기다렸지만, 정신이 말똥말똥해지기만 했다.

시간이 얼마나 흘렀을까? 아버지의 코고는 소리와 피곤에 찌든 어머니가 잠잘 때 내는 앓는 소리가 귓전에 커다랗게 공명되었다.

내 눈에서 눈물이 흘러 내렸다. 일곱 식구가 다 함께 자는 방안에서 내 마음이 숨을 곳은 없었다. 까닭 없이 솟구치는 눈물의 의미를 나도 정확히 알 수는 없었다. 서러움일까? 아니면 아버지, 어머니에 대한 미안함일까? 그것도 아니면 두려움일까? 나는 손으로 연신 눈물을 훔치며 이 밤이 영원히 깨지 말았으면 하고 캄캄한 천장만 쳐다보고 있었다.

그날 밤 난, 내가 우리 집 같은데 말고 태호네 집 같은데 태어났으면 얼마나 좋을까 하고 생각하고 또 했다. 모든 가족들이 잠들고 밤이 깊어져 가는데도 나는 잠들지 못했다. 흘러내린 눈물이 베개를 적셔가고 있었지만, 이젠 개의치 않고 가만히 누워서 생각 속의 내 공간을 만들고 있었다.

다시 잠을 깬 것은 누군가가 거칠게 흔들어대었기 때문이다. 아버지였다. 형들은 이미 일어나 학교 갈 준비를 하고 있었다.

"무슨 큰일했다고 늦잠이고 늦잠이, 안 일어나나!"

난 기지개도 제대로 켜지 못하고 용수철처럼 튀어 올랐다.

"니는 오늘부터 학교 갈 필요 없다. 학교가 그렇게 가기 싫고 니 마음대로 세상을 살고 싶으이까네, 인자부터 그래삐라!"

그리고 아버지는 내 손을 노끈으로 묶고는 그 끝을 장롱 다리에다가 묶었다.

"학생이 공부도 싫고 학교도 싫으마 먹지도 말아야 되는 기라."

그리고는 내 두 다리도 하나로 묶었다. 그리고 그 끝 부분도 장롱의 다른 다리에 묶었다. 나는 영락없이 포획된 산돼지 꼴이었다. 아침 식사를 하면서 내 쪽으로 힐끔거리며 눈길을 주던 형들과 동생들이 학교로 가고, 뒤이어서 엄마도 가게로 갔다. 아버지와 나만 집에 남은 것이다.

"니는 인자부터 먹지도 말고, 학교도 가지 말고, 여기서 죽을 때까지 가마이 있어야 되는 기라. 알겠나!"

나는 정말 아버지가 나를 혼자 두고 가지는 않을 거라고 생각했다. 이렇게 겁만 주다가 밥 먹고 학교 가라고 할거라고 생각했다. 아니, 그렇게 되기를 소망한 것인지도 모른다.

그러나 아버지가 진짜로 방문을 닫고 나가더니 밖에서 자물통을 채우고 사라져갈 때는 정말 말할 수 없는 절망감이 엄습했다. 세상 천지에 나 혼자만 외따로 떨어진 철저히 버려진 느낌이 들었다. 아버지가 다시 돌아와서 나를 풀어주기를 기다렸다. 그러나 그것은 나의 바람일 뿐이었다. 한 시간이 지나고, 두 시간이 지나도 아버지는 돌아오지 않았다. 배에서는 쪼르륵거리는 소리가 났다. 그때서야 내가 어제 저녁부터 굶었다는 것이 생각이 났다. 어제 저녁도 아버지, 엄마를 피해 다니느라 밥을 먹을 수가 없었던 것이다.

'이 집에 있으면 내가 정말 이렇게 죽을지도 몰라. 이 집에서 탈출해야 된다!'

그런 생각이 든 것은 바로 그 때였다. 나는 필사적으로 이빨로 노끈을 물어뜯기 시작했다. 금방이라도 아버지가 들이닥칠까봐 초조함 속에 몸이 부르르 떨렸다. 조금 전 까지만 해도 아버지가 돌아와 주기를 기다렸지만, 이제는 아버지가 돌아오시면 정말 맞아죽을 지도 모른다는 두려움이 들기 시작했다. 아버지의 의도가 무엇인지를 제대로 이해하기엔 난 아직 너무나 어렸다. 더군다나 아버지의 감추어진 사랑을 깨닫기엔 내 현실적인 두려움이 너무나 컸고, 가까이 있었기 때문이었다.

가까스로 손에 묶인 끈을 풀고 나자 나머지는 금방 풀어졌다. 생각보다 끈은 느슨히 묶여져 있었다. 나는 베개를 들고 자물쇠가 잠겨진 장롱 앞에 섰다. 그 안에다가 어머니가 곗돈을 모아두는 것을 알고 있었기 때문이었다. 장롱의 한 쪽 문은 거울로 되어 있었다. 나는 베개로 장롱의 거울 문을 힘껏 내리쳤다.

'와장창!'

거울 문이 깨어지는 소리와 함께 거울은 날카로운 파편들로 쪼개어져 덜렁거렸다. 떨리는 손으로 그 조각들을 뽑아내고 손이 들어갈 수 있는 공간을 만들었다. 어머니가 모아 둔 돈을 찾는 것은 어렵지가 않았다.

'이 만원!'

웬만한 회사원들의 반 달치 월급에 해당되는 돈이었다. 내 입장에서는 난생 처음 만져보는 거금이었다. 순간적으로 이걸 다 가져가야 하나 망설여졌다. 그 돈으로 엄마가 곗돈을 부어야 한다는 것을 알았기 때문이다.

그러나 내가 이 집을 영원히 떠난다는 데 생각이 미치자, 주저 없이 손을 내밀어 돈을 움켜잡았다. 그런데 다음 문제가 남아 있었다. 방문이 밖에서 잠겨 있었기 때문이었다. 호주머니에 돈을 구겨 넣고는 머리를 굴리기 시작했다. 어떻게 여길 나갈 수 있을까?

우리 집 방문은 창호지가 발라진 미닫이 문이었다. 한쪽 문은 대못이 박혀 고정되어 있었고, 한쪽 문을 자물통으로 잠그고 다녔었다. 난 자물통 잠긴 문을 잡고 힘을 다해 위로 밀어 보았다. 방문 아래쪽이 쑥 빠지며 문이 기울어지며 틈이 생겼다. 내가 간신히 빠져나갈 정도가 되었다.

간신히 대청마루로 나왔는데 또 다른 난관이 기다리고 있었다. 신발을 찾을 수가 없었다. 아버지가 가게로 가시면서 내 신발을 감추어 버리신 것이다. 그 때 주인집 대청 마루 밑에 놓여진 주인 아저씨의 장화가 눈에 띄었다. 급한 마음에 그것을 신고 가기로 했다.

덫에서 벗어난 자유로움으로 제일 먼저 간 곳은 역 광장이었다.

역 광장은 우리 또래의 아이들이 언제나 가고 싶어하는 곳이었다. 그곳에는 일제시대 때 지어진 붉은 벽돌로 된 상공회의소 건물이 있었는데, 그 안의 진열대에는 우리들이 정말 갖고 싶어하는 학용품이나 장난감, 운동기구들 말고도 신기한 물건들이 진열되어 있어서 우리들이 자주 놀러 가는 곳이었다. 그리고 비둘기 떼가 사람들과 함께 어울리는 곳이어서 그것도 또한 재미를 더해주었다.

그러나 역 광장에서 우리들의 시선을 가장 사로잡았던 것은, 바로 미제 껌과 초콜릿을 파는 좌판들이었다. 평소의 우리들에게 미제 껌은 상상도 할 수 없는 귀한 것이었다. 미제 껌 종이만 구해도 동네 친구들과 '껌 종이 따먹기'를 할 때 한껏 어깨에 힘을 줄 수가 있을 정도였다. 미제 껌 종이를 주우려고 역 광장을 친구들과 여러 번 드나들기도 했었다.

난 맨 먼저 미제 껌을 두 통이나 샀다. 그리고 광장 한 쪽 편에 세워진 시계탑 밑의 돌덩이에 주저앉아 껌을 까먹기 시작했다. 그 달콤하고 쫄깃함은 가히 환상적이었다. 그게 내가 맛 본 최초의 미제 껌 맛이었으니까 그 감미로움이 얼마나 깊었겠는가? 한 가지 아쉬운 것은 지금 이 귀한 것들을 자랑할 친구들이 아무도 없다는 점이었다. 입안에서 단물이 빠지면 다시 껌을 까 넣어 껌 한 통을 한 입에 넣고는 어기적어기적 씹었다. 턱이 얼얼하긴 했지만 행복했다.

껌 종이들을 곱게 다시 접어 호주머니에 넣은 나는 시간이 무료해졌다. 다시 배가 몹시 고파졌다. 카스테라를 샀다. 카스테라도 소풍을 가거나, 운동회 같은 특별한 날이 아니면 구경할 수 없는 것들이다. 그러나 오늘 나는 내 인생의 주인이 된 것이다. 나는 돈이 있었고, 게다가 누구의 간섭도 없는 무한한 자유가 있지 않은가!

이제 무엇을 할 것인가를 생각하다가 떠올린 것이 태호였다.

'니 내캉 서울갈래? 서울 가서 돈을 억수로 버는 기라!'

사실은 집을 도망쳐야 한다고 생각한 그 순간부터 태호의 그 말이 내 마음 속에 있었다. 그런데 지금 난 그 꿈을 실현할 수 있는 절호의 기회를 잡은 것이다.

'그래, 서울로 가는 기라! 서울만 가모 엄청난 돈을 벌 끼라. 까짓 거, 돈만 왕창 벌고 나마 누가 나보고 뭐라고 그럴끼고?'

그러나 혼자선 갈 수가 없다고 생각했다.

'태호랑 같이 가자. 태호가 그렇게 서울을 가고 싶어했으니까. 그리고 내가 돈까지 가지고 가면 태호가 얼마나 기뻐할까?'

그러나 지금 당장은 태호에게 갈 수가 없었다. 태호가 재수하느라 학원을 다니고 있기 때문이기도 했지만, 그보다는 밝은 대낮에 동네를 어슬렁거리는 것은 독이 오른 아버지를 만나게 될 위험이 너무 높았기 때문이다.

나는 밤이 될 때까지 기다리기로 했다. 그때까지 시간을 죽이는 게 문제였다. 그래서 극장을 가기로 했다. 역 광장 건너편이 바로 시내의 중심가여서 극장이 여러 개가 있었다.

나는 영화 보는 것을 좋아했다. 우리 동네에도 극장이 두 군데나 있었다. 그러나 돈이 없으니 갈 수가 없었다. 엄마의 돈 통에서 조금씩 돈을 꺼내어 모아 두었다가 가거나, 아니면 어른들이 극장에 들어갈 때 '나 좀 데리고 가 주세요'라고 부탁을 해서 따라 가거나 해야 했다. 부끄러운 고백이지만, 극장 담을 넘다가 잡혀서 혼쭐난 적도 있다.

그날은 친구들과 '빨간마후라'란 전쟁 영화를 보러 가기로 했다. 난 그 영화를 이미 보았지만 다시 볼 수야 있다면 얼마든지 사양할 일이 아니었다. 친구 한 명이 극장 담을 넘기에 좋은 집을 알아두었다는 것이다. 그 집은 극장과 담을 함께 하고 있는 양철지붕 집이었다. 현장을 미리 봐두었다는 친구는 그 집 앞에서 어떻게 담을 넘을 지를 설명해 주었다. 우리는 마치 이미 극장 안에 들어온 것처럼 들떠서 까불거렸다. 친구의 말대로라면 정말 식은 죽 먹기였기 때문이다.

그러나 첫 번째 친구가 그 집 담을 올라서서 지붕으로 올라가기도 전에 뒤에서 굵직한 음성이 들리며 천장의 불이 켜졌다. 우린 모두 그 자리에서 얼어붙었다. 얼굴을 보니까, 안면이 있는 동네 건달이었다. 하필이면 그 집이 그 건달의 집이었다니!

"모두 일렬로 서!"

그 건달은 눈에 살기를 띄고서, 입가에는 먹이감을 앞에 두고 군침을 흘리는 맹수처럼 야릇한 웃음을 머금고 있었다. 난 그의 그 비릿한 웃음에 완전히 질려서 덜덜 떨고 있었다.

"이것들, 동작 봐라! 빨리 못하제?"

우리는 정말 잘 훈련된 군대처럼 움직이기 시작했다.

'엎드려뻗쳐, 원산폭격, 좌로 굴러, 우로 굴러...'

한동안 기합이 이어졌다. 그리고는 한 명씩 앞으로 불려 나갔다.

"어금니 꽉 물어라이!"

건달은 그 큼직한 주먹으로 우리들의 '아구통'을 사정없이 갈겨 버렸다. 난 그의 주먹 한 방에 완전히 뒤로 나가 떨어졌다. 머리가 멍하니 정신이 하나도 없었고 멀미가 났다.

"똑바로 안 서!?"

난 그가 제발 주먹만은 멈추길 바랐지만, 그의 주먹질은 계속되었다. 그날 담을 넘어 공짜 영화 구경을 시켜 주겠다고 떠 벌이던 친구를 마음속으로 얼마나 원망하고 미워했는지 모른다.

'병신 같은 자식, 하필이면 이런 건달 집을 고르다니!'

하지만 오늘은 당당히 극장 표를 사서 들어갈 수가 있다. 입장료 30원은 지금 내겐 정말 껌 값에 불과했으니까. 극장 안은 이른 시간이라 사람이 겨우 서너 명뿐이었다. 아직 첫 프로도 상영되지 않았던 것이다.

영화를 보고 나와도 아직 한나절이었다. 극장을 나와 나는 버스를 탔다. 우

발을 씻는 빌라도

리들이 역 광장보다 더 가고 싶어하는 곳은 바로 달성공원이었다. 그 곳에는 동물원과 놀이기구가 있었기 때문이다. 그곳은 정말 일년에 한번도 가기 어려운 곳이었다. 난 그곳에서 시간을 죽이기로 했다. '빨리 저녁이 되어서 태호를 만나 서울로 가야지' 생각을 하면 괜히 마음이 설레었다. 버스에서 내려 공원으로 가는 길에, 길가에서 잡화상 노점을 하는 아저씨한테서 만년필을 샀다.

'만년필!'

형들이 쓰고 있는 만년필을 볼 때마다, 얼마나 한 번 쓰고 싶었는지 모른다. 그러나 그걸 함부로 손댈 수가 없었다. 만년필 가격이 이천 원이나 했지만, 기꺼운 마음으로 샀다. 내 발에 너무 큰 장화가 걸을 때마다 털거덕거려 불편했고, 마른날 장화를 신은 나를 사람들이 힐끗 쳐다보기도 했지만, 만년필을 가슴에 꽂고 나자 세상 부러울 게 없었다. 공원의 아름드리 나무들은 이미 완연하게 겨울 준비를 끝내고 있었다. 공원 가운데 자리한 잔디밭도 황금빛으로 바뀌어 가고 있었다.

"태호야, 우리 서울 가자! 내사 서울 갈라꼬 집 나왔다 아이가!"

태호가 대문 밖으로 나오자마자, 일전에 나보고 서울 가자고 했을 때 자신 있게 대답하지 못한 것에 대한 미안함을 떨치려는 듯, 난 의기 양양하게 말했다. 그런데 태호의 반응이 시큰둥했다. 아마도 돈이 없어서 그런가보다 생각한 나는 호주머니에서 돈을 꺼내 들었다.

"나 돈도 있데이. 이만 원이나 있었는데, 쪼께 썼지만도 아직도 마이 있다."

그 소리에 귀가 솔깃해졌는지 태호가 정말이냐고 물었다.

"하모, 참말이제. 여기 있잖아!"

"그래도 그렇지…"

태호는 돈을 보고도 그렇게 반가워하는 기색이 아니었다.

"일단은 들어 온나."

태호는 나더러 자기 방에 들어오라고 했다. 썩 내키지는 않았지만, 달리 갈

곳도 없고 쌀쌀한 밤바람을 막아내기엔 내 옷은 너무 빈약했기에 태호 방으로 따라 들어갔다.

"그래도 그렇지, 집을 나오마 우짜노? 너거 엄마가 막 울면서 니 찾아 왔었데이."

"엄마가?"

"그래, 너거 형들하고 같이 왔다 갔다 아이가."

난 어머니가 울면서 나를 찾으러 왔었다는 소리에 기가 죽었다. 그래도 지금은 서울을 가는 문제가 더 중요했다. 서울 가서 돈만 많이 벌면 어머니도 좋아하실 것 같았다.

"니 전에 나보고 서울 가자고 그랬잖아? 우리 서울 가자! 서울 가서 니 말대로 돈을 억수로 한 번 벌어보자!"

그래도 태호는 말없이 한동안 나만 쳐다보았다. 그러더니 어이없게도 한다는 소리가,

"그때는 내가 괜히 한 번 그래 본거 아이가. 니 참말로 내 말을 믿었더나?"

"야, 태호야, 니 지금..."

순간 배신감과 함께 너무나 허탈한 마음이 밀려들었다.

'이런 싸가지 없는 자슥이 있나? 지금 농담할 때가 아인디!'

'아구통'을 한 방 날려 주고 싶었지만, 그렇다고 지금 내 입장에서 그럴 수는 없었다.

"야, 서울 안 가도 여기서도 잘 지내마 안 되겠나. 마! 우리 만화나 빌려보자. 니 돈 있제?"

만화나 빌려보자는 녀석의 말에 난 기분이 풀려 버렸다.

'그래, 꼭 서울을 가지 않아도 여기서도 멋있게 지낼 수 있으면 되지, 뭐. 돈도 있는데.'

그날 밤, 태호가 빌려온 만화를 보며 꼴딱 밤을 새운 나는 이른 아침에 태호네 집을 나와 '본부'로 갔다. '본부'란 우리 동네에서 다른 곳으로 이전하고 비어 있던 유리 공장 한 쪽 편에 빈 박스와 판자로 만들어 둔 우리들의 '비밀 아

지트'였다. 형들이 그곳을 알고 있는 것이 마음에 걸리긴 했지만, 어제 벌써 다 뒤졌을 것이고 아침에 형들은 학교를 갈 것이 분명했다. 난 그 '본부'로 가서 잠을 청했다. 날씨가 쌀쌀했지만, 박스를 깔고 덮고 해서 그럭저럭 잘만했다. 이틀 째 잠을 제대로 자지 못했던 나는 곧 곤한 잠에 빠져들었다.

내가 추위에 떨다가 다시 눈을 떴을 땐, 이미 오후가 되어 있었다. 목이 마르고, 몹시 배가 고팠다. 자장면을 사먹고, 다시 역 광장으로 가서 시간을 죽이다가 극장엘 갔다. 시간을 죽이는데 극장이 그만이기도 했지만 날씨가 추웠기 때문이다.

그런데 영화에 한창 정신이 팔려 있을 때였다. 외팔이 주인공이 복수를 하기 위해 부러진 칼을 등에 꽂고 길을 떠나는 장면인데, 누가 내 어깨를 툭 쳤다. 올려다보니, 형이었다.

형들은 내가 영화를 좋아하니까, 분명히 극장엘 갔을 것이라고 생각하고 극장을 차례로 뒤지고 있었던 것이다.

의외로 형들은 평소와는 달리 내게 따뜻하게 대해주었고, 내가 집을 나간 것에 대해 아무 말도 하지 않았다. 그게 내겐 몹시 어색했다. 형들의 마음은 집행을 앞둔 사형수를 보내는 간수의 심정이었을까? 내가 어떤 벌을 아버지로부터 받게 될지 모르는 상황에서 베푸는 마지막 호의였는지도 모른다. 극장 밖은 벌써 땅거미가 지고 있었다.

우리 동네까지 차를 타지 않고 걸어가면서 형들은 한마디도 말하지 않았다. 동네에 도착했을 때는 완전히 해가졌다. 형들은 나를 집으로도 데려가지 않고, 아버지가 있는 가게로도 데려가지 않았다. 그 대신 우리 가게랑 옆으로 붙어 있는 헌 책방으로 데려 갔다. 나중에 안 일이지만, 그것은 어머니의 부탁 때문이었다. 어머니는 내가 어떻게 하면 아버지에게 혼이 덜 나고 이 사태를 마무리할까 고심하고 있었던 것이다. 어머니 생각에는 시간을 가지고 아버지 마음을 좀 풀어 보려고 하신 모양이었다.

책방 아저씨가 나를 보더니, 씩 웃으면서 머리를 쓰다듬었다. 그리고는 아무 말도 하지 않았다. 형들은 나를 그곳에 데려다 놓고 가게로 갔다. 아마 어머니에게 내가 왔다는 것을 알리러 간 것일 것이다. 느낌으로 아버지가 지금 가게에 계시는 것을 알 수 있었다. 그렇지 않으면 어머니가 금방 달려왔을 텐데, 어머니는 바로 옆집에 있는 나에게로 금방 오지 못하셨다.

나 혼자 책방 아저씨네 방에 앉아 있자니, 현실적인 문제가 서서히 느껴지기 시작했다. 그리고 내가 저지른 일들이 무엇을 의미하는 지가 조금씩 깨달아지며 목을 조여왔다.

'아, 서울로 갔어야하는데! 이렇게 돌아올 일이 아닌데! 이렇게 막을 내리기엔 너무 아쉬운 결단이 아니었던가?'

뒤이어서 아버지를 만날 생각을 하니까, 온 몸에 힘이 쫙 빠졌다. 그런 생각에 젖어 있는데 어머니가 바깥 눈치를 보면서 들어오셨다. 아마도 아버지 눈치를 보는 것이리라. 어머니는 나를 보더니 아무 말도 하지 않고 그냥 나를 끌어안고 소리 없이 눈물을 흘리셨다. 어머니가 우는 것을 보니까, 괜히 나도 눈물이 났다. 그리고 어머니의 눈물은 곧이어 닥칠 내 고난에 대한 현실감을 더욱 느끼게 해 주었다.

"잘 왔데이, 몸은 괜찮나?"

어머니는 그렇게 말하며 내 얼굴을 쓰다듬으며 내 눈물을 닦아주었다.

"어무이, 내가 잘못했심더."

난 평소에는 어머니를 '엄마'라고 부르며 말을 놓다가도, 내가 뭔가를 잘못했을 때는 꼭 '어무이'라고 부르며 말을 높였다.

"괜찮다. 니만 건강하마 된기라. 걱정하지 말고 형들이랑 집에 가 있거라. 아부지한테 무조건 잘못했다고 빌어라. 다시는 안 그런다고 빌어야 되는 기라, 이 자슥아."

그리고는 어머니는 앞치마로 코를 훔쳤다.

아버지는 나를 팬티만 입히고 옷을 홀라당 벗겼다. 그리고는 내 손을 뒤로 하여 노끈으로 묶었다. 나는 벌써 겁에 질려 '아부지 잘못했심더, 한 번만 용서해 주이소'를 연발하며 엉엉 울고 있었다. 아버지가 매 한대 대지 않았지만, 난 벌써 초죽음이 되어 있었다. 아버지는 나를 무릎 꿇려 놓고 말씀하셨다. 그러나 예전처럼 소리를 지르는 것이 아니라, 아주 목소리를 낮게 깔고 말씀하셨다. 난 그게 더 무서웠다.

"인간이라카모 부끄러운 걸 알아야 되는 기라. 잘못한 걸 반성하라고 그랬더이, 니 하는 꼬락서니가 도대체 인간이 아인기라. 인간이 아이모 인간으로 대접받을 수가 없는 기라."

그러더니, 아버지는 뭔가를 싼 신문지 뭉치를 끄집어 내셨다. 그 안에는 한약방에서 찜질할 때 쓰는 마른 쑥이 들어 있었다. 그걸 내 허벅지 위에 여러 개를 올려놓고 하나씩 불을 붙여나가기 시작했다. 그걸 보고 있던 형들이 울면서 아버지 팔에 매달렸다.

"아부지, 한 번만 용서해 주이소. 지도 인제 안 깨달았겠심니꺼, 예?"

난 그때 뼈저리게 느꼈다. 누가 그랬던가, '형 만한 아우 없다고.' 그 말은 진리였다. 중학교 2학년이던 형들은 정말 속이 깊었다. 지금도 그 형들의 그늘은 너무 넓고 크다는 것을 난 느낀다. 형들이 매달리자,

"비키라! 마, 내 오늘은 이놈의 자슥 인간 만들고 말끼다!"

아버지의 위세에 형들은 무릎걸음으로 뒤로 물러나 울면서 '아부지, 한 번만 용서해주이소.'를 계속 하고 있었다. 그 때만큼 형들이 고맙게 여겨진 적은 없었다. 형들을 얼마나 속으로 미워하고 질투했던가!

아버지가 불을 붙인 쑥들은 연기를 내며 타들어 가기 시작했다. 내 허벅지에는 아직 별로 느낌이 없었지만, 그 분위기만으로도 난 기절할 지경이었다. 나의 울음소리는 점점 커져서 야수의 부르짖음으로 변해 있었다.

바로 그때였다! 방문이 확 열렸다. 그 절묘한 타이밍에 옆 동네에 살고 있던 이모가 문을 열고 들어온 것이다. 천사가 있다면 바로 이모가 하나님이 보낸 천사일 것이다. 나중에 안 일이지만, 이모 역시 어머니의 부탁을 받고 온 것이었다.

"아이, 형부 뭐 하능교? 이기 무신 짓이고, 세상에! 아를 갖다가 홀라당 벗겨 놓고, 와 이카노, 참말로!"

이모는 방문을 들어서면서 팔을 휘저어 대었다.

"처제는 가만 있으소. 내 새끼 아인교!"

"아이고, 뭐라 카노, 아를 잡을 일 있나! 형부, 그만하소. 그만하마 됐구마! 지도 그만하마 안 알아 들었겠능교."

이모는 아버지를 밀어내며 내 무릎 앞을 가로막고 앉았다. 놀랍게도 아버지는 이모에게 못 이기는 척 뒤로 물러 나 앉으시며 헛기침만 해 대었다. 이모는 내 무릎에 놓인 불붙은 쑥들을 들어내며 눈물을 훔쳤다.

"아이고, 이 자슥아! 너거 아부지, 엄마 속 좀 그만 썩히라이. 아이고 참말로 조금만 늦어시마, 아 잡을 뻔했다 아이가!"

내 손에 묶인 노끈을 풀고는 내가 옷을 입는 것을 도와주는 이모는 정말 하나님이 보내 준 천사였다. 이모는 내가 밥도 못 먹었을 거라며 찹쌀떡을 열 개나 사 오셨다. 우리 가문에 전설로 남은 나의 '가출기'는 의외로 그렇게 싱겁게 끝이 났다.

그러나 그 사건은 잃은 것만 있는 게 아니었다. 난 그 사건을 통해 희미하게나마 사랑에 눈뜨게 되었다. 미처 내가 발견하지 못했던 감추어진 너무 많은 사랑들. 그 사랑들을 한꺼번에 다 깨달은 것은 아니지만, 그것을 알아 가는 소중한 계기가 된 것이었다. 그때나 지금이나 아이들은 사랑을 먹고 자라는 생명나무들이다.

(5)

나는 억울한 것을 못 참는다. 그런 면에서 아들은 나를 너무나 빼 닮았다. 너무 나를 닮았기 때문에 내가 아들을 더 힘들어하는지도 모른다. 그건 사실 우스운 짓이라는 것을 나도 알고 있다. 내 아들이 나를 닮은 것은 너무도 당연한데 왜 그것이 때로는 너무 견디기가 힘들까? 그 닮음 속에 나의 아픔이 그대로 남아 있기 때문이 아닐까?

아들이 중학교 이 학년이던 때였다.

그날은 아들이 가을 운동회를 한 날이었다. 아내와 함께 이사할 집을 찾느라고 차를 타고 다니는 중에 아내의 핸드폰이 울렸다. 아들의 학교 담임 선생이었다. 대화를 나누는 걸로 봐서는 또 뭔가 사고를 친 게 분명했다. 순간적으로 얼굴에 경련이 일며 두통이 밀려왔다.

'도대체 뭐가 잘못된 것일까? 가난하게 살았던 내 어린 시절을 생각하며 아들에게 아낌없이 희생했다고 스스로 늘 생각했는데, 도대체 뭐가 부족해서 아들은 늘 말썽을 부리는 것일까?'

그러나 포기할 수 없는 절망이 바로 자식에 대한 절망이 아니겠는가? 아내가 학교로 찾아가겠다고 하며 전화를 끊었다.

"또 무슨 일이야?"

"당신, 무조건 화만 내지 말고 아이에게 좀 따뜻하게 대해주세요. 우리 아이 잖아요? 우리가 품어야죠."

"아, 글쎄 또 무슨 사고를 쳤냐니깐!?"

"그렇게 화부터 내면 어떻게 해요."

담임선생에게서 나중에 들은 얘기지만, 아들의 단짝 친구 하나가 감기가 들어 콧물이 자꾸 나니까 그걸 닦느라고 휴지를 호주머니에 넣어 다니는 것을 보고 아이들이 '생리대'라고 놀린 것이다. 그렇게 시작된 말장난이 남자가 생리를 한다고 약을 올렸다.

그런데 그때 옆에 서 있던 아들이 친구들의 놀리는 소리를 듣고 재미있다고 크게 웃었다. 옛말에 때리는 남편보다 말리는 시어미가 더 밉다고, 아들의 단짝 친구는 아들만큼은 자신의 친구라고 생각했었는데 아들이 웃으니까, 일종의 배신감을 느낀 것이다. 그래서 자신을 놀리던 아이들에겐 화풀이를 못하고 아들에게 달려들어 주먹을 날렸다.

아들은 나를 닮아서 억울한 것을 정말 참지 못한다. 아들의 생각은 자신이 놀리지도 않았는데 정작 놀린 아이들은 그냥 두고 자신을 때리니까 화가 나서 달려들었고, 둘이서 싸움이 된 것이다.

거기까진 이해할 수 있는데, 옆 반의 선생님이 아이들이 싸우는 것을 보고 말렸다. 그런데도 이 녀석들이 싸움을 그칠 생각은 않고 욕설을 퍼부으며 계속 싸운 것이다. 그러니 그 선생님이 화가 나서 아이들을 발로 차고 때리고 하며 야단을 쳤단다. 아들의 담임 말로는 그 선생님이 평소에는 너무나 점잖은 분이셨는데 오늘 그 일로 인해 동료 교사들이나 아이들에게 상당히 충격적인 모습을 보여서 굉장히 힘들어하고 있다는 것이다. 게다가 아들은 학교에서 친구들을 자꾸 괴롭히고, 수업 시간에 분위기를 너무 흐려 놓는다는 것이었다.

아내는 나와 함께 학교를 가서 담임 선생님을 만나기를 원했다. 나 자신이 예전에 선생이었을 때, 아이들이 사고를 쳐서 학교로 불려온 학부형들을 볼 때, 얼마나 한심하게 생각했었던가. 그런데 지금 내가 아들 때문에 학교로 가야 하다니! 너무나 수치스럽고 부끄러움이 밀려 왔다.

"뭐 자랑 났다고 학교를 가!"

나는 이 모든 상황에서 도망가고 싶은 욕망으로 소리를 버럭 질렀다.

"당신, 그렇게 화만 내지 말고 아들에게 정말 좀 도움이 되어 보세요."

"무슨 소리하는 거야! 아들에게 도움이 되어달라니? 아니, 내가 이만큼 하면 됐지, 도대체 얼마나 더 그 녀석에게 신경을 써야 하는 거야? 당신 말이야, 그 따위로 아이를 키우니까, 이 꼴이잖아! 도대체 여자가 집에서 뭘 하는 거야!!"

"당신, 마치 남의 얘기하듯 하지 마세요. 당신은 자신이 뭐 대단히 좋은 아빠인줄 아나본데, 아이가 얼마나 아빠의 사랑을 목말라하는지 아세요? 아이는 늘 당신에게 배고파해요! 게다가 당신을 얼마나 무서워하는지 알기나 해요? 무슨 일만 생기면 무조건 아빠만 모르게 해달라고 아이가 벌벌 떨고 숨기려고 하니까 문제가 자꾸 심해지잖아요! 당신이 좀더 자상하고 아이가 필요로 하는 사랑을 줘 보세요."

"잘 들 놀고 있다! 어미랑, 아들이랑 하는 꼴들이 꼭 같아! 수준이 꼭 같아! 숨긴다고 해결이 돼! 아들이 아빠에게 모르게 해달란다고 무조건 숨기면 되냐고?"

"당신 보세요. 이렇게 화만 내잖아요. 그러니 아이 문제를 놓고 대화가 되겠어요?"

"시끄러워! 그 녀석이 안 맞아서 그래. 실컷 두들겨 맞아야 정신을 차리지!"

"아니, 당신이 그 애를 좀 때렸어요? 때린다고 달라진 게 뭐가 있어요? 그 애에게 필요한 건 그 애가 원하는 사랑이란 말이에요!"

"그만해! 배부른 소리 그만 하라고! 난 그 녀석 나이 때 어떻게 산 줄 알아? 내 때를 생각하면 그 녀석은 정말 호강이 넘치는 거야! 그런데 도대체 뭐가 불만이야?"

내 목소리는 자꾸 커지고 있었고, 탄력을 받은 기관차처럼 분노의 열기는 한 순간 통제력을 벗어나고 있었다.

"당신은 몰라요! 몰라도 너무 몰라요! 당신 아세요? 당신이 얼마나 당신 아버지를 닮았는지. 당신이 그렇게 싫어하고 미워한 당신 아버지의 모습이 바로 당신이라구요!"

"말이면 다 말인 줄 알아! 좋은 말 할 때 그만해! 아줌마, 일절만 하시지, 그래, 응!!"

난 그렇게 말을 하면서도 마음 한 편으로는 도대체 어떻게 해야 할 지 갈피를 잡지 못하고 있었다.

'정말 혼쭐나게 또 때려야 하는 걸까? 아들이 필요로 하는 사랑이란 게 도대체 뭐란 말인가? 난 나대로 최선을 다하고 있는데, 왜 아내와 아들은 나를 무서워하고 있을까? 중학교 시절, '좋은 아버지가 되는 것'을 장래 희망으로 적어낼 때, 내가 되고자 했던 아버지란 적어도 이런 모습은 아니었지 않을까?'

내 속마음의 진심은 무엇일까?

난 언제부터인지, 아들 때문에 크고 작은 속을 썩을 때마다, 아버지를 생각하는 버릇이 생겼다. 어린 시절, 그리고 사춘기를 보내면서 난 일방적으로 아버지에게 미움을 받는 존재라고만 생각했다. 형들이나 동생에 비해서 난 스스로 늘 미운 오리새끼라고 생각하곤 했다. 난 언제나 아버지가 나를 미워해서 때리는 줄 알았다.

그런데, 지금은 조금씩 다른 생각을 자꾸 하게 된다. 아버지가 나로 인해 얼마나 속이 상하셨을까? 그리고 비록 내가 문제아로 만들어졌다고 하더라도, 내가 아버지에게 얼마나 아픈 존재였을까를 생각하곤 한다. 두렵고 무섭기만 하던 아버지. 그러면서도 또 아버지가 싫어하고 하지 말라던 일들을 왜 그렇게 줄기차게 했었을까? 그게 지금 아내가 말하는 배고픔이란 것일까? 그때 문득 내게 너무나 충격적으로 남아 있는 한 사건이 떠올랐다.

그날도 난 만화방에 몰래 갔다가 아버지에게 붙잡혀서 집에 끌려 왔다. 그날, 아버지는 나를 철사로 손목과 발목을 묶고는 사리나무 묶음으로 사정없이 때렸었다.

그날 그렇게 혼이 난 이유는 내가 가게의 돈 통에서 돈을 훔쳐서 만화를 보러 갔기 때문이었다.

나는 언제부터인지 손버릇이 나빠져 있었다. 아마도 친구들과 동네 형들이 동네의 철공소의 담을 넘어 고철 덩이들을 훔쳐내어 고물상에서 팔아서 용돈을 나눠 쓰는 것을 보고 배운 것인지 모른다. 아니면 한 살 아래였던 동네의 한 친구가 엄마의 지갑을 열어서 나랑 함께 만화방도 가고, 영화도 보고, 과자도 사먹고 하던 것들을 보고 그게 별 것 아니라는 생각이 들었기 때문인지 모른다. 그러나 그보다는 그렇게 하는 것 자체가 내게 흥미가 있었기 때문이었을 것이다.

사실 돈을 훔치다가 들킨 적이 그날이 처음은 아니었다. 아버지는 바늘 도둑이 소도둑 된다며 얼마나 나를 때렸는지 모른다. 옆에 서 있던 어머니도 손버릇을 고칠 때까지 따끔하게 혼을 내야 된다고 역성을 들고 있었다. 나는 완전히 버림받은 느낌, 철저히 혼자라는 느낌이 더 서러웠다. 매맞는 아픔보다도 그 서러움이 더 아팠는지도 모르겠다.

그런데 그날 내가 충격을 받은 사건이 그 다음에 벌어졌다. 한동안 매질을 하던 아버지가 매를 내려놓고 내 손발을 묶고 있던 철사를 풀다가 갑자기 눈물을 흘리셨다. 그리고는 큰 소리로 마구 우시면서 그러셨다.

"야, 이 자슥아, 니캉 내캉 무슨 원수가 졌다꼬 이게 무신 짓이고? 아이고 이 자슥아! 니 도대체 내 마음을 와 이리 몰라주노. 이 자슥아, 이게 참말로 마지막 매가 되야 하는기라. 안 그러마 아부지는 제명에 못 죽는다카이!”

아버지가 내 앞에서 눈물을 보이셨다. 평소에 전혀 감정의 변화를 보이지 않던 무뚝뚝하기만 하던 아버지. 정말 태산같이 너무나 높아 보여서 숨도 제대로 쉴 수 없게 나를 주눅들게 만들었던 아버지. 그 아버지가, 내 앞에서 소리내어 울면서 눈물을 흘리시다니!

아버지가 어린 시절부터 막무가내로 나를 미워하신 것은 아니었다. 어머니로부터 몇 번인가 들었던 내 어린 시절의 이야기가 그것을 말해준다.

내가 서너 살쯤 되었을 때라고 했다. 그때 아버지는 구두점을 하고 계셨다. 아버지가 구두를 만들면 난 조용히 아버지 옆에 앉아서 아버지의 손놀림을 보고 있었다고 했다. 그런데 어느 틈에 구두 만드는 순서를 내가 다 외워서 아버지가 일하는 옆에서 그 다음 필요한 연장이나 못을 집어서 아버지에게 건네주었단다. 그런 나를 아버지는 너무나 대견스럽게 생각하여서 가게에 오는 사람마다, 또 동네에 다니시면서 내 자랑을 하곤 했다고 한다.

난 그때의 일을 전혀 기억하지 못한다. 어머니로부터 그런 이야기를 들을 때마다 그것은 마치 저 먼 나라의 동화 속 이야기처럼 들렸다. 난 스스로가 믿어지지 않았다. ‘내가 그렇게 아버지에게 기쁨의 존재가 된 적이 있었다니!’ 언제나 두렵고 무섭기만한 아버지였었는데.

바로 그 날 흘린 아버지의 눈물 속에는 그 때 나를 동네에 자랑하던 마음들이 아직 남아 있었던 것은 아닐까? 세월이 많이도 지났지만, 난 아직도 그 때의 아버지의 눈물을 기억한다. 그것은 내 많은 아픈 유년 시절 속에 운 좋게 세워진 징검다리 같은 것이었다. 어쩌면 그 징검다리를 건너 오늘의 내가 있는지도 모를 일이다.

물론 아버지의 그 눈물이 무엇을 의미하는지 그때는 정말 다 알지 못했다. 그러나 내가 아비가 되고 나서야 비로소 그때 아버지의 마음이 어떠했었는지를 철저히 배워가고 있다. 지금 난 아들에게 그때 아버지의 그 눈물의 의미를 전하고 싶다. 나는 아들을 정말 사랑하는데, 내 방법이 아내의 말대로 잘못된 것일까? 내가 얼마나 아들을 남자답게, 씩씩하고 올곧게 키우고자 노력했었는데. 아내의 말대로 내가 표현하는 내 방식의 사랑이 아들에게는 전달이 되지 않는 것일까? 나의 사랑은 정말 아들이 받아들이기에는 너무나 거리가 먼 나의 일방적인 사랑인가?

아내에게 소리를 지르며 화풀이를 했지만 내 마음은 정말 참담한 심정이었다. 아이를 키우는 부모는 절대로 함부로 큰소리를 쳐선 안 된다. 함부로 자식 자랑을 해서도 안 된다. 난 그걸 경험을 통해 알고 있다. 아이들은 열 번도 더 변하고, 언제 어디서 무슨 짓을 할지 알 수 없는 세상을 우리가 살고 있기 때문이다.

교무실에 들어서자, 아들과 그 단짝 친구가 담임선생 앞에 서 있었다. 우리를 본 담임선생이 당황해하며 일어섰다. 체육대회를 한 날이라, 담임 선생도 체육복 차림이었다.
담임선생은 아마 아버지까지 학교로 오리라고는 생각하지 못했나보다. 내가 아들을 가리키며 "애비됩니다." 라고 인사를 했다. 순간 나와 눈이 마주 친 아들은 깊은 절망의 눈빛으로 힘없이 고개를 숙였다. 난 아들을 애써 외면하면서 창 밖으로 얼굴을 돌렸다.
담임선생이 아이들을 밖으로 나가게 하고 의자를 권했다.
"아유, 이렇게 아버님까지 오실 필요는 없는데요."
"아닙니다. 아들에게 좀 자극을 줄 필요가 있을 것 같아서요."
담임선생은 별일도 아닌데 아버지까지 오셨다고 다시 미안해했다. 아내와 내가 자리에 앉자, 담임선생은 교무수첩을 펼쳐 놓고 일전에 학급에서 아이들의 소원수리 한 것을 보여 주었다. 거기에는 아들에 대한 아이들의 불평이 많이 나열되어 있었다. 아들은 싸움질도 못하면서 은근히 아이들을 괴롭히고, 아이들이 싫어하는 짓을 골라서 해서 원성을 사고 있다는 것이다. 그리고 수업 시간에도 너무 헛소리를 자주해서 수업 분위기를 망친다고 했다.

난 내가 집에서 가정 교육을 잘 시키지 못해 그런 것 같다며 주의를 주겠다고 했다. 그러자 담임 선생은 아버지까지 오실 필요는 없었는데 번거롭게 해서 죄송하다고 다시 미안해했다. 난 아들에게 자신의 행동에 대한 심각성을 깨닫게 하려고 일부러 온 것이니 신경 쓰지 말라고 다시 말했다.

 오늘 일은 선생님이 말리는 데도 계속 욕을 하면서 친구와 싸우는 바람에 일이 커진 것인데 사실은 아들이 억울한 것이라고 담임이 말했다. 아들의 친구를 놀린 애들은 다 도망가고 없고, 아들은 옆에서 웃고 있다가 친구에게 먼저 맞고 나서 싸움이 된 것이라고 했다.

 난 담임선생에게 아들이 나를 닮아서 억울한 것을 잘 참지 못해서 싸움이 된 것 같다고 양해를 구했다. 그리고 아들에게 아비로서 부족한 것이 많아서 아마 아이가 욕구불만인 것 같으니 집에서 더 신경을 쓰고 사랑으로 보살피겠다고도 했다.

 교무실 밖을 나서자 아들은 아직 교무실 복도에 그대로 서 있었다. 담임선생에게 인사를 하고 아내와 아들과 함께 밖으로 나왔다.

 교무실에서 참고 있던 화가 한꺼번에 치밀어 올라 폭발 직전이 된 나는 뒤에 따라오는 사람은 신경도 쓰지 않고 성큼성큼 걸어서 교문 밖 차 세워둔 곳으로 갔다. 그리고 아내와 아들이 따라올 줄 알고 한참을 기다렸지만, 오지 않았다. 차를 몰고 학교 담 쪽으로 가보니 아내 혼자 저 만큼 걸어가는 게 보였다. 그제야 아들이 자전거를 타고 학교에 다니는 것이 생각났다. 아들은 아마 자전거를 가지러 갔을 것이다.

 나 혼자 먼저 집으로 돌아왔다. 그러나 집에 들어가지 않고 아파트 복도에 서서 창밖을 내다보며 생각에 잠겼다.

 내 마음속은 두 가지 생각이 복잡하게 얽혀 싸우고 있었다.

 '정말 아주 혼쭐나게 때려주면 아들이 달라질까? 그게 아니라면 아내의 말처럼 아들에게 정말 다른 무엇이 필요한 것일까?'

 그렇게 생각하는 동안에도 자꾸만 화가 나는 것은 어쩔 수가 없었다. 난 내 감정을 평정하려고 무던히 애를 썼다. 감정으로 해결될 문제가 아니라는 것을 나도 알았다. 그러나 내 날카로운 신경은 나의 의지의 영역을 간단하게 넘나들고 있었다.

대개의 부모들은 자신의 문제가 아이들에게 나타날 때 그것을 인정하기가 몹시 힘들다. 오히려 그것을 거부하고 인정하지 않는다. 그러나 뿌리로부터 자유로운 열매가 있는가? 원인 없는 결과는 없는 법이다. 부모들이 자식들의 문제를 마주치면 분노가 먼저 나는 것은 무의식적인 자기 보호본능이다. 화를 내는 것이 그 문제로부터 자신의 책임을 회피하고 도망가는 가장 빠르고 손쉬운 방법이기 때문이다.

문득 오늘 아들은 어떤 면에선, 억울한 일을 당했다는 생각이 들었다. 무조건 나무랄 일만은 아니라는 생각이 한 편에서 지펴 올랐다. 또한 급우들을 괴롭히고 수업 시간에 산만하다는 것들은 결국 전부 애정이 결핍된 현상들이 아닐까? 인정하기 싫지만 그 원인은 기실 나로부터 시작된 것은 아닐까?

'내가 아들에게 표현한 사랑의 방법은 정말 잘못된 것일까? 아들에게 전달되지 않는 사랑은 의미가 없지 않은가? 그러면 어떻게 하는 것이 정말 아들에게 필요한 것일까?'

그런 생각들을 하고 있는데 아들이 자전거를 끌고 엘리베이터에서 내려 복도로 걸어 왔다. 아들은 아버지가 학교까지 와서 선생님에게 고개를 숙여야 했다는 사실이 무엇을 의미하는지 너무나 잘 알고 있다는 듯이 어깨를 축 늘어뜨리고 있었고 극도로 겁을 집어먹은 표정이었다.

"자전거 세우고, 가방 집어넣어!"

팔짱을 끼고 서 있는 내 목소리는 훈련소 조교처럼 잔뜩 힘이 실려 있었다. 아들은 아무 말 없이 현관문을 열고는 가방을 벗어서 현관에 두고는 내 눈치만 보고 있었다.

"문 잠그고 따라와!"

아들은 신발을 찍찍 끌면서 따라왔다. 그때까지도 아내는 오지 않았다. 아파트를 벗어나 걸어가면서도 난 뒤돌아보지 않고 그냥 걷기만 했다. 아들은 내 걸음을 쫓아오느라 종종 걸음을 치며 애를 먹고 있었다. 내가 들어간 곳은 아들과 내가 자주 가던 목욕탕이었다.

　표를 끊고, 옷장에 옷을 벗어 넣으면서도 난 아무 말도 하지 않았고 아들은 여전히 긴장을 풀지 못하고 있었다. 내가 음료수를 두 병 꺼내어 아들에게 한 병을 건네었다. 음료수를 건네 받는 아들의 눈빛은 도대체 이 상황이 이해가 되지 않는다는 듯 겁먹은 표정에다, 이상하다는 느낌의 복잡한 눈빛으로 나를 쳐다보았다.

　'내가 그만큼 무서웠었는가?'

　아들과 함께 탕에 들어가서도 난 한 동안 입을 열지 않았다. 그럴수록 아들은 더욱 불안해했다.

　"아빠가 예전에 선생을 할 때, 아이들이 사고 쳐서 부모들이 학교에 오면 그렇게 한심해 보였었다. 오늘 아빠도 그렇게 보였겠지?"

　마침내 내가 그렇게 입을 열자 나를 쳐다보던 아들이 고개를 떨구며 기어 들어가는 목소리로 말했다.

　"아빠, 죄송해요."

　"내가 정말 너를 어떻게 하면 좋을까?"

　"……"

　아들은 여전히 고개를 숙이고 김이 솟구치는 탕을 내려다보고 있었다. 아들이 풀이 죽어 있을 때는 언제나 그렇듯이 다문 입이 앞으로 툭 튀어 나와 있었다. 그 모습을 보고 있자니 순간 불쌍한 생각이 들었다. 내가 아들의 어깨를 툭 치며 말했다.

　"힘내라, 아들!"

　그러자 아들이 내 품에 안기며 다시 말했다.

　"아빠, 정말 죄송해요. 입이 열 개라도 할 말이 없어요."

　"아빠가 너를 사랑하고 싶은데 방법을 모르겠구나. 아빠도 할아버지한테 사랑을 받아보지 못해서 너를 어떻게 사랑해야 하는지 잘 모르겠구나. 네가 아빠를 좀 도와다오."

　"아빠, 아빠는 너무 좋은 분이세요. 제가 나빠서 탈이죠."

"아니야, 너의 여러 행동들은 너에 대한 아빠의 사랑에 문제가 있다는 것을 보여주는 증거들이야. 오늘 선생님이 네가 친구들을 힘들게 하거나, 수업 시간에 방해한다는 소리를 들을 때, 몹시 부끄러웠다. 그리고 친구들하고 싸울 수도 있는 문제지. 그러나 선생님이 말리면 멈추는 게 학생의 기본적인 예의야. 그런데도 욕설을 하면서 계속 싸움질을 했다는 것은 선생님뿐만 아니라, 이 아빠를 향해서도 네가 욕을 한 것이나 다름없는 행동이었어."

"정말 죄송해요, 아빠. 제가 너무 경솔했어요."

아들은 눈꼬리를 한없이 내리고는 기가 죽을 대로 죽은 목소리로 말했다.

"넌 누구를 닮았지?"

"아빠요."

"그럼, 네가 나가서 욕을 먹으면 누가 함께 욕을 먹지?"

"아빠요…"

아들은 다시 고개를 푹 숙이며 말했다.

"그래 넌 나와 한 몸이야. 네가 나가서 욕먹으면 곧 내가 욕을 먹는 거야. 그걸 알아야 해."

"아빠, 오늘 정말 깨달은 게 많아요. 정말이지 전 달라질 거예요. 아빠 믿어 주세요."

"그래, 아빤 널 믿는다. 그리고 잊지 말아라. 아빤 언제나 네 편이야. 네가 아빠를 필요로 할 때는 언제나 아빠가 네 곁에 있다는 것을 잊지 마라."

"전 아빠가 그 말을 하시는 게 너무 좋아요."

"정말 부끄러움을 아는 사람이 되어야 한다, 아들아 알겠지?"

"네, 아빠, 사실 전 오늘 아빠한테 맞아죽을 각오를 하고 있었어요. 그런데 아빠가 절 목욕탕엘 데려 오시다니, 아빠 정말 너무 너무 감사해요."

"그래, 아빠에게도 오늘은 힘든 날이었던 게 사실이야. 그래서 아빠에게도 쉬운 일이 아니었다. 사람들은 대개 자식의 문제 앞에서는 너무 감정적이 되거든. 그러나 잊지마. 아빠가 그 힘든 상황에서 무엇을 선택했는지를. 아빤, 항상 너에게 정말 도움이 되고 싶었어. 오늘 너에게 가장 필요한 게 무얼까 아빠가 곰곰이 생각했지? 그래서 결론을 내렸지. 오늘 너는 격려가 필요하다고. 그리고 그 격려를 어떻게 표현해야 하는지 생각해보니까, 오늘 네가 운동회를 했잖아. 아마도 땀을 많이 흘렸을 것 같아서 함께 목욕을 하는 게 좋겠다는 생각을 한 거야."

"아빠, 아빠의 선택은 탁월하셨어요. 저 오늘 솔직히 너무 감동 받았어요."

"그래, 이 기억들을 너의 추억의 박물관에 고이 간직했다가, 이담에 네가 아빠가 되거든 너의 아들에게 꼭 물려주기를 바란다."

"꼭 그럴 거예요, 아빠!"

아들이 다시 내 품에 안겼다. 난 아들의 머리를 감싸 안으며 말했다.

"그리고 너 자신을 존중하기를 바란다. 넌 정말 멋있는 아이야. 아빠가 빈말로 하는 게 아니다. 너 '행복한 왕자'란 동화 알지. 네가 바로 그 행복한 왕자야. 너는 그런 마음을 가진 아이라는 것을 아빠는 알아. 넌 가난한 사람들을 거리에서 만나면 그냥 지나치지 못하잖아. 또 네 친구가 어려움에 처해도 그것을 못 본척하지 못하지. 넌 하나님이 가난하고 어려움에 처한 사람들에게 자신의 가진 좋은 것들을 나누어주라고 세워둔 동화 속의 행복한 왕자의 마음을 가진 아이야. 잊지마! 아빤 그걸 알아. 아직 때가 되지 않았을 뿐이지. 넌 '해피 프린스'야, 오늘부터 너의 별명은 '해피 프린스'야!"

아들은 눈이 다 묻혀 버리는 특유의 천진스런 웃음을 지어 보였다. 아들의 얼굴엔 오늘 있었던 모든 불행을 깨끗이 씻어내고도 충분할 행복이 흘러내리고 있었다. 아들은 말 그대로 '해피 프린스'였다.

"당신 너무 고마워요."

저녁에 아내가 잠자리에 들기 전에 말했다. 아내의 말로는 내가 아들을 어지간히 혼낼 것 같아서 그게 보기 싫어 일부러 집에 늦게 들어 왔다고 했다. 뒤늦게 집에 와보니, 나도 아이도 없으니까 어디 멀리 가서 정말 혼나고 있구나 그렇게 생각했다는 것이다. 그런데 아들이 와서 정말 행복해하며 아빠를 자랑하더라는 것이다. 그래서 그게 너무 고맙다고 했다. 내가 생각해도 그 당시엔 힘든 선택이었지만, 올바른 선택이었음을 알게 되었다.

그 목욕탕 사건 이후로 아들은 너무 변했다. 한 번은 선생님이 감사의 편지를 써 보내 왔다. 아들이 너무나 행동이 변했다는 것이다. 그리고 수업 태도도 너무나 좋아졌고, 친구들을 괴롭히는 일도 전혀 하지 않는다고 부모님이 신경을 써 주셔서 고맙다는 내용이었다. 아내는 아들의 담임이 보내온 편지를 냉장고 문에다 붙여 두었다.

그런데 그 뒤로도 몇 번이나 아들은 내가 그날 목욕탕을 데려간 일을 말하며, '아빠, 그 때 정말 고마웠어요.'라고 말했다. 그게 아들에겐 굉장히 인상적이었나 보다.

목욕탕 사건은 나 스스로도 아들과 나 사이에 존재했던 어떤 거대한 벽이 무너져 내린 느낌을 주었다. 아들을 대하기가 예전보다 편안했고, 아들에게서 예전에 느끼지 못했던 진한 애정을 비로소 느끼게 되었기 때문이다. 물론 이 감정을 내가 처음 느끼는 것은 아닐 것이다. 오래 전에, 아들이 어렸을 적에 내가 이미 가졌었던 그 감정들이 다시 돌아 온 것이리라. 그러나 이번에는 그때보다 더욱 성숙하고, 더욱 다듬어진 것이 다를 뿐이었다. '나도, 아들도 함께 철이 들어가는 것일까?'

그러나 한 번 휘어진 가지를 다시 곧게 펴는데는 시간이 걸린다. 나는 오래동안 휘어진 나무였으므로 더욱 시간이 걸릴 것이다.

어떤 면에서 인간의 감정과 습관화된 모든 행동양식은 관성의 법칙에 강하게 지배를 받는다. 틈만 있으면 예전으로 돌아가려고 하는 속성을 가지고 있는 것이다. 그래서 그것을 바로 잡는데는 '의지'라는 힘이 작용해야 한다는 것을 나는 실수를 통해서 알고 있다. 내가 또 내 감정을 조절하는데 실패할 수도 있겠지만, 그러나 난 내가 휘어진 것을 알고 있으므로 바로 잡으려는 나의 의지는 결코 꺾이지 않을 것이다.

(6)

"아니, 아니! 그것보다 좀 더 길어야지! 멍청한 놈, 생각이 그것밖에 안되냐?"

목욕탕 사건이 지나고 추석을 앞 둔 어느 날 밤이었다. 아들과 함께 선물을 포장하느라고 줄을 자르는데 가위를 쥔 아들이 줄을 너무 짧게 자른 것이다. 그래서 내가 아들에게 짜증스럽게 내뱉은 말이었다.

그러나 그렇게 심하게 말할 상황은 아니었다는 것을 난 곧바로 느꼈다. 사실은 나도 모르게 튀어나온 말이었다. 특히 내 말투가 아들에겐 굉장히 비꼬는 것으로 들렸을 지 모르겠다. 난 아들에게 내 의도와는 다르게 자꾸만 그렇게 잔인한 말투가 튀어나온다. 아들은 내 말에 멋 적어 하면서 아무 말도 없이 제 방으로 들어가 버렸다.

그런데 나중에 아내가 말했다.

"당신, 아까 아들에게 왜 그랬어요? 얘가 상처받았대요. 별일도 아닌데 당신이 그렇게 무시하는 투로 말하니까, 얘가 자꾸 실수하고 주눅이 들잖아요. 좀 따뜻하게 대해주세요, 제발."

난 아내의 말을 들으면서 아무런 대꾸를 못했다. 난 이미 나의 모습을 보고 있었기 때문이었다. 아들에게 마음은 그렇지 않으면서도 비판하고 비난하는 게 입에 배어 버렸다는 사실을 나 스스로 인정하지 않을 수가 없었다.

어린 시절, 아버지가 나를 무시하고 인정해주지 않았을 때, 나 자신도 그것이 얼마나 서럽고 아팠던가? 잠자는 아들을 바라보며 난 그렇게 생각했다.

'잠든 아들을 바라보고 있으면 정말 사랑스럽고, 정말 좋은데, 왜 아들과 얼굴이 마주치면 자꾸 내면의 감정들이 딱딱하게 굳어지는 것일까? 그리고 마음과는 다르게 순간 순간의 표현이 그렇게 잔인하게 되는 것일까?'

오늘만 해도 그렇게 야비하게 아들을 나무랄 일이 아니었음을 나 자신이 말하는 순간에 이미 느끼고 있었던 것이다. 한쪽 눈이 극도의 난시로 거의 보이지 않는 아들이 기죽지 않고 활달하게 살아주는 것만도 사실은 고마워할 일인데, 아비의 욕심은 만족을 모르는 불치병인가보다.

난 안다. 아이들의 마음은 깨어지기 쉬운 그릇과 같다. 정말 소중한 그릇이다. 수 십억 한다는 이조 백자와는 비교도 할 수 없을 만큼 소중한 그릇이다. 그러나 그 그릇은 금이 가기 쉽고 깨어지기 쉬운 그릇이다. 그 영혼의 그릇에 금이 가고 깨어지면 이후의 삶이 얼마나 영향을 받는 지를 난 내 삶을 통해서 알고 있다. 난 그 불행을 결코 되풀이하고 싶지 않다. 대물림되는 그 악순환의 고리를 끊어야 한다고 얼마나 다짐을 했던가? 아이들은 기다려 주지 않는다. 그것을 알면서도 현실에서의 행동은 왜 자꾸 어긋나기만 하는 것일까? 그것은 아마도 저 먼 과거로부터 지금 내게로 흘러온 시간의 찌꺼기들인지도 모른다.

사랑을 받아본 적 없는 사람은 사랑을 줄 수가 없다. 그리고 사랑을 느껴보지 못한 사람은 사랑을 표현할 줄 모른다. 우리는 분명히 알아야 한다. 마음속에만 머물러 있는 사랑은 사랑이 아니다. 표현되지 않은 사랑은 사랑이 아니기 때문이다. 그리고 잘못된 방식으로 표현된 사랑은 결코 목적지에 도달할 수 없는 표류하는 배와 같다. 자식에 대한 부모의 사랑은 등대를 필요로 하는 배이다. 올바른 길잡이가 없으면 눈 먼 사랑이 되어 파선하고 마는 속성을 가지고 있다. 더 가슴 아픈 것은 그 비극은 언제나 한 개인의 비극으로 끝나지 않고 또 다른 세대의 파괴로 이어진다는데 있다.

생각이 거기에 미친 나는 부엌에 걸려 있는 작은 화이트 보드 위에다가 이렇게 적었다.

『-아빠의 반성문-

아들아 미안하다. 오늘 밤, 우리가 선물을 포장하면서 네가 가위질을 할 때 아빠가 "멍청한 놈, 생각이 그것밖에 안되냐?"고 말한 것은 정말 아빠의 잘못된 표현이었단다. 그 말로 인해 네가 얼마나 상처받았을 지를 생각하니까, 아빠의 마음이 아프구나. 아빠를 용서해다오. 아빠는 너를 정말 사랑하는데 이렇게 표현하는데 서투르구나. 그 말이 너에게 상처로 남지 않기를 아빠가 기도하마.

-너를 몹시 사랑하는 아빠가-』

그렇게 쓴 보드를 잠자는 아들의 책상 위에 올려다 놓았다. 그리고 내 방에 돌아 와 잠을 청했다.

그런데 새벽녘에 잠을 자는데 머리에 뭔가가 부딪혀 잠이 깼다. 불을 켜고 보니까 아까 아들 책상에 두었던 그 화이트 보드였다. 이게 왜 여기 있을까 의아한 생각에 눈을 비비며 들여다보았다.

『-아빠에게 드리는 나의 반성문-

아빠, 아니에요. 제가 얼마나 아빠의 속을 썩혀 드렸는데요. 아빠가 이렇게 반성문이란 글을 써주시다니 너무 감사해요. 아빠 그 일은 제게 결코 상처가 되지 않을 거예요. 전 오히려 아빠가 계셔서 얼마나 기쁜지 몰라요. 아빠 다 잊으세요. 저도 아빠를 몹시 사랑해요.

  -아빠를 너무너무 싸랑하는 아들 올림-』

아들이 새벽녘에 잠이 깨서 나의 글을 읽고 다시 써 갖다 둔 모양이었다.

순간 눈물이 핑 돌았다. 그리고 어떤 감격이 저 깊은 곳에서부터 밀려왔다. 그것은 하나의 중요한 깨달음이었다.

'그래, 사랑은 주는 대로 되돌아오는 것이구나. 정말 사랑은 위로부터 아래로 흐르는 것이구나!'

누군가의 말대로 사랑은 기술이다. 기술이기 때문에 훈련되고 배우지 않으면 안 된다. 나에겐 아직도 다듬어지고 훈련되어져야 할 많은 부분이 남아 있음을 깨닫는다. 그 기술을 습득하고 훈련할 시기를 놓쳐버린 이 땅의 모든 아비 된 자들에게 소리 쳐 외치고 싶다. 늦다고 생각할 때가 가장 빠른 때라고. 다시 시작하라고. 끝까지 포기하지 말고, 다시 그 기술을 배워가자고. 우리의 세대가 완전히 끝나버려, 정말 기회가 다시 오지 않는 가슴 아픈 일들을 당하기 전에.

이른 아침, 출근하기 전에 아들의 방에 들른 나는 아들의 침대에 걸터앉았다. 아들은 막 잠이 깨어 일어나 있었다.

"아빠가 출근하기 전에 이야기 하나 해 줄게 있다. 해도 될까?"

"그럼요, 아빠 무슨 얘기든지 하세요."

"아빠가 너에게 사과하고 싶은 게 있단다."

"아빠 어제 저녁 일 말씀하시는 거예요. 아빠가 반성문까지 쓰셨잖아요!"

"아니, 그 이야기가 아니다. 아주 오래 전 이야기이다. 네가 3살 때의 일이지. 그땐 아빠가 직장을 다니며 뒤늦게 다시 시작한 공부를 하느라고 형편이 어려웠던 시절이었다. 유난히도 빵을 좋아했던 너에게 아빠가 차비를 아껴서 남긴 500원을 가지고 너를 데리고 제과점에 간 적이 있었지. 네가 좋아하던 소보르빵 하나를 사주기 위해서.

그런데 네가 생일 케이크를 가리키면서 소리쳤지.

'야, 아빠 이거 봐! 생일 축하합니다. 후!'

넌 생일 케이크가 진열된 것을 보고 너무나 좋아서 소리쳤지. 넌 촛불을 켜고 생일 축하 노래하기를 정말 좋아했었거든. 그런데 그 가격표가 요구하는 돈이 그 때 내 수중에는 없었단다. 그래서 '그건 나중에 사자' 하고 내가 말했지만, 넌 그 생일 케이크가 진열된 진열장을 떠나려고 하지 않았지. 내가 아무리 달래도 막무가내였었단다.

빵집 아주머니가 '웬만하면 하나 사 주시죠'라고 했을 때, 아빤 무척 당황되고 부끄러워서 소보르빵 하나를 사들고 너를 끌다시피 하여 밖으로 나왔지. '아빠, 생일 축하 하나만 사자!' 하면서 울기 시작한 너는 길을 따라 오며 계속 울어댔고. 참다못한 아빠가 너의 뺨을 힘껏 때렸단다. 아빠가 왜 때리는지를 이해하지 못한 너는 아빠의 화난 얼굴에 놀라 울음이 터져 나오는 입술을 너의 그 작은 두 손으로 틀어 막으며 억지로 울음을 참으려고 애쓰고 있었지.

그날 아빠가 화가 난 것은 너 때문이 아니었단다. 아빠의 무능함에 대한 스스로의 자책감 때문이었다고 할까. 그때 아빠가 무슨 짓을 해서라도 그 생일 케이크를 사서 너와 함께 생일 축하를 해야 했었는데 하는 미안함이 있단다. 세월이 갈수록 그게 자꾸 아빠 가슴에 남는구나. 너 그때 일이 기억나니?"

"아뇨? 아빠, 전 전혀 생각나지 않아요."

"아빤, 네가 그 어린 손으로 네 입을 틀어 막으며 터져 나오는 울음을 삼키느라 애쓰는 모습을 잊을 수가 없구나. 아빠를 용서해줄 수 있겠니?"

"아빠, 너무 감동적인 얘기네요. 용서라니요, 제가 잘못한 거잖아요. 저 때문에 아빠가 굉장히 난처하셨을 것 같아요. 아빠 잊어버리세요. 전 기억도 못하는데요. 그리고 그건 아빠 잘못이 아니잖아요. "

아들은 눈물이 그렁그렁 맺힌 눈으로 내 목을 감싸 안으며 그렇게 말했다.

아들에게 용서를 구해야 할 것이 있다면, 아들이 조금이라도 더 자라기 전에 하는 것이 서로가 행복해 지는 길임을 나는 안다. 그리고 자신의 실수에 대해 아들에게 용서를 비는 것을 부끄러워하지 않는 아버지는, 아들이 인생을 배우는데 가장 중요한 원리를 제공하는 것이라고 생각한다. 용서를 비는 일이 애당초 없었다면 더없이 좋을 일이지만.

(7)

아들의 사고 소식을 아내로부터 전해들은 것은 설계를 의뢰한 어느 건축주와 힘겹게 계약을 체결하기 위해 동분서주하고 있을 때였다. 더구나 그날은 계약을 위한 중요한 회의를 앞에 두고 견적 서류와 설계 도면을 준비하고 있는 와중이었다. 아내가 울먹이며 전해준 사고 소식에 일순간 다리에서 힘이 풀려 나가는 것을 느꼈다.

아들은 짝눈이다. 초등학교에 막 입학하고 난 뒤 감기를 심하게 앓고 난 후유증으로 고막이 녹아 내리고, 한 쪽 눈의 시신경이 거의 죽어 버려 극도의 난시가 되었다. 고막은 이후 간단한 수술로 청력을 회복을 했지만, 한 쪽 눈은 끝내 회복되지 못했다. 담당의사는 그나마 한 쪽 눈이 정상인 것이 행운이라고 했다. 이런 경우 대개 양쪽 눈이 함께 실명되는 게 상례인데 아들은 한 쪽 눈만 손상을 입었으니 다행이라는 것이다. 아들의 청력과 시력에 그토록 심각한 문제가 있는 것을 처음엔 알지도 못했다.

아들이 초등학교에 입학하고서 학교 생활에 도대체 적응을 못했다. 주의가 산만하고 수업 시간에는 전혀 관심도 없고 늘 엉뚱한 짓만 한다는 것이었다. 그 때문에 나에게 혼이 난 적이 한 두 번이 아니다.

유치원 시절 산만한 것이 초등학교에 입학하면 좀 나아질 줄 알았는데 그게 아니었다. 아들은 초등학교를 입학하자 더욱 산만하고 수업을 제대로 따라하지 못한다는 가정 통신문이 날라 들었다. 아들이 칠판에 선생님이 그려주는 선긋기와 세모, 네모, 동그라미 등 간단한 도형들을 연습장에 따라 그리는 것도 거의 하지 못한다는 것이었다.

그걸 보고 너무나 화가 난 나는, 또 한 차례 아들을 잡았다.

"너 병신이야! 왜 이런 것도 따라 못해, 응?"

"잘못했어요, 아빠! 앞으론 잘 할께요. 한 번만 용서해주세요. 엉,엉!"

"시끄러워! 뭐 잘했다고 울고 난리야! 지금부터 아빠가 하는 걸 그대로 따라 해야 해! 그대로 못하면 오늘 정말 죽을 줄 알어!"

그리곤 냉장고에 종이를 칠판처럼 붙여놓고 아들에게 나를 따라하게 했다.

"이 바보야! 그거 하나 제대로 못해!"

아들은 내가 동그라미를 그리고 선을 그으며 그대로 따라하라고 했지만 잘하지 못했다.

"고개는 왜 그렇게 한쪽으로만 돌려, 등신같이!"

아들은 자꾸만 고개를 한쪽으로만 기울여 얼굴을 비스듬히 하며 잔뜩 겁을 집어먹고 있었다.

그런데 어느 날 가정 통신문에 아이가 아무래도 말을 잘 못 알아듣는 것 같으니 청력 테스트를 한 번 받아보라는 것이었다.

그래서 찾아간 병원에서 아이의 한 쪽 청력은 거의 제로에 가까웠고, 다른 쪽도 청력이 거의 나오지 않았다. 고막이 막혀 있었던 것이다. 그리고 눈의 이상도 그때 알게 된 것이다.

난, 잘 들리지도, 잘 보이지도 않는 아들의 사정은 전혀 살펴주지도 못한 채, 학교 생활에 잘 적응하지 못한다고 때리고 윽박지르기만 했던 못난 아비였던 것이다. 비록 그때는 건축 경기가 너무 잘 나가던 시절이라, 지방 출장도 잦고 해서 가정이나 아들에게 신경을 쓸 여유가 전혀 없었다고 해도 내가 한 것이라고는 무관심과 짜증을 되풀이 한 것뿐이었다. 나는 나의 기준을 세워두고 아들이 그 기준에 따라 기계처럼 움직여주길 원했던 것이다.

아내가 울먹이는 소리로 띄엄띄엄 전해준 사고의 발단은 너무 어처구니가 없었다. 오늘 학교에서 아들의 반 친구가 아들의 입에 소변 봉투를 장난으로 갖다댄 게 발단이 되어 싸움이 붙었다는 것이다. 그런데 친구가 휘두른 주먹이 하필이면 아들의 성한 눈에 정통으로 맞아 안경이 깨어지면서 동공이 찢어졌다는 것이다. 지금 응급실에서 수술을 앞두고 있는데 의사의 말로는 아들이 십중팔구 실명할 위기에 처했다는 것이었다.

목젖이 말려들어 가는 듯한 갈증이 치밀어 오르면서 얼굴이 자꾸만 화끈거렸다. IMF 끝자락에 어렵게 붙잡은 새 직장에서 겨우 계약이 성사될 단계에 있는데 이 중요한 시기에 녀석이 또 사고를 치다니!

속에서는 다시 습관처럼 분노가 치밀었다. 안절부절 하지 못하는 나를 보고 부장은 자꾸 눈치를 보내고 있었다. 그 분노는 단순히 아들이 사고를 쳤다는 분노가 물론 아니었다.

'이제 겨우 고등학교 1학년인 아들이 실명을 한다면 앞으로 세상을 어떻게 살까?'

퇴로가 없는 완벽하게 절망적인 생각이 눈앞을 자꾸만 흐리게 만들며 나를 붙잡고 늘어졌다.

생각은 흘러가는 하나의 현상일 뿐이다. 그 생각을 내가 붙잡고 그 속에 빠지면, 결국 나는 상황이 어려워서가 아니라, 그 생각의 포로가 되어 헤어나올 길 없는 늪 속에 빠지고 마는 것이다. 분노 또한 나 자신이 스쳐 가는 생각에 의미를 부여해 내가 붙잡은 것일 뿐이다. 그것은 진실이 아니다. 그것을 모르면 난 언제나 그 생각의 노예가 되고, 감정의 희생양이 될 것이다. 나 스스로 그렇게 타이르며 나 자신을 추슬러야 했다.

'내가 그 동안 열심히 일만 쫓아다닌 결과가 무엇인가? 결국 남는 것은 가족이 아닌가? 이 계약이 성사되지 않아 다시 일거리를 찾아야 할지 모르지만,

일거리는 내일도 있을 것이다. 그러나 아들은 시간이 가면 돌이킬 수가 없는 상황이 될지도 모를 일이다. 아, 아들이 실명할 지도 모른다니! 앞을 보지 못한 채 그 어린 나이에 어떻게 세상을 산단 말인가?'

난생 처음으로 내 일보다 아들의 문제가 내 의식의 중심 속에 들어 왔다.

'내가 지금 아들을 위해 할 수 있는 게 뭘까?'

우선은 무엇보다 아들의 곁에 있어주어야겠다는 생각에 마음을 다잡아먹었다. 무엇보다 아들과의 약속을 지켜야 할 때가 되었다고 생각하니까 더 이상 망설이고 있을 수가 없었다.

"네가 힘들고 어려울 때, 그리고 아빠가 필요할 때면 언제나 아빠가 곁에 있어주마."

그 말을 하면 아들은 언제나 너무 좋아했었다. 이제 그 약속을 아들에게 지켜야 할 때가 된 것이다.

수술이 끝나고 의식이 돌아 온 아들은 눈에 안대를 대고 거의 시력이 없는 한 눈으로 무언가를 찾았다. 그리곤 내 손을 잡더니 눈물을 흘렸다.

"아빠, 죄송해요. 제가 또 사고를 쳤어요."

아내는 하염없이 울고 있었다. 여자의 눈물샘은 마르지 않는 근원을 따로 가지고 있나보다.

"울지 마라. 지금 울면 좋지 않단다."

그건 실없는 소리였다. 이미 실명된 것이나 다름없는 아들에게 더 나빠질게 무엇이란 말인가? 속에서 자꾸만 터져 나오려는 분노를 붙잡지 않고 그냥 흘려 보내었다. 그래봐야 되돌릴 수 있는 상황도 아니고, 우리들 가슴만 더 아플 테니까.

언젠가 텔레비전에서 죽어 가는 새끼를 지극 정성으로 돌보던 '아프리카 치타'의 다큐멘터리를 본 적이 있다. 치타는 잔인한 맹수이지만, 갓 태어난 새끼에 대해서는 어떤 모성 못지 않은 감동을 보여주었다. 새끼는 결국 죽었지만, 어미 치타는 죽은 새끼 곁을 며칠 동안 떠나지 못했다.

자식의 비극을 마주한 부모의 마음은 동물이나 인간이나 매 한가지이다.

이 모든 불행이 어쩌면 내 탓이라는 자책감과 내가 대신 아플 수만 있다면 하는 절망감이 부모의 마음을 무너지게 만든다. 그러나 무너진 마음을 다잡고 다시 일어서는 의지 또한 자식의 불행 앞에 선 부모들의 무서운 사랑이 아니겠는가? 자식의 불행 앞에 더욱 강해지는 부모의 마음은 신이 인간에게 부여한 가장 존엄한 속성일지도 모른다.

한 손으로는 아들의 손을 감싸 쥐고 또 한 손으론 흘러내린 아들의 눈물 자국을 지우며 아들에게 말했다.

"아빠가 네 눈이 되어주마. 세상 모든 사람들이 너를 손가락질하고, 비난해도 아빠는 네 곁에 있으마. 아빠는 언제나 네 편이다. 우리 아직도 소망은 있는 거야. 아들아 힘을 내자꾸나. 너를 사랑한다, 아들아......"

내 의지와는 다르게 목소리가 자꾸 젖어 들었다.

(8)

아들이 퇴원을 하고 한 달 후, 추석이 되었다.

내가 초등학교를 들어가기 전까지만 해도 추석이나 설날 같은 명절이 되면 아버지는 나만 데리고 시골에 가셨다. 아버지랑 같이 기차도 타고, 세배돈 같은 용돈도 받고, 작지만 장난감도 하나씩 살 수 있는 그때가 난 너무 좋았다. 하지만 아버지가 형편이 어려워 가족들 모두와 함께 고향에 가지 못한 것을 그때 난 알지 못했다. 그 바람에 아버지는 늘 형제들이나 친척들에게 핀잔거리밖에 되지 않았다는 것을 알기에는 난 너무 어렸었다.

그러나 그런 행운도 내가 초등학교에 들어갈 즈음부터 끝이 났다. 아버지의 술주정이 그때부터는 부쩍 심해졌었고, 아버지는 더 이상 고향을 찾지 않았기 때문이다.

그때 명절이 되어도 고향을 찾지 못했던 아버지의 아픔을 이해하게 된 것은, 이 나이가 되어 IMF를 겪으면서 이태나 고향을 찾지 못한 내 자신을 통해서였다. 귀소본능은 인간만이 아니라 이 지상 모든 동물들에게 준 창조주의 가장 오묘한 원초적인 본능이 아니겠는가? 그러나 인간의 그것이 동물의 그것과 질적으로 다른 이유는, 동물이 본능적 감각으로 행동하는 것과는 달리 인간은 자신의 이성이란 가장 존엄한 가치로 움직이기 때문이다. 때문에, 그것이 깨어질 때의 아픔은 인간을 얼마나 비참하게 만드는지 모른다.

  아버지는 고향을 찾지 못한 어느 해 추석날 새벽녘, 돌아가신 할머니를 그리워하며 우시던 것이 생각난다. 난 할머니의 얼굴도 모른다. 내가 갓난 아이 적에 돌아가셨기 때문이다. 아마 그때 아버지의 나이가 지금의 내 나이쯤은 다 되었을 텐데, 그 나이의 어른이 엄마가 보고 싶다며 밤을 새워 '꺼이꺼이' 울던 날을 나는 기억한다. 무섭게만 느껴지던 아버지의 울음을 들으며 잠을 자는 척, 숨을 죽이고 있었던 그 밤의 야릇한 기분을 기억한다. 그리고 덩달아 괜히 슬퍼졌던 내 마음은 나도 똑같은 상황에 처해보고 나서야 그 슬픔의 실체를 이해하게 된 것이다.

  내 평생의 소원이 아버지 품에 한 번 안겨 보는 것이다.

  그리고 일평생 단 한 번도 칭찬이라고 들어본 적 없는 아버지에게서 사랑한다는 말을 한 번만 들을 수 있다면 내 삶이 얼마나 달라질 수 있을까? 난 그런 생각들을 아직도 하고 있다. 이미 불혹의 나이가 허리를 넘긴 나에게 그게 가능한 일일까? 우리 다섯 아들의 머리 한 번 쓰다듬어 준 적이 없는 아버지는 맑은 정신에는 언제나 표정이 없는 분이었다. 지금 이 나이가 되어서도 아버지의 사랑은 배고픔으로 남아 있다. 그리고 그 채워지지 않은 배고픔은 영원히 그대로 남아 있는 것임을 이 나이가 되고서야 깨닫게 된 것이다. 세월이 간다고 그것은 저절로 채워지는 것이 아니었다.

  추석 연휴가 끝나고 고속버스터미널에서 아들이 할아버지를 품에 안으며 '할아버지 사랑해요. 건강하세요'하고 인사를 했다. 아마도 희미하게 남아 있는 시력으로 아들이 할아버지를 보는 마지막일 것이다. 난, 그 순간 어쩌면 이게 내 인생의 마지막 기회일지도 모른다는 생각이 들었다. 무엇보다 아들의 마지막 시력이 남아 있는 지금은 더더욱 그러했다.

나는 아들이 할아버지에게 안기는 것을 보고 용기를 내었다. 아들의 뒤편에서 있던 나는 아들이 할아버지에게서 떨어지자, 아버지를 껴안았다.

"아버지 고맙습니다. 아버지 사랑합니다."

내 목소리는 내 의지와는 상관없이 몹시 떨리고 있었지만, 내 45년 평생에 처음으로 아버지를 안아보았고, 아버지를 사랑한다고 고백하게 되었다는 흥분으로 내 심장은 심하게 방망이질을 해 대었다. 그것은 정말 기적 같은 일이었다. 내겐 그게 결코 쉬운 일이 아니었기 때문이다.

아버지가 당황해하시는 모습이 역력했다. 그 사람 많은 추석 연휴의 고속버스 대합실에서, 중년의 아들이 아버지를 품에 안는 것이 얼마나 어색하셨을까? 더군다나 한평생 다섯 아들에게 한 번도 감정 표현을 해본 적이 없는 아버지로서는 얼마나 당황되셨을까?

그러나 그 당황함도 한순간, 아버지는 너무나 좋아하시며, 내 등을 어루만지셨다. 아버지의 입가에 번져 가는 환한 웃음은 세상을 전부 담고도 남을 넉넉함이 있었다. 그리고 아버지는 밝은 목소리로 말씀하셨다.

"그래, 그래!"

내가 들은 소리는 아버지의 그 한 마디였지만, 난 그 한마디 속에서 나를 향한 아버지의 피같이 진한 사랑을 느낄 수 있었다.

아! 그날, 거대한 폭풍처럼 내 가슴에 차고 들었던 그 아버지의 사랑은 내가 전혀 예상치 못했던 것이었다. 난 늘 궁금했다. 내가 아버지 품에 안기면 어떤 느낌이 들까 하고. 그것은 뒤늦게 내 인생에 찾아온 하나의 등불처럼 영혼을 따사롭게 감싸는 축복이었다.

아들이 곁에서 '아빠, 축하해요, 드디어 해내셨군요.'라고 했다. 고속버스가 움직이자 아버지에게 손을 흔들며 아들에게 말했다.

"아빠는 할아버지를 품에 한번 안아보는데 45년이나 걸렸단다. 너는 그렇게 세상을 살지 않았으면 좋겠구나."

"저는 아빠가 이렇게 곁에 있잖아요."

아들이 내 어깨에 고개를 대며 나를 감싸 안았다. 옆에서 보고 있던 아내가 괜히 콧등을 만지작거리고 있었다.

그리고 3개월 후, 겨울의 문턱에서 아버지는 풍으로 쓰러지셔서 말문을 닫으셨다. 그렇게 강인했던 아버지. 웬만해선 감정의 동요를 보이지 않으시던 아버지. 그 아버지가 그렇게 갑자기 쓰러지시리라고는 아무도 생각하지 않았다. 추석 때만 해도 정정하셨는데.

아버지는 눈빛으로만 당신만의 마지막 남은 애정을 자식들에게 표하시다가 그 보름 뒤에 돌아가셨다. 아버지는 나를 그렇게 찾으셨다고 했다.

아버지의 장례식에 참석할 때쯤 아들은 완전히 시력을 잃었다.

아버지의 장례식을 치르는 내내 난 울지 않았다. 이상하게 난 슬프지 않았고, 눈물이 나지 않았다. 정말 기적같이 아버지를 안아보고 사랑한다고 고백했었던 그 감격이 아직도 뜨겁게 내 안에 자리잡고 있었기 때문일까?

장례식 내내 실명한 아들의 붙잡은 손을 놓지 않았다. 아내는 문상객들을 맞느라 바빴고, 누구에게도 아들을 맡기기 싫었기 때문이다. 그리고 아직 지팡이를 짚고 혼자 외출하는 보행 훈련을 하지 못한 아들이 어디를 가던지 내가 그 지팡이 노릇을 했다.

하관을 하는 날이었다. 절제된 감정 속에서 하관 예배를 드리고 있던 우리 형제들은 아버지의 관이 운구되어 서서히 무덤 속으로 내려가고 있는 것을 바라보고 있었다.

바로 그때였다. 그동안 저 깊은 무의식 속에서 맴돌던 뒤엉킨 감정들이, 또렷한 하나의 형상이 되어 내 가슴 깊은 곳에서부터 뚫고 튀어 올라왔다. 나는 그 터져 나오는 힘에 내 온몸과 마음을 실어 큰소리로 외쳤다.

"아버지! 아버지는 정말 멋있는 분이셨어요! 아버지는 정말 자랑스런 분이셨어요! 아버지! 아버지를 사랑해요!!"

나의 그 외침은 어느새 통곡으로 변해 버렸다. 나의 통곡의 외침이 도화선이 되어 그동안 눈물을 아껴온 가족들에게로 금새 번져 갔다.

그리고 그 와중에서도 난 분명히 느낄 수가 있었다. 내가 붙잡고 놓지 않고 있던 아들의 손에 꽉 힘이 주어지며 내 손을 굳게 잡았다. 나는 그때 아버지가 내 안에, 그리고 아들의 안에서 여전히 살아 있음을 분명히 느낄 수가 있었다. 우리는 결코 단절된 존재들이 아니었던 것이다.

장례식을 마치고 돌아오는 버스 안에서도 난 아들의 손을 내내 놓지 않았다. 내 어깨에 기대어 잠들어 있는 아들을 바라보며 난 그렇게 스스로에게 다짐을 했다.

'아빠는 언제까지나 너에게 버팀목이 되고, 길잡이가 되고, 눈이 되어 줄 것이다. 내가 아버지처럼 그렇게 가는 날까지. 아들아, 사랑하는 내 아들아!'

잔뜩 찌푸렸던 하늘에선 어느새 함박눈이 내려, 온 세상을 하얗게 뒤덮고 있었다. 새롭고도 따스한 느낌으로...

326